精准扶贫

——农业科技扶贫读本

主　编　吴大志

武汉理工大学出版社

·武　汉·

图书在版编目(CIP)数据

精准扶贫:农业科技扶贫读本/吴大志主编. —武汉 :武汉理工大学出版社,2017.2(2018.9重印)
ISBN 978-7-5629-5463-7

Ⅰ.①精… Ⅱ.①吴… Ⅲ.①扶贫—研究—湖北
Ⅳ.①F127.63

中国版本图书馆 CIP 数据核字(2016)第 307456 号

项目负责人:王利永		责 任 编 辑:王利永　王　思	
责 任 校 对:夏冬琴　张明华		封 面 设 计:许伶俐	

出 版 发 行:武汉理工大学出版社
地　　　址:武汉市洪山区珞狮路 122 号
邮　　　编:430070
网　　　址:http://www.wutp.com.cn
经　销　者:各地新华书店
印　刷　者:湖北恒泰印务有限公司
开　　　本:850×1168　1/32
印　　　张:11.25
字　　　数:291 千字
版　　　次:2017 年 2 月第 1 版
印　　　次:2018 年 9 月第 4 次印刷
定　　　价:50.00 元

前　言

　　党的十八大以来，习近平总书记多次深入贫困地区调研，对扶贫开发作出了一系列重要指示，提出了一系列新思想、新论断、新要求，明确指出，要以更加明确的目标、更加有力的举措、更加有效的行动，深入实施精准扶贫、精准脱贫。

　　本书以湖北省（武汉市）扶贫对象（贫困村、贫困户）的关注点为要素，分为理论篇和技术篇，共计十一章，从精准扶贫涉农政策、科技扶贫、科技扶贫示范园（村）、农业科技扶贫项目、互联网＋农业科技扶贫、农业科技扶贫贫困户等理论篇，以及蔬菜种植、经济作物种植、果树种植、畜禽养殖、水产养殖等技术篇两个大的方面提供借鉴和参考，提高受众群体科技扶贫和脱贫的组织程度与种植、养殖水平，明确发展方向，精准定位农业科技扶贫，加快先进适用技术成果在贫困地区的转化和应用。

编　者

2016.12

目　录

【第一章】
精准扶贫涉农政策

第一节 国家精准扶贫涉农政策

一、《国务院关于印发"十三五"脱贫攻坚规划的通知》（国发〔2016〕64 号）节选

优化发展种植业。粮食主产县要大规模建设集中连片、旱涝保收、稳产高产、生态友好的高标准农田，巩固提升粮食生产能力。非粮食主产县要大力调整种植结构，重点发展适合当地气候特点、经济效益好、市场潜力大的品种，建设一批贫困人口参与度高、受益率高的种植基地，大力发展设施农业，积极支持园艺作物标准化创建。适度发展高附加值的特色种植业。生态退化地区要坚持生态优先，发展低耗水、有利于生态环境恢复的特色作物种植，实现种地养地相结合。

积极发展养殖业。因地制宜在贫困地区发展适度规模标准化养殖，加强动物疫病防控工作，建立健全畜禽水产良种繁育体系，加强地方品种保护与利用，发展地方特色畜牧业。通过实施退牧还草等工程和草原生态保护补助奖励政策，提高饲草供给

能力和质量,大力发展草食畜牧业,坚持草畜平衡。积极推广适合贫困地区发展的农牧结合、粮草兼顾、生态循环种养模式。有序发展健康水产养殖业,加快池塘标准化改造,推进稻田综合种养工程,积极发展环保型养殖方式,打造区域特色水产生态养殖品牌。

大力发展林产业。结合国家生态建设工程,培育一批兼具生态和经济效益的特色林产业。因地制宜大力推进木本油料、特色林果、林下经济、竹藤、花卉等产业发展,打造一批特色示范基地,带动贫困人口脱贫致富。着力提高木本油料生产加工水平,扶持发展以干鲜果品、竹藤、速生丰产林、松脂等为原料的林产品加工业。

促进产业融合发展。深度挖掘农业多种功能,培育壮大新产业、新业态,推进农业与旅游、文化、健康养老等产业深度融合,加快形成农村一二三产业融合发展的现代产业体系。积极发展特色农产品加工业,鼓励地方扩大贫困地区农产品产地初加工补助政策实施区域,加强农产品加工技术研发、引进、示范和推广。引导农产品加工业向贫困地区县域、重点乡镇和产业园区集中,打造产业集群。推动农产品批发市场、产地集配中心等流通基础设施以及鲜活农产品冷链物流设施建设,促进跨区域农产品产销衔接。加快实施农业品牌战略,积极培育品牌特色农产品,促进供需结构升级。加快发展无公害农产品、绿色食品、有机农产品和地理标志农产品。

扶持培育新型经营主体。培育壮大贫困地区农民专业合作社、龙头企业、种养大户、家庭农(林)场、股份制农(林)场等新型经营主体,支持发展产供直销,鼓励采取订单帮扶模式对贫困户开展定向帮扶,提供全产业链服务。支持各类新型经营主体通过土地托管、土地流转、订单农业、牲畜托养、土地经营权股份合作等方式,与贫困村、贫困户建立稳定的利益联结机制,使贫困户从中直接受益。鼓励贫困地区各类企业开展农业对外合作,提升经营管理水平,扩大农产品出口。推进贫困地区农民专业合作社示范社创建,鼓励组建联合社。现代青年农场主培养计划向贫困地区倾斜。

加大农林技术推广和培训力度。强化贫困地区基层农业技术推广体系建设。鼓励科研机构和企业加强对地方特色动植物资源、优良品种的保护和开发利用。支持农业科研机构、技术推广机构建立互联网信息帮扶平台,向贫困户免费传授技术、提供信息。强化新型职业农民培育,扩大贫困地区培训覆盖面,实施农村实用人才带头人和大学生村官示范培训,加大对脱贫致富带头人、驻村工作队和大学生村官培养力度。对农村贫困家庭劳动力进行农林技术培训,确保有劳动力的贫困户中至少有1名成员掌握1项实用技术。

促进科技成果向贫困地区转移转化。组织高等学校、科研院所、企业等开展技术攻关,解决贫困地区产业发展和生态建设关键技术问题。围绕全产业链技术需求,加大贫困地区新品种、新技术、新成果的开发、引进、集成、试验、示范力度,鼓励贫困县建设科技成果转化示范基地,围绕支柱产业转化推广5万项以上先进适用技术成果。

提高贫困人口创新创业能力。深入推行科技特派员制度,基本实现特派员对贫困村科技服务和创业带动全覆盖。鼓励和支持高等院校、科研院所发挥科技优势,为贫困地区培养科技致富带头人。大力实施边远贫困地区、边疆民族地区和革命老区人才支持计划科技人员专项计划,引导支持科技人员与贫困户结成利益共同体,创办、领办、协办企业和农民专业合作社,带动贫困人口脱贫。加强乡村科普工作,为贫困群众提供线上线下、点对点、面对面的培训。

加强贫困地区创新平台载体建设。支持贫困地区建设一批"星创天地"、科技园区等科技创新载体。充分发挥各类科技园区在扶贫开发中的技术集中、要素聚集、应用示范、辐射带动作用,通过"科技园区＋贫困村＋贫困户"的方式带动贫困人口脱贫。推动高等学校新农村发展研究院在贫困地区建设一批农村科技服务基地。实施科技助力精准扶贫工程,在贫困地区支持建设 1000 个以上农技协联合会(联合体)和 10000 个以上农村专业技术协会。

二、《中共中央办公厅 国务院办公厅关于创新机制扎实推进农村扶贫开发工作的意见》(中办发〔2013〕25 号)节选

特色产业增收工作。指导连片特困地区编制县级特色产业发展规划。加强规划项目进村到户机制建设,切实提高贫困户的参与度、受益度。积极培育贫困地区农民合作组织,提高贫困户在产业发展中的组织程度。鼓励企业从事农业产业化经营,发挥龙头企业带动作用,探索企业与贫困农户建立利益联结机制,促进贫困农户稳步增收。深入推进科技特派员农村科技创业行动,加快现代农业科技在贫困地区的推广应用。到 2015年,力争每个有条件的贫困农户掌握 1~2 项实用技术,至少参与 1 项养殖、种植、林下经济、花卉苗木培育、沙产业、设施农业等增收项目,到 2020 年,初步构建特色支柱产业体系。不断提高贫困地区防灾避灾能力和农业现代化水平。畅通农产品流通渠道,完善流通网络。推动县域经济发展。

三、《中共中央 国务院关于打赢脱贫攻坚战的决定》(中发〔2015〕34 号)节选

发展特色产业脱贫。制定贫困地区特色产业发展规划。出台专项政策,统筹使用涉农资金,重点支持贫困村、贫困户因地制宜发展种养业和传统手工业等。实施贫困村"一村一品"产业推进行动,扶持建设一批贫困人口参与度高的特色农业基地。

加强贫困地区农民合作社和龙头企业培育,发挥其对贫困人口的组织和带动作用,强化其与贫困户的利益联结机制。支持贫困地区发展农产品加工业,加快一二三产业融合发展,让贫困户更多分享农业全产业链和价值链增值收益。加大对贫困地区农产品品牌推介营销支持力度。依托贫困地区特有的自然人文资源,深入实施乡村旅游扶贫工程。科学合理有序开发贫困地区水电、煤炭、油气等资源,调整完善资源开发收益分配政策。探索水电利益共享机制,将从发电中提取的资金优先用于水库移民和库区后续发展。引导中央企业、民营企业分别设立贫困地区产业投资基金,采取市场化运作方式,主要用于吸引企业到贫困地区从事资源开发、产业园区建设、新型城镇化发展等。

探索资产收益扶贫。在不改变用途的情况下,财政专项扶贫资金和其他涉农资金投入设施农业、养殖、光伏、水电、乡村旅游等项目形成的资产,具备条件的可折股量化给贫困村和贫困户,尤其是丧失劳动能力的贫困户。资产可由村集体、合作社或其他经营主体统一经营。要强化监督管理,明确资产运营方对财政资金形成资产的保值增值责任,建立健全收益分配机制,确保资产收益及时回馈持股贫困户。支持农民合作社和其他经营主体通过土地托管、牲畜托养和吸收农民土地经营权入股等方式,带动贫困户增收。贫困地区水电、矿产等资源开发,赋予土地被占用的村集体股权,让贫困人口分享资源开发收益。

发挥科技、人才支撑作用。加大科技扶贫力度,解决贫困地区特色产业发展和生态建设中的关键技术问题。加大技术创新引导专项(基金)对科技扶贫的支持,加快先进适用技术成果在贫困地区的转化。深入推行科技特派员制度,支持科技特派员开展创业式扶贫服务。强化贫困地区基层农技推广体系建设,加强新型职业农民培训。加大政策激励力度,鼓励各类人才扎根贫困地区基层建功立业,对表现优秀的人员在职称评聘等方面给予倾斜。大力实施边远贫困地区、边疆民族地区和革命老区人才支持计划,贫困地区本土人才培养计划。积极推进贫困村创业致富带头人培训工程。

四、《中国农村扶贫开发纲要(2011—2020 年)》节选

产业扶贫。充分发挥贫困地区生态环境和自然资源优势,推广先进实用技术,培植壮大特色支柱产业,大力推进旅游扶贫。促进产业结构调整,通过扶贫龙头企业、农民专业合作社和互助资金组织,带动和帮助贫困农户发展生产。引导和支持企业到贫困地区投资兴业,带动贫困农户增收。

发展特色产业。加强农、林、牧、渔产业指导,发展各类专业合作组织,完善农村社会化服务体系。围绕主导产品、名牌产品、优势产品,大力扶持建设各类批发市场和边贸市场。按照全国主体功能区规划,合理开发当地资源,积极发展新兴产业,承接产业转移,调整产业结构,增强贫困地区发展内生动力。

开展科技扶贫。积极推广良种良法。围绕特色产业发展,加大科技攻关和科技成果转化力度,推动产业升级和结构优化。培育一批科技型扶贫龙头企业。建立完善符合贫困地区实际的新型科技服务体系,加快科技扶贫示范村和示范户建设。继续选派科技扶贫团、科技副县(市)长和科技副乡(镇)长、科技特派员到重点县工作。

土地使用。按照国家耕地保护和农村土地利用管理有关制度规定,新增建设用地指标要优先满足贫困地区易地扶贫搬迁建房需求,合理安排小城镇和产业聚集区建设用地。加大土地整治力度,在项目安排上,向有条件的重点县倾斜。在保护生态环境的前提下支持贫困地区合理有序开发利用矿产资源。

生态建设。在贫困地区继续实施退耕还林、退牧还草、水土保持、天然林保护、防护林体系建设和石漠化、荒漠化治理等重点生态修复工程。建立生态补偿机制,并重点向贫困地区倾斜。

加大重点生态功能区生态补偿力度。重视贫困地区的生物多样性保护。

第二节 湖北省精准扶贫涉农政策

一、《中共湖北省委 湖北省人民政府关于贯彻实施〈中共中央 国务院关于打赢脱贫攻坚战的决定〉的意见》（鄂发〔2016〕6号）节选

大力发展特色产业。实施贫困村"一村一品"产业推进行动,扶持建设一批贫困人口参与度高的特色农业基地,推进特色产业对有条件的贫困村、贫困户全覆盖。加快贫困地区一二三产业融合发展。加强贫困地区农民合作社和龙头企业培育,力争每个贫困村建立1个以上合作组织、每个有劳动能力的贫困户至少加入1个合作组织。创新发展扶贫小额信贷,对符合条件的贫困户实现"10万元以内、三年期限、无担保、免抵押、全贴息"贷款全覆盖。鼓励贫困户以土地使用权、固定资产、资金、技术、劳动力等多种生产要素投资产业发展项目。

大力实施生态脱贫。天然林保护、防护林建设、退耕还林等重大生态工程进一步向贫困地区倾斜。加大贫困地区生态保护修复力度,增加重点生态功能区转移支付。开展贫困地区生态综合补偿试点,健全公益林补偿标准动态调整机制,逐步提高补偿标准,加强资金管理,确保足额兑现到人。创新生态资金使用方式,利用森林生态效益补偿和天然林保护资金使有劳动能力的部分贫困人口转为护林员等生态保护人员。合理调整贫困地区基本农田保有指标,加大贫困地区新一轮退耕还林还草力度。大力发展森林和湿地旅游,让贫困人口合理分享资源开发效益。

大力实施资产收益脱贫。在不改变用途的情况下,财政专

项扶贫资金和其他涉农资金投入设施农业、养殖、光伏、水电、乡村旅游等项目形成的资产,具备条件的可折股量化给贫困村和贫困户,尤其是丧失劳动能力的贫困户。资产可由村集体、合作社或其他经营主体统一经营。强化监督管理,明确资产运营方对财政资金形成资产的保值增值责任,建立健全收益分配机制,确保资产收益及时回馈持股贫困户。支持农民合作社和其他经营主体通过土地托管、牲畜托养和吸收农民土地经营权入股等方式,带动贫困户增收。贫困地区水电、矿产等资源开发,赋予土地被占用的村集体股权,让贫困人口分享资源开发收益。

发挥科技、人才支撑作用。加大科技扶贫力度,解决贫困地区特色产业发展和生态建设中的关键技术问题。强化贫困地区基层农技推广体系建设,做好科技特派员、"三区"人才选派、管理工作,支持开展创业式扶贫服务。大力实施贫困地区、民族地区、老区人才支持计划和贫困地区本土人才培养计划。在贫困、边远地区实施湖北省专业技术人才奉献岗位计划,给予政策激励,鼓励各类人才扎根贫困地区,对表现优秀的在职称评聘等方面给予倾斜。积极推进贫困村创业致富带头人培训工程。

二、《中共湖北省委 湖北省人民政府关于全力推进精准扶贫精准脱贫的决定》（鄂发〔2015〕19号）节选

大力发展特色种养业及其加工业。加大贫困地区特色资源、优势资源、闲置资源开发力度,积极探索符合当地实际且与贫困户利益相关联的产业扶贫模式,确保贫困户合理分享资源开发效益。统筹使用财政资金,设立以财政支持为主的贫困村产业发展基金,强化科技支撑引领作用,大力发展有特色的种植业、养殖业及其加工业,推进一二三产业融合发展。大力支持特色产业基地及工业园区建设,发挥龙头企业的聚集带动效应,形成具有比较优势的特色产业集群,拉长产业链,提高附加值。大

力扶持农业合作组织,提高贫困户生产组织化程度,对吸纳贫困户参股、带动增收效果好的农业合作组织在财政扶贫资金、扶贫贴息贷款及落实国家税收优惠政策等方面给予支持。

加大技能培训力度。以促进农村贫困家庭劳动力转移就业为重点,整合各种技能培训资源,大力开展贫困劳动力技能培训。全面开展贫困劳动力实用技术培训,动员和组织社会力量开展就近就地培训,促进转移就业稳定增收。

加大创业培训力度。优化创业服务,改善创业环境,强化创业培训,激活创业动力。积极开展贫困村创业致富带头人创业培训,支持创业致富带头人在贫困村创办企业,发展农民合作社、家庭农场等新型农业经营主体。设立贫困地区"双创"基金,加大对有能力扶贫对象"双创"的支持力度。鼓励金融部门支持贫困地区"双创"主体及其项目。健全与扶持政策挂钩的带动增收激励机制,鼓励创业致富带头人带动扶贫对象积极参与创业项目,多渠道增加收入。

三、《中共湖北省委 湖北省人民政府关于创新机制扎实推进全省农村扶贫开发工作的实施意见》(鄂发〔2014〕12 号)节选

特色产业增收工作。制定片区产业扶贫基金使用办法。认真实施片区特色产业发展规划,加强项目进村到户机制建设,积极培育贫困地区农民合作组织,提高贫困户在产业发展中的组织程度。支持农业产业化龙头企业做大做强,鼓励其与贫困农户建立利益联结机制。大力扶持家庭农场、种养大户发展现代农业,带动贫困户稳定增收。选派科技特派员到贫困地区开展农村科技创业活动,加快现代农业科技推广应用。到 2020 年,贫困地区人均有 1 亩高效经济林(园)或一户有 1 项二、三产业致富门路,农业现代化水平和防灾避灾能力不断提高。

四、《湖北省农村扶贫开发纲要（2011—2020 年）》（鄂发〔2011〕23 号）节选

特色优势支柱产业。发展现代农业,构建特色支柱产业体系,支持贫困村选准主导产业,力争贫困地区实现人均一亩高效经济林(园)或一户有一项二、三产业致富门路。大力发展村级集体经济,90%以上的村实现集体经济年纯收入 5 万元以上。

产业化扶贫。扩大扶贫贴息贷款规模,重点扶持产业化扶贫龙头企业,带动贫困地区调整结构,培植特色支柱产业,转变经济发展方式,建立农民稳定增收机制。加大小额贴息贷款力度,扩大村级扶贫互助资金规模,帮助贫困村、贫困户发展生产。

培植特色支柱产业,拓宽增收渠道。坚持以"特色、精品、高效"为目标,围绕资源开发上项目,围绕特色农业搞加工,推进现代农业建设。着力培植壮大一批龙头加工企业,建设一批特色鲜明的农产品良种繁育基地和农产品生产基地,带动产业结构调整,形成主导产业,构筑贫困农民长效增收脱贫机制。

加强劳动力技能培训,大力发展劳务经济,鼓励发展就业容量大的劳动密集型产业,引导农民就地就近转移就业。实施农民回归创业工程,以创业带动就业。扩大产业化扶贫领域,以"一江两山"和红色旅游、乡村旅游为扶持重点,大力推进旅游扶贫,开辟贫困农民增收新途径。大力扶持建设各类农产品批发市场和边贸市场,完善农村社会化服务体系,发展各类农民专业合作组织,为贫困农民增收创造条件。支持贫困村选准主导产业,发展壮大集体经济。

深入开展科技扶贫,转变扶贫方式。开展科技扶贫试点,抓好先进实用技术的引进、试验、示范和培训,加快科技扶贫示范村和示范户建设,抓好农村实用人才培养示范基地创建工作,培养有文化、懂技术、会经营的新型农民。围绕支柱特色产业发展,加大科技攻关和科研成果转化力度,提高农特产品的科技含

量,推动产业升级和结构优化。继续选派科技扶贫开发团、科技副县(市)长和科技副乡(镇)长、科技特派员到扶贫开发工作重点县(市)、乡(镇)工作,充分发挥科技在扶贫开发中的重要作用。

五、《省农业厅 省林业厅 省旅游局 省扶贫办关于开展产业扶贫精准脱贫的实施意见》(鄂农发〔2015〕27 号)节选

创新产业扶贫机制。鼓励贫困地区、贫困户的土地依法规范有序流转,引导贫困户以土地承包经营权、生产工具、农业设施等参股到新型经营主体或农业项目,按照"量化到户、股份合作、保底分红、滚动发展"方式,抱团入股参与经营决策,最大限度释放贫困村和贫困户的资产潜能。建立与扶持政策挂钩的带动增收责任机制,通过订单采购、委托包干、购买服务协议等方式,建立贫困农户与市场主体共同发展的利益联结关系,使市场主体与扶贫对象结成利益共同体。县级可结合实际采取政策叠加、差异化扶持办法,在现有补助标准的基础上,因村因户制定不同的分类补助标准。

重点发展特色农林产业。以稳定和提升粮食生产能力为基础,推进特色农林种植产品和养殖业优势区建设,加快特色产业新品种的引进、改良,改造传统种植方式,推广标准化、无公害生产技术,不断提升特色产品品质;因地制宜推广生态种养结合模式,发展循环农业。按照区域化布局、规模化发展、标准化建设、品牌化经营的思路,大力推进"数村一品"、"多乡一业"的特色产业体系建设,实现特色产业对贫困村、贫困户的全覆盖。支持贫困县统筹使用资金建立风险补偿机制,对符合条件的贫困户发展产业实行"无担保、免抵押、财政贴息"的小额信贷;各地可结合实际,对发展特色种养业的贫困户免费提供种子、种苗、实用种养技术等切实可行的激励措施。

大力推进林业产业扶贫。加强林业生态环境保护,大力推进绿满荆楚行动,实施天然林保护、退耕还林还草和森林经营工程,提高贫困地区森林覆盖率、森林质量和效益。推进特色林业产业扶贫增收,加大现代林业产业基地建设力度,发展木竹工业原料林、木本油料等特色经济林等特色优势林业产业。大力推进林产品就地加工转化,延长产业链,提高林产品的附加值。积极发展林下经济,依托森林资源,大力发展木本药材种植、野生动物养殖等林下经济。加快发展特色苗木产业。采取政府引导、企业带动、农户参与、部门服务等措施,大力支持贫困地区发展种苗产业。

大力发展农林产品加工业。主动承接临近发达地区产业转移,改造和提升贫困地区传统加工工艺,加强特色农林优势产区加工基地建设,推广产后贮藏、保鲜等初加工技术与装备,实施农林产品加工提升工程,支持贫困地区农林产品加工园区建设,形成一批有规模、有特色、区域性的加工园区。推动形成一批规模大、效益高、品牌响的特色农林产品加工集群,转化贫困地区优质特色原料生产优势,实现农林产品及其加工制成品优质化、高效化。全面推进副产物综合利用,鼓励龙头企业积极发展循环经济,研发推广一批综合利用和环保节能技术,对各种加工副产品和农业废弃物"吃干榨尽",实现资源利用高质化、产业链条生态化和产品消费绿色化。

大力发展乡村(森林)旅游。因地制宜,努力推动旅游扶贫区域内乡村旅游与工业、农业、林业等融合发展。加强对自然风景、乡土风貌、文物遗迹、古民居建筑和非物质文化遗产的保护和综合开发利用,鼓励和支持开展乡村文艺创作,挖掘和开发具有地方特色的文化产品,打造乡村旅游文化精品。整合使用各类扶贫资金,在生态文化旅游资源丰富,具备开发条件的贫困地区,集中支持旅游产业扶贫项目,重点建设景区到车站码头的连接公路、旅游集散中心、中转站、旅游客运专线、自驾游营地、停车场和旅游标志牌等设施,打造一批乡村旅游景区、旅游名镇、旅游名村、易地扶贫搬迁旅游区和全域旅游示范区,扶持观光休闲度假农庄和乡村主题公园的建设。全力推进全省243个旅游扶贫重点村脱贫致富工作,深入开展"五级联创",实施农家乐精准扶贫创业项目,对建档立卡贫困人口开展农家乐创业给予支持,坚持政府主导,不断加大产业扶持力度,支持和引导贫困区域内的县、镇、村参与湖北旅游强县、湖北旅游名镇、湖北旅游名村、湖北旅游名街、休闲农业示范点、高星级农家乐的创建工作,大力扶持国家、省级森林公园、湿地公园的创建,积极发展森林、湿地旅游观光和休闲产业,充分发挥旅游扶贫作用。

加快发展现代服务业。深入推进一二三产业深度融合,延伸产业链条,支持贫困村发展农超对接、直供直销、连锁经营、电商营销等新型流通服务业,扶持农林产品经营组织和专业经纪人队伍建设。加快贫困地区现代物流体系建设,支持农林产品产地批发市场、乡村集贸市场、农林产品专业市场等基础设施建设,加强集配中心、冷藏储运等流通基础设施建设。大力发展电子商务,加强贫困地区电子商务人才培训,指导引进大型电商,建设当地农林产品电商平台,加大线上发展力度,完善线下布局;推动电子商务物流发展,加快向贫困地区县级城市和中心镇延伸,着力发展贫困乡镇末端配送,推动贫困地区解决电商配送"最后一百米"的问题,完善鲜活农林产品运输"绿色通道"政策。积极开展招商引资工作,通过组织贫困地区企业参加境内外各类农副产品展销会、农副产品外销赶集、农超对接等活动,帮助贫困地区销售特色农副产品,促进农民增收。发展农业经营性服务,培育壮大贫困地区专业服务公司、专业技术协会、农民经纪人等各类社会化服务主体,提升农机作业、技术培训、农资配送、产品营销等专业化服务能力。

积极发展新型经营主体。加快培育新型农业经营主体。支持贫困地区新型经营主体发展壮大,重点扶持种养大户、家庭农场和联户经营。加快培育经营性农业服务组织,鼓励贫困地区兴办专业合作和股份合作等多元化、多类型合作社,支持和引导农民合作社以产品和产业为纽带组建联合社,推动农民合作社实现由数量扩展向质量提升转变。支持龙头企业加强联合、加大品牌建设,提高自主创新能力,鼓励其与合作社、家庭农场、专业大户等经营主体深入融合,财政补助资金、产业扶贫资金可通过量化让渡股份、分红、打工、技术指导、产品回购等方式,作为贫困户在农村新型经营主体的股份,建立市场主体、合作组织与贫困户的利益联结机制。对吸收贫困户参股、带动增收效果好的农民合作组织在财政项目资金、贴息贷款及税收等方面给予支持。探索建立财政项目资金直接投向符合条件的合作社、财政补助形成的资产转交合作社持有和管护的管理制度,财政资金形成的资产实行资产量化机制,由全体成员共有共享。综合运用以奖代补、融资担保、财政贴息、基金等方式,引导金融机构建立健全针对新型农业经营主体的信贷支持机制。

重视发展劳务经济。强化职业技能培训,充分利用现有培训资源,以生产型、经营型、技能服务型人才和农村实用人才带头人为重点,大力开展各种形式的农村生产技术、职业技能培训,加强贫困地区农村实用人才和新型职业农民队伍建设。以促进农村贫困家庭劳动力转移就业为重点,积极开展"雨露计划"、"巾帼行动"职业教育和技能培训,提高信息化管理水平,简化程序,保障贫困地区贫困家庭子女实行免费职业教育,促进贫困群众转移就业稳定增收。扶持外派劳务发展,加强对外劳务合作服务平台建设,打造对外劳务合作服务"样板平台",对于贫困地区有意愿出国务工人员,结合其本人实际及技能优先推荐外派,并积极协调外派劳务企业对外派人员有关费用进行适当减免。推广"科研试验基地+区域示范基地+基层推广服务体系+农户"的链条式农技推广服务新模式,鼓励学科专家常驻贫困村、科教人员到农村一线从事农技推广、现场开展技术服务,推动技术创新与技术推广有机结合。建设农机、农技、疫病防治等农业科技远程服务体系,提供农业资讯、政策、技术、病虫害远程诊断等网上服务。

第三节　武汉市精准扶贫涉农政策

一、《中共武汉市委　武汉市人民政府关于全力打赢精准扶贫攻坚战的决定》(武发〔2015〕8 号)节选

着力增加农民收入,打好产业扶贫攻坚战。坚持宜农则农、宜林则林、宜游则游、宜工则工、宜商则商,选准产业项目,扶贫到户,分户施策,确保贫困村都有一项持久增收的主导产业、贫困户都有一项稳定可靠的致富门道,到 2018 年,力争全市产业脱贫 5 万人以上。一是大力发展特色农业。实行"选准一项优势产业、确立一批致富项目、组建一个合作组织、落实一种帮扶机制"的四位一体产业扶贫模式,支持贫困村、贫困户发挥比较优势,应用高效种养模式,推进特色农业发展。

产业扶持脱贫一批。到 2018 年,实现有劳动能力的贫困人口全部脱贫。主要标准为:贫困户年人均可支配收入增幅高于全市农村居民人均可支配收入增幅,收入水平超过同期市级确定的扶贫标准,并力争达到所在区农村居民人均可支配收入的 70% 以上;贫困户都有一项以上产业致富的增收门道;贫困代际传递得到有效阻断。

着力增强致富能力,打好技能扶贫攻坚战。坚持输血扶贫与造血扶贫并举,增强贫困群体自主发展、持久致富的能力。一是加大技能培训力度。以促进农村贫困家庭劳动力转移就业为重点,加大"雨露计划"职业教育培训力度,提高信息化管理水平,简化补贴对象认定程序,实行应补尽补、直补到户。开展贫

困家庭劳动力实用技术培训,每年培训不少于 15000 人次,对接受中、高等职业教育的贫困家庭子女,按每人每年不低于 3000 元的标准予以补贴。打造"15 分钟公共就业服务圈",促进贫困劳动力转移就业。二是加大创业扶持力度。由政府部门聘请创业导师,对贫困户劳动力开展创业培训,对零转移就业贫困户初次创业领取营业执照稳定经营半年以上的,给予 3000 元一次性创业补贴,还可申请最高 20 万元、2 年期限的财政全额贴息创业担保贷款。三是加大科技扶贫力度。强化科技支撑引领作用,依靠科技大力发展有特色的种植、养殖业及加工业。加大星火科技示范村、示范户、示范基地对贫困地区、贫困户的辐射带动作用,鼓励和支持龙头企业、专业合作社和农技推广机构在贫困村建立"专家大院",促进先进实用技术进村入户。四是加大人才支持力度。对在新城区基层开展扶贫服务的人才,要认真落实国家、省、市各项优惠政策。鼓励行业人员和志愿者定期到新城区偏远地区工作、服务,鼓励大专院校、科研院所、医疗机构到新城区偏远地区开展培训,鼓励高等学校毕业生到新城区基层就业创业。"三支一扶"、大学生村官等人员到基层服务期满的,经公开择优程序可考核聘用为当地事业单位工作人员,在公务员考录中拿出一定比例职位对其进行定向招考。

二、《武汉市科技精准扶贫工作实施方案》 (武汉市科学技术局 2015 年 12 月 25 日 发布)节选

实施农业科技项目,在贫困地区因地制宜地发展种养业和农产品加工业。设立专项资金,解决贫困地区特色产业发展和生态建设中的关键技术问题,重点支持贫困村、贫困户因地制宜发展种养业和农产品加工业。实施贫困地区"一村一品"、"一乡一特"产业推进行动,从 2016 年起,在贫困人口参与度高的贫困乡村建设一批特色农业基地。依托龙头企业和专业合作社的组

织和带动作用,让贫困户更多分享农业全产业链增值收益。

发挥农业科技型企业带动作用,为贫困地区的优势特色产业发展提供科技支撑。鼓励支持农业科技型企业到贫困乡村建立农业特色基地,开展农业种养业、加工业、休闲农业等经营活动。对在全市建档立卡的 271 个贫困村注册、投资、建立基地或直接吸纳 10 名及以上贫困人口就业的企业,或收购贫困农户的农产品的企业,在农业科技型企业的评审过程中予以优先认定。对已认定农业科技型企业的研发投入按一定比例予以补贴,支持其科研开发、技术服务与成果转化,通过企业发展和产业的壮大,带动贫困户增产、增收。

发挥农业科技专家大院带动作用,为贫困地区发展提供智力支持。鼓励和支持龙头企业、农技推广机构、专业合作组织等在贫困地区组建专家大院,促进专家的智力资源与基层紧密结合。从 2016 年开始,新组建的专家大院,60%的服务面积,要直接位于贫困地区;对已有的专家大院,在绩效评价时,对服务贫困村 3 个以上或直接带动贫困户 30 户的,在同等条件下,按"优秀"档次优先予以滚动支持,支持的经费在"武汉市科技研发资金管理办法"明确的范围内,可用于对贫困村、贫困户的种子、种苗、农资、化肥等支出;对已经建在贫困地区的种植养殖专家大院,提出扶持带动贫困村、贫困户脱贫要求,并予以考核。

发挥星火科技示范村、示范户示范作用,提高贫困地区人员科技素养。2016—2018 年,配合全市贫困户、村脱贫出列的进度安排,示范户每年分别拿出 30%、50%、20%的指标,示范村每年分别拿出 30%、40%、30%的指标,对全市建档立卡的示范户和示范村计划单列、单独评审。通过在贫困村、贫困户中,发现、扶持一批勤劳肯干、科技致富的典型,带动其他有劳动能力、但因缺乏科学技术而致贫的贫困人口脱贫致富。对贫困村、贫困户的奖励支持标准,高出非贫困地区的标准 20%。

推广"五新"科技成果,提高贫困地区的农业科技应用水平。

依托区、乡镇街农业科技人员力量,摸清贫困村资源禀赋,有针对性地遴选大学、科研院所最新的农业科技"新品种、新技术、新模式、新设施、新装备"成果,因地制宜地在贫困村推广。每年编印"五新"成果汇编手册3000册以上,加大示范典型村、户以及基地的宣传,提高农业"五新"成果在贫困村入户率和贫困户的知晓率。加大示范村、合作社、基地的技术对接、观摩推介、星火培训等配套服务,原则上2016—2018年的所有现场会,都在贫困地区召开,增强示范效果。

利用"互联网+"模式,提升贫困地区信息化水平。充分利用全市"互联网+农业科研、成果推广、技术服务"公共服务平台,为贫困地区开展信息推送和远程技术服务。在贫困地区建设农产品质量安全监测点,打造互联网+农业科技的示范样板。利用互联网提升农业生产、经营管理和服务水平,培育一批网络化、智能化、精细化的现代"种养加"生态农业新模式,形成示范带动效应。

【第二章】
科 技 扶 贫

第一节　科技扶贫的意义

科技扶贫是针对贫困地区生产技术落后和技术人才极度缺乏的现实状况提出的。一是强调自我发展。以市场为导向，以科技为先导，引导贫困地区合理开发资源，将资源优势转化为经济优势，同时努力提高贫困农民参与市场竞争的能力，实现自我发展的良性循环。二是注重引进先进、成熟、适用的技术。农业技术具有强烈的地域性和适应性，通过科技扶贫向贫困地区引进技术时，必须引进同行业最先进的成熟技术，而且要适合贫困地区的实际情况。三是注重将治穷与治愚相结合。科技扶贫通过农业、科研、教育相结合的形式，一方面向贫困地区输入科技和管理人才、建立健全科技示范网络、组织开展各种类型的培训；另一方面建立全国农村科普网络，大力开展科普宣传，弘扬科学精神，提高农民素质。

一、科技扶贫主体

我国科技扶贫的主体以政府部门为主，但在扶贫过程中，也涉及科研院所、企业和非政府组织等。相关政府部门主要是科技部、农业部、国务院扶贫办及下属的地方政府机构,它们是我国科技扶贫的主导力量,负责制订科技扶贫计划、全面部署科技扶贫工作的展开。涉农院校、科研机构具有明显的科技和人才优势,是实现农业科学技术教学、科研和推广相结合的重要依托,科研院校的参与有助于加快先进适用技术的开发速度,提高科学技术的转化率,并保证技术的应用效果。农业企业是农业科技创新的核心力量,政府也在着力培训新型科技扶贫龙头企业。在科技扶贫中发挥重要作用的非政府组织主要有中国科学技术协会、中国扶贫基金会和农民专业技术协会等,非政府组织的作用也日益凸显。

二、科技扶贫对象

《中国农村扶贫开发纲要(2011—2020 年)》提出,"在扶贫标准以下具备劳动能力的农村人口为扶贫工作主要对象"。科技扶贫坚持开发创业式扶贫,为有效发挥科技在扶贫中的作用,其作用客体应在上述扶贫对象的范围内,直接作用对象是具有一定科技文化素质且能发挥科技带头作用的贫困人群,然后间接带动其他贫困人群脱贫致富。

三、科技扶贫意义

科技扶贫将贫困户产业培育现状、人口素质、知识技能需求和培训计划等录入精准扶贫信息系统,针对农民不同的要求将农业技术和文化知识通过宣传推广、专业培训、技术指导等方式教授给贫困农民,有针对性地满足农民对知识、科学技术的需求,让农民按照自己的意愿选择致富途径。同时,对贫困农民的科技投入、生产过程及产出进行指导和帮助,为农民提供生产原料、生产技术,开拓销售渠道。鼓励农民参与市场化竞争,帮助农民提高市场竞争能力,了解市场竞争的原则,提高农民识别信息、收集信息、承担风险的能力,鼓励和培训农民运用科技致富的积极性和主动性。科技扶贫的能量可以通过大量扶贫成果的积累和沉淀得到蓄存,从而带动更多贫困农民运用科学技术自助,进而带动整个地区的经济发展。

第二节 科技扶贫的模式

科技扶贫的模式主要有以下几种:

1. 创新扶贫思路,拓展帮扶带动模式

针对有劳动能力的技术性贫困这一特征,结合以往的扶贫成效,确立"推广一项技术、发展一个产业、致富一方农民"的扶贫思路,以实施扶贫项目为抓手,集聚科技、人才优势,开拓创新扶贫带动模式,提升扶贫地区农业主导产业,加快推动农民脱贫致富的步伐。

2. 下派科技人员,开辟项目带动模式

技能型科技扶贫人员是先进农业科技成果的推广员、新兴农业特色产业的开拓者、驻点村干部群众的贴心人。在贫困人口最集中、脱贫难度最大的地区,每年安排专项扶贫基金,连续下派具有农经、园艺、加工等专业背景的专家型科技人员,作为扶贫人员驻村帮扶。扶贫人员运用娴熟的专业知识,准确把握扶贫工作的着力点,通过推广新品种、新技术破解产业发展瓶颈,帮扶发展壮大当地产业,为当地农业发展、农民脱贫开辟新渠道。

3. 培育种植大户,创业示范带动模式

规模经营的种养大户是有效带动当地产业发展的有力抓手。根据扶贫要求,结合扶贫村产业要求,遴选有一定知识水平、有发展意愿、有一定种养规模的大户,安排科技骨干驻点指导,推广示范新品种、新技术、新模式,提供品种技术物化补贴,开展技术培训班,发放培训手册等,提高种养大户的生产效益,从而加强农户间"传-帮-带",以带动当地其他农民发展。

4. 扶持农民合作社,集成辐射带动模式

为提高分散农户的生产效益,加快脱贫致富步伐,在实施扶贫的过程中,帮办或协办农民专业合作组织,加强技术指导和培训,推广新品种、新技术、新模式,进行示范引领,提高生产基地的抗风险能力,减少分散种植带来的盲目性,辐射带动农民增收致富。

5. 发展"巾帼"产业,推动全面致富模式

农村妇女已成为支撑当地农业发展的主力军,通过实施致富项目、创建帮扶基地、培养种植大户、创新帮扶模式等多种形式激励广大农村妇女参与致富。建立以妇女经营为主的科技示范基地,形成部分科技致富妇女典型,形成一人带多人,一户带多户,多户带一村的滚动发展局势。

6. 培养土专家,形成典型带动模式

根据各扶贫点产业发展现状和需求,不断调整帮扶思路,改进帮扶策略,在技术帮扶上,以科技示范户为抓手,加强对农民的技术培训,培养土专家、乡土技术带头人等新型农民,从根本上提高农民科技致富的能力,实现由传统农民向技术农民的转型。

7. 开展科技培训,强化宣传带动模式

劳动力文化素质是制约脱贫的关键因素,针对经济薄弱村劳动力素质低下的问题,要求每个帮扶点要开展形式多样的科技培训,通过田间地头技术讲解、入户指导、集中培训等方式有效地解决生产上遇到的各种问题。同时,要求各扶贫项目负责

人做到扶贫材料的及时收集、汇总和上报工作,强化信息的互通与交流,要求与新闻媒体、期刊、网络、远程教育、科技服务超市等载体紧密结合,大力宣传科技扶贫成效,提升影响力。

第三节 科技扶贫的计划

一、基本思路

以精准脱贫为核心,完善科技扶贫体系,采取以点带面的科技扶贫总体布局和县乡联动、精准发力的工作方法,以提升能力为主攻方向,以创新驱动和全面实现小康为目标,全面推进乡镇建立完善的科技扶贫服务体系,以年度计划脱贫的贫困村为重点,努力建设一批科技扶贫示范村和科技扶贫示范户。精准制订科技扶贫措施,围绕优势资源开发和特色产业发展,加强关键技术攻关和成果转化应用,加强人才支持、技术培训、科学普及、民生改善和平台建设等,努力推进贫困群众脱贫致富以实现全面小康。

二、主要目标

(1)推进科技扶贫示范体系建设。建立省级科技扶贫示范村、示范户;建立县级科技扶贫示范村、示范户。

(2)加强科技扶贫服务平台建设。建立县级科技扶贫专项服务平台,积极探索"自主建设、投资多元、功能综合"的建设模式,实施"政府指导、企业运作、院校参与、农民受益"的运行机制,联动形成核心区、示范区和辐射区,带动贫困群众脱贫致富。

(3)提升特色产业技术支撑。以贫困村为重点,围绕"特色水果、绿色蔬菜、道地中药、生态畜禽"特色农业产业发展,开发转化新品种、新技术,转化先进实用的科技成果,打造一批能复制、可推广、有示范性的成果转化样板。

（4）加大科技人才支撑力度。依托"县校合作"机制，联合县农牧水务局等涉农部门，精心组织，强化监管，继续选派科技特派员、乡土专家深入全县科技扶贫示范村、示范户以及贫困村等，有针对性地进行科技扶贫服务，提高贫困群众种植、养殖技能和水平，为脱贫攻坚提供智力保障。

（5）构建科技普及培训体系。有效整合各级农村实用人才资源，建立一支由省市农业专家、县级涉农部门技术人员、乡镇农业技术人员、"土专家"等组成的多元化、多层次"农业专家顾问团"，分类分片区全覆盖开展农业技术扶贫行动。乡镇为每个贫困村确定一名农技员作为联系人，负责日常技术服务工作，协调专家顾问团开展技术帮扶。

（6）大力加强科技致富带头人培养。立足各村农业产业发展优势和实际情况，积极培养本村、本地科技致富带头人。

（7）强化科技服务民生工作。探索推广贫困乡村民生科技，联合相关部门在人口健康、生态保护、防灾减灾等领域研究推广先进适用技术。

三、重点任务

（1）积极构建科技扶贫示范体系。按照科技扶贫方案要求，全面启动科技扶贫示范村、培育示范户。摸清现状，抓紧拟订科技扶贫示范村、示范户科技扶贫方案，并组织实施。

（2）加强科技服务专项平台建设。坚持分类指导、分级组织、分步实施，依托县生产力促进中心建立县级科技扶贫专项服务平台，依托贫困村建立科技特派员服务站点。

（3）提升特色产业技术支撑。一是培育推广一批新品种。以"特色水果、绿色蔬菜、道地中药、生态畜禽"为重点，推广一批优质、高产、专用的突破性新品种。以生猪、肉牛、山地土鸡等家畜家禽为重点,开展品种改良推广,培育壮大地方优势品牌,支持发展现代特色农业。二是集成转化一批新技术。加强贫困乡村种植业、养殖业以及农产品精深加工业等成果转化,优化特色产业结构,培育新的经济增长点。三是探索完善一批新模式。建设一批产业特色鲜明且能带动农民增收的示范基地,推进现代农业规模化发展。探索三产融合的全产业链增值模式,加强技术链协同攻关,构建三产融合产业技术支撑体系。探索企业带动技术脱贫模式,把吸纳贫困户作为重要内容,扶持龙头企业、农民合作社、专业大户、家庭农场、职业农民等新型农业经营主体,引导农户与龙头企业、合作社等建立合理的利益联结机制。

(4)加大人才支撑力度。联合相关部门和省内大专院校、科研机构等,继续实施科技人员计划和科技特派员计划,选派科技人员到贫困乡、村提供精准科技服务。

(5)构建科学普及和技术培训体系。争取各级科技扶贫培训项目支持,为贫困村培养科技带头人。

(6)全面推进科技扶贫示范村建设。认真制订扶贫工作规划,积极争取和落实各级科技扶贫项目和资金,强化措施、分类指导、逐年实施。在2016—2020年期间,开展科技扶贫示范村建设,探索在新形势下,依靠科技进步和劳动者素质提高以实现助农增收和整村脱贫致富的新模式、新方法。

(7)大力加强民生改善。配合相关部门,开展生态系统保护与恢复、农村面源污染治理等技术推广,加强山洪、泥石流、滑坡灾害等减灾技术研究与示范,构建区域防灾减灾技术防控体系。

【第三章】
科技扶贫示范园(村)

第一节 科技扶贫示范园(村)发展规划

科技扶贫示范园(村)规划原则如下:

1. 统筹发展原则

坚持技术研究与科技示范、资源开发与资源保护、经济效益与社会效益、近期效益与长远发展统筹发展的原则;坚持把发展现代农业与推进农业工业化、农村城镇化和社会主义新农村建设结合起来,与循环经济、生态农业和环境保护结合起来,统筹考虑,综合推进。通过园区建设,推进新农村建设、农业现代化、环境友好化的进程。

2. 市场导向原则

坚持以市场为导向,以企业(合作社)经营为主体,以效益为中心,积极调整农业种植结构和产业结构,重点发展市场前景广阔、产业覆盖面积大、能促进农民增收和农业增效的农业产业,以及物流、旅游等服务业。按照市场经济规律进行运营和管理,实现规范化生产、标准化管理、社会化服务、市场化经营、企业化运作、产业化发展的模式,以开发绿色产品、发展生态农业为重点,发展优质高效农业,提高农业产业化水平和农业整体效益,从而实现经济效益、社会效益、生态效益的有机统一。

3．科技先导原则

综合运用现代农业科技成果、现代农业生产手段和现代农业经营管理模式，加强新品种、新技术、新体制的引进、集成、提升、展示和推广，优化种植模式、产品结构和经营策略，建立高效的农产品生产体系，提高农产品附加值，提升农产品竞争力，促进主导产业升级，实现科技化、集约化、高效化。

4．机制创新原则

要通过大胆探索，创新土地流转制度、利益分配制度、投资融资制度、资金使用与管理制度、科技支撑与服务制度等，增强发展活力，实现良性发展。

5．多元投入原则

政府要搭建平台，提供服务，建设公共服务基础设施。园区要以产业为平台，以项目为载体，多元化融通资金，引导和鼓励各类型资本投资，推进农业项目建设，提高农产品附加值，做大做强农业龙头企业。同时，充分发挥企业、农户在发展现代特色农业中的主体地位。

6．生态循环原则

强调和谐自然的现代农业生态系统建设，推进环境友好农业发展，农产安全和农业安全齐头并进，实现农业持续发展战略。在示范园发展中，按照循环经济 3R(减量化、再利用、再循环)标准，根据资源环境承载力，决定种植业发展规模，控制土地开发强度。将生态环境保护与资源合理利用相结合，在尊重周围生态环境和生态格局的前提下，以"绿色生产、绿色营销和绿色消费"为宗旨，利用地域、资源优势发展循环经济，实现资源高效利用，促进生态环境良性循环。

第二节　科技园（村）建立

农业科技园区是以市场为导向、以科技为支撑的农业发展的新型模式，是农业技术组装集成的载体，是市场与农户连接的纽带，是现代农业科技信息的辐射源，是人才培养和技术培训的基地，对周边地区农业产业升级和农村经济发展起示范与推动作用。借力湖北省部分科研院校的农业科研成果，按照"政府引导、科技支撑、企业化经营、市场化运作"的机制运行，依托产业化扶贫项目，并依据不同科技园（村）地理区位优势、自然气候适应性和当地文化的普及性进行分析，立足科技园（村）特色农业发展方向，围绕"农业增效、农民增收"，带动园区高效农业快速发展。

根据湖北省及武汉市产业化扶贫目标，立足科技园（村）不同特色农业发展要求对各科技园区进行"一园一规"，进而规划设计出能够体现当地特色的农业示范园（村），既可以带动当地经济的快速发展，达到扶贫助贫的目的，也可以探索出一条农业观光发展的新途径，建立一个具有农业特色的田园景观，为城市中的人们提供一处远离喧嚣的绿色空间。

（一）目标任务

依托精准扶贫工程，建设农业科技园（村），切实做到"培训一批、就业一批、脱贫一批"，利用农业技术的示范辐射效应，带动园区及村庄的经济发展，进而做到脱困扶贫，使农民富裕起来，农村繁荣起来。

（二）功能定位

1. 绿色生产功能

利用各园区（村）独特的基础条件，通过园区建设调整种植结构、引进高新技术，进行标准化生产，打造相对具有特色的农业品牌,大力发展生态农业、乡村旅游农业和品牌农业。建立标准化的示范生产基地或初步建立农产品加工供应基地,进行标准化生产、企业化经营、产业化开发,为持续延长农业产业链,提高产品附加值,带动乡、村优势农产品及主导产业的持续高效发展做出贡献。进行品牌建设,以园区优势产品为先导,引导农民标准化、生产规模化,共创品牌,共享效益。

2. 示范辐射功能

通过与省内农业高校、科研院所合作,建设科研教学实践基地、农业示范基地,通过产业样板示范现代农业科技成果,充分发挥农业科技的示范性和辐射性作用。

3. 休闲观光功能

充分利用乡村自然景观,恬静的乡村生活氛围,大力发展旅游、休闲、观光农业,建立园区水果采摘区、蔬菜采摘区、垂钓区、农家乐区等,融入休闲理念,打造优美的居住环境与旅游环境,推动农业观光休闲的发展,让城乡居民在优美的自然风光中享受乡村生活带来的乐趣,体验回归大自然的情致,提高生活品味,实现人与自然的和谐发展。

4. 脱困扶贫功能

结合精准扶贫工程,利用园区建设达到脱困扶贫目标,这是现阶段最主要的功能,也是园区开发的重点。利用园区高科技水平的种植技术带动村镇脱贫致富,扩大村镇农民的就业率,吸引返乡农民工回乡创业。

(三) 总体布局

充分考虑不同园区内现有用地现状和产业布局的需要,结合基地的功能和景观诉求,依据精品农业、特色农业、设施农业等多种现代农业的业态特点,以"一园多区,一路多点"的空间体系筹整个园区。"一园"指整个园区;"多区"主要指将园区的用地范围分成多个功能性片区,如特色蔬菜种植采摘区、特色水果种植采摘区、特色水产养殖区、特色畜禽养殖区、农家乐(餐饮)区、特色花卉观赏区等;"一路"是指一条绿道,配以观赏林木及作物(花卉)或果树作物,形成一条供旅游、操作、通行的绿道;"多点"则是位于园区内部的多个景观节点。各示范区路边景点内配套建设简朴、醒目且具有农家特色的标志景观,如水车等为点缀,配备简洁、古色古香的木制桌椅等为游客提供休息设施,如配以具有地域特色的亭榭、廊台等园林小品,展示乡域文化风情,更能充分突出园区特色。

(四)土地来源

根据我国农村土地使用的政策,用租赁的办法,从村民手里取得土地的使用权。

(五)园区功能区示例

以下列举了几种适合湖北地区的种植(养殖)模式,作为园区功能区,不同园区应根据自身特点、所在区域的优势进行选择或参考。

1. 草莓示范区

草莓中富含氨基酸、果糖、蔗糖、葡萄糖等营养成分,这些营养成分对人体生长发育有良好的促进作用,对老人和儿童有极大的好处。引进高产、优质、多类别的国内培育的优秀品种,分别用于无公害草莓生产过程展示、保护地草莓观光采摘、草莓礼品配送。草莓示范区可用于展示草莓特色品种、先进栽培管理技术、草莓历史和文化、草莓营养与保健知识、草莓的特色加工产品。游客在享受采摘草莓乐趣的同时,还可以将自己采摘下的草莓进行加工制作,做成草莓酱、草莓饼等食品。不局限于一种单一的营销模式,多元化、立体化地为游客提供不一样的采摘体验。

2. 葡萄示范区

同草莓相似,引进全国不同的优质葡萄栽培品种进行示范,其中可主要以鲜食葡萄巨峰、酒酿葡萄赤霞珠为主。巨峰葡萄中的多种果酸有助于消化，可直接鲜食且口感甚佳，适当多吃些葡萄，能健脾和胃。而赤霞珠主要作为酿酒品种而栽培，其多浆汁，可供游客采摘后加工成葡萄酒，方便游客携带和馈赠，这样既有收藏价值又有纪念意义。

3. 樱桃（桃、树莓等）示范区

可根据要求设置不同果木种类，不同品种的种植区，多样化经营，满足不同旅客、不同季节的采摘需求。如种植樱桃的示范区，可搜集欧、美、亚洲不同樱桃品种，分区栽培，还可栽种具有观赏性的樱桃品种，樱桃花颜色鲜艳亮丽，枝叶繁茂旺盛，是早春重要的赏花作物，樱桃成熟后也可供游客采摘，具有观光休闲功能。

4. 设施蔬菜示范区

蔬菜示范区应以现代化塑料大棚为主，栽培方式可采用有土栽培或无土栽培，根据季节需求种植不同种类的蔬菜。

5. 食用菌立体栽培示范区

利用设施大棚进行食用菌的生产，主要进行杏鲍菇、金针菇、双孢菇等的立体工厂化栽培示范。

6. 水生蔬菜示范区

利用园区内低地、湿地、水田、水塘等进行水生蔬菜如莲藕的种植，根据不同要求，可选择藕莲、籽莲或花莲，具有商品藕上市、莲蓬采摘、莲花观赏等功能。

7. 有机水产养殖区

根据园区水塘进行规划，进行水产养殖，可选择四大家鱼，也可以选择其他鱼类进行养殖，为垂钓等提供服务。

8. 有机畜禽养殖区

在果树种植区可以设置一定区域面积用以养殖鸡、鸭、鹅等，为旅客提供有机的蛋类产品或肉类产品。

9.油用牡丹等花卉种植区

在园区内可以选择种植一定面积的花卉观赏作物,如油用牡丹,既具有观赏功能,又可以开发植物精油,为游客提供多种产品选择。

第三节 科技园(村)管理

通过园区科技示范,促进农业结构调整,提高农业整体效益,增加农民收入,推动传统农业的改造与升级。科技园区应通过政策引导,政府帮扶,科技支撑,多渠道、多元化筹集资金进行科研成果推广,积极培育产销一体化的生产、加工、贮藏、流通企业,按照市场经济规律进行运营和管理,实现规范化生产、标准化管理、社会化服务、市场化经营、企业化运作、产业化发展的模式,发展"企业(专业合作组织)+基地+农户"产业化经营模式,建立长期稳定的产购销合作关系,实现风险共担,利益共享,实现农民和公司双赢,达到精准扶贫的目标。

(一)政策支持

努力将科技园区建设纳入国家农业相关科技计划与地方科技发展计划,特别是精准扶贫项目,并作为农业基本建设的主要内容。园区内的企业致力于成长为省、市区的高新技术企业与农业龙头企业,享受国家与地方有关优惠政策。积极开展农业技术的引进、消化、吸收和创新,努力将园区的技术合作与交流作为国家、省、市、区重点科技合作计划和农业技术引进计划的重点。积极争取各级政府相关配套政策,努力为园区建设与发展营造良好的环境。

(二)科技支撑

(1)应积极与省内相关农业科研院所、大专院校进行合作,以科研单位作为技术依托,建立稳定的合作、协作关系,推动产、学、研结合,促进科技成果进一步产业化。

（2）要加强引进和培养园区建设急需的各类专业技术人才,尤其是懂管理、善经营的复合型人才。应通过建立新型的科技人才聘用制度,吸引从事农业科研、教学和推广的优秀人才投身园区建设。

（3）要重视对农技人员及农民的技术培训,培养一批农民技术骨干和农民企业家。

（三）多元投入

不同科技园区,应采取多渠道、多层次、多元化的投融资机制。

（1）争取各类中央和地方政府项目投入,特别是当前扶贫涉农资金的集中投入。吸引社会各方面力量参与,特别是要积极争取金融部门的支持,逐步建立多渠道、多层次、多元化的投融资机制。

（2）积极吸引各类企业,特别是科技型企业,进入园区进行投资建设。

（3）加强引导农户以土地、劳动力、资金等各种生产要素及以承包、入股等形式参与园区建设。

（4）在可能的情况下,通过国际科技合作,吸引国外资金,引进先进适用的技术与生产设施、经营管理方法和经验,加快园区建设。

（四）经营主体

科技园区经营主体是科技园区可持续发展的抓手,只有明确园区的经营主体才能保证园区的健康发展。经营主体一般应以企业为主,少数可采用农业合作社或其他对象作为经营主体,经营主体与建设主体一般应保持一致,实行企业化运作模式。在农村土地联产承包的条件下,通过土地反租承包,实现农业的规模化经营,为农业产业化提供前提,用管理工业的理念管理农业,把企业管理机制引入高效农业示范园运行过程中,采用企业化管理模式对园区的运行机制进行创新,走"企业(专业合作组织)＋基地＋农户"的产业化经营路子,提高农民的市场组织化程度。

(五) 经营模式

1. "企业＋科研单位＋基地"模式

"企业＋科研单位＋基地"模式是指作为园区建设和运营主体的龙头企业与科研单位建立技术依托关系,通过技术引进、项目合作、共建平台等方式进行紧密的科技合作,实现科技示范和产业带动作用。

2. "专家大院"模式

"专家大院"模式是指企业聘请专家,通过园区基地与农户进行技术对接,构建以"专家—基地—农户"为一体的农业科技平台和成果转化基地,推动区域主导产业的形成与发展。"专家大院"模式包括"专家＋信息化平台＋农户"、"专家＋农村合作经济组织＋农户"、"专家＋政府＋农户"、"专家＋龙头企业＋农户"等具体形式。根据基层需求开展以成果转化和新技术推广为主的科技服务活动,推动农业优势主导产业发展。

3. "龙头企业＋园区＋基地"模式

"龙头企业＋园区＋基地"模式是指由龙头企业作为建设运营主体,在园区内进行新品种、新技术和新设施的引进、展示和科技成果转化,通过示范基地辐射带动周边产业基地从事相关农业经营活动,最终带动区域农业发展,使农民增收。

4. "科研单位＋园区＋基地"模式

"科研单位＋园区＋基地"模式是指由科研单位组织或参与园区建设经营,强化农业高新技术的研发、试验、推广、应用和技术培训,借助园区载体尽快传播科研成果以辐射到周边地区,提升区域农业科技水平,提高农民科技素质,增加农民收入。建设和经营主体为科研单位,实现科研、转化、示范、实训、展示功能,努力发挥全市农业科技创新高地和大平台作用。

5. "园区＋合作社(协会)＋农户"模式

"园区＋合作社(协会)＋农户"模式是指园区通过专业合作社与农民签订产销合同,规定双方责权利关系,园区为农户提供全程服务,即产前提供种苗,产中进行种植、养殖技术指导,产后提供销售等服务,农户则按合同要求生产符合园区标准的产品,从而推进区域主导产业发展。

【第四章】
农业科技扶贫项目

农业科技扶贫是指以农业新品种、新技术、新模式、新材料等为载体,结合贫困地区自然资源、人力资源等条件,以贫困人群为首要对象,以帮助贫困人群增加收入为重点,在特困村、贫困村建立基地,开展技术培训,培植能人,大力推广应用先进、适用的农业科技成果,使新技术得以推广应用并形成产业,促进贫困群体脱贫致富,同时实现贫困地区的可持续发展。

农业科技扶贫的核心在科技,重点在扶贫,其主要体现在科技投入上,是治穷先治愚、扶贫先扶智的重要举措之一,也是提高劳动者素质、帮助农民稳定脱贫的治本之策,充分体现了我国开发式扶贫的方针。

第一节　项目选择

农业科技扶贫的重要性决定了必须慎重选择扶贫开发项目。科技扶贫项目的优势在科技,核心在扶贫,从科技扶贫的实践看,要彻底解决贫困问题,必须选择一批符合国家产业政策、满足贫困地区支柱产业发展需要,覆盖大多数贫困人群和低收入人群的产业项目给予重点支持,也就是人们常说的产业扶贫。实施产业扶贫的关键是要实施科技扶贫项目,而项目的选择就显得尤为重要。项目是否切合实际,是否具有较强的针对性,不仅关系到其立项价值和实施的可行性,更关系到扶贫开发的实际效果,关系到能否发挥和保护贫困群众在脱贫中的积极性、创造性和主观能动性。

(1)通过实地调研,摸清当地可利用资源,立足资源选项目。一些贫困人群大多在边远山区,山区的劣势是交通不便、科技意识落后,优势是闲置土地多、人力成本低,因此,充分利用当地优势条件,辅之以项目作载体,加以利用和开发。一是所选项目要有特色,有了特色,才有市场竞争能力。日本等国家实施"一村一品"战略,就是充分挖掘贫困地区特色资源、人文资源,开发了一批具有一定产业优势和深厚人文底蕴的项目,有力地促进了当地经济的发展,因此,可借鉴国外经验,寻找贫困地区可开发资源。二是项目要结合当地实际情况,因地制宜选项目。贫困地区的自然条件、气候特点千差万别,各有异同,选择和实施科技扶贫项目应从实际出发,不能盲目引进不切合实际的项目,如实在没有成功的把握,应在充分试验的前提下再决定项目的选择与实施。只有这样,科技扶贫项目才能适应贫困地区产业发展需要,保证各种资源有效利用,促进科技扶贫工作。

(2)实事求是按照项目运行的客观规律选项目。科技扶贫项目的选择首先必须尊重科学,按科学规律办事,切忌强攻硬上、蛮干瞎干。一是要注重项目的适用性。贫困地区自身的特点决定了科技扶贫必须以引进、消化、吸收先进适用技术为主,辅之以高新技术推广应用。在选择项目实施区域时,要注重技术适应性与地区代表性的结合,充分体现出项目实施的优越性和可推广性,带动更多地区参与到项目中来。二是要注重项目的成熟性。成熟的技术是保证项目推广取得成功的基本条件。因此,所选项目在满足其技术要求的条件下必须是真正有效的,并保证长时间的稳定性,以免给生产造成损失或造成人、财、物的浪费。三是要注重项目的接受性。农民是项目成果推广的接受者,项目推广的效果如何,在很大程度上取决于农民的科学文化水平,也就是取决于农民对该项技术的接受和掌握程度。农民接受技术的能力越强,取得的效益就越高,推广就越快。因此,在选择项目时必须考虑农民的接受能力,同时要选择那些农民一看就懂、一学就会、一用就见效的技术。

(3)坚持"科学性与实用性相结合、资源节约和有效利用与可持续发展相结合、市场需求和贫困群体参与度相结合"("三结合")的原则选项目。一是科技扶贫项目必须是已经成熟的或经区域试验验证了的具有一定科学水平和实际运用价值的科技成果,其实施的目的是促进科技成果转化,促进科技成果融入贫困地区经济发展中;二是贫困地区之所以贫困,其主要原因是土地贫瘠、可利用资源较少,在选择项目时,一定要追求资源的使用效率和项目的可持续性发展,不能以牺牲生态环境为代价来达到脱贫目标,要以高效利用资源、可持续发展的理念选择好项目;三是科技扶贫项目既要适应市场需求,又要最大限度地满足贫困群体的需求,要让他们尽可能以多种方式(如入股、务工等)参与到科技扶贫项目中去,使之能够在短期内达到脱贫的目标。

(4)选择农业科技扶贫项目,一定要在"农"字上做文章。农业扶贫项目离不开农民、农业和农村,要想项目落地生根、创造效益,必须考虑农村的发展、农民的收入和农业的档次与规模,否则就是走过场、劳民伤财,不能从根本上解决农村贫困问题。因此,一是要瞄准项目,把钱投到有市场、有效益、有潜力的项目上;二是立足当地实际,符合农民心愿,发挥农民特长,调动农民积极性;三是要尽量选择一些"短平快"的特色项目,以迅速增产增值,短期内缓解贫困压力,便于后期项目的跟进与发展壮大;四是项目要与贫困地区紧密结合,要与农民建立风险共担、利益均沾的利益共同体,同时要降低农民进入市场的风险,确保农民能够脱贫致富;五是项目要形成一定的规模,有一定的档次,项目最终要进入千家万户,要通过发展专业大户、专业合作社的方式,把大家组织起来,形成规模,再通过上档次的项目创造较高的经济效益。

第二节 项 目 论 证

项目论证又称项目可行性研究,包括项目立项申请、项目可行性研究报告、项目评估报告、立项依据及其相关材料等,经专业机构评估、论证后实施。农业科技扶贫项目可按照国家、省市有关科技项目管理办法和扶贫条例等政策进行立项、论证。

农业科技扶贫项目与其他项目相比,其特点是:一是项目投资主体特殊,农户或农业合作社是项目生产经营的主体,受益方是农民,作为投资方而言,盈利小或非盈利的项目较多,项目经济效益和费用预测不确定性大,项目风险大,项目投资注重扶贫开发效果,社会效益突出;二是项目技术含量高、创新性强,一定要是最新的、最适用的技术;三是项目需考虑的因素多,既要考虑解决当前温饱问题,又要考虑长远的收入增长,既要考虑短期的经济开发,又要考虑环境保护和可持续发展等一系列问题;四是项目涉及面广,包括种植业、养殖业、农产品加工、农业资源的保护与利用、农业服务业等,项目结构复杂、类型多,不同地区差异较大,不可能用统一标准去评价。因此,农业科技扶贫项目的可行性研究应该在项目决策前,分别对投资主体以及与项目有关的政策、技术、影响因素、市场需求等进行科学分析论证,对项目的风险、经济效益和社会效益进行预测与评价,从而获得项目投资的依据。

(一)项目论证材料的准备

农业科技扶贫项目论证前应该提供以下三方面的材料:一是项目立项申请表;二是项目可行性研究报告;三是与项目相关的附件,包括项目知识产权证明、项目应用证明、专家评议意见、相关单位推荐意见等。

农业科技扶贫项目可行性研究与评估,是项目决策前对项

目进行充分分析、研究、论证、评价的过程,包括以下几方面内容:

(1)项目投资主体。根据不同的投资主体设定不同的技术方案,对纯粹以一家一户为单位的项目,应注重技术的服务到位和可操作性;对以企业或农业合作社为主体的,应注重项目的管理、目标的设定、业务骨干的培养等。

(2)项目技术创新内容及熟化程度。一是技术含量、技术水平;二是技术的先进性、代表性、竞争优势;三是技术的新颖性、独创性、自主知识产权;四是技术的熟化程度,技术的稳定性。

(3)项目市场前景分析、预测。一是产品市场容量大小、走势分析;二是产品进入市场的难易度;三是项目产品的竞争优势;四是项目产品市场占有率,注意应用权威数据对行业背景状况、国内同类产品市场情况以及项目承担单位自身的能力进行综合分析。

(4)项目计划目标与组织结构可行性。一是项目要有明确的可考核目标及依据;二是项目技术、经济指标的合理性及可实现性;三是掌控好项目计划目标与项目实施周期的关系;四是设计合理的组织结构,选择经验丰富的项目管理人员,建立良好的协作关系,确保项目顺利实施。

(5)财务可行性分析。项目投入产出比估算、项目投产后经济效益分析。

(6)项目的成功率与风险控制。一是成熟性项目、重点项目应保证成功率;二是有一定风险的项目须是技术含量高、水平高、创新程度高的项目;三是如实分析项目的风险,并制订规避风险的措施。

(二)项目可行性论证与评价

项目可行性论证与评价包括专家评审、专家咨询、科技机构评估等,可根据项目特点选择相应的论证与评价方式。对技术、产品相近的项目采取专家评审的方式;对跨学科、跨领域、创新

性强、技术集成、技术领域分布相对分散的个性化项目,可委托科技评估机构评估。评价包括以下几个方面:

(1)项目创新性评价。项目技术的新颖性、先进性及适用性评价,所选取的项目所采用的一定是该行业内领先的技术,并且经实践检验了的成熟技术。

(2)项目经济效益评价。由项目投入成本及项目达产后的产品销售收入,测算经济效益。投入成本包括物质成本、劳动力成本、土地成本等,而项目的经济效益主要由项目的产品规模和价格决定,属于预测性分析,重点考虑项目的净效益,一般采用静态指标分析和动态指标分析。

(3)项目风险评价。农业项目因为生长周期长,季节性强,受自然条件变化(特别是难以预测的天气变化)及市场环境变化影响大,所以不可控风险更大,如果由于实施某个项目而造成不可预测的损失,可能对那些生活在贫困线以下的人群造成更大的伤害。因此,要加强对农业扶贫项目的风险控制,对由于项目的不确定性因素造成的贫困人群的收入更加恶化的可能性加以预测分析,并提供可控措施。

(4)项目社会效益评价。主要包括扶贫开发效益、社会影响力和生态效益。

第三节　项目实施

(1)加强组织管理,确保项目实施。强有力的组织领导,是科技扶贫项目组织与实施的重要保证。一是要健全机构,项目一经确定,项目实施单位应成立组织领导机构,配备专项工作人员,保证工作到位;二是要健全制度,建立项目考核评估体系,健全规章制度,坚持用制度管理项目,以机制促项目;三是要加强协调,认真协调好项目实施区域各方的关系,妥善处理项目实施过程中出现的新情况、新问题,确保项目顺利实施。

(2)加强目标管理,明确各方责任。科技扶贫项目的责任目标管理直接关系到科技扶贫项目的效果。因此,要加强监督检查,明确各方责任。首先,项目承担方是科技扶贫项目的主体,肩负着实施项目的主要责任。项目下达后,承担单位要认真编制项目实施方案,科学制订工作计划,精心组织实施,确保项目按时保质完成。其次,技术依托方是科技扶贫项目的"技术顾问",对项目的质量负有重要责任。项目实施中,技术依托方要选派业务素质高、工作责任心强的专业技术人员全程跟踪监督,全面提供技术咨询服务,及时解决技术难题,纠正项目实施中出现的偏差,严把质量关。第三,项目区域政府是科技扶贫项目的总负责,对项目实施负有领导责任。要加强组织协调工作,为项目实施营造氛围,创造环境,提供条件。政府科技管理部门要做好项目实施的具体工作,科学选择实施地点,严格资金使用和管理程序,做好上下联络工作,为项目实施提供全方位服务。

(3)注重示范引导,确保项目效果。老百姓讲求的是实际,最能激励他们积极性的是看得见、摸得着的实实在在的利益。因此,科技扶贫项目必须在收益上下功夫,在示范上做文章。一是要把实施科技扶贫项目与示范村建设结合起来。科技扶贫项目是科技示范村的有效载体,不少示范村以科技项目为依托,将科技扶贫项目与基础设施建设、生态环境综合治理和培育特色产业有机结合起来,不仅改善了示范村的生态环境,而且促进了区域经济的发展。二是要把实施科技扶贫项目与发展示范户结合起来。榜样的力量是无穷的,一个示范户的作用发挥好了,就能够把周围的十几户、几十户甚至几百户农民群众带动起来,引导农民从科技扶贫项目中掌握农村实用技术,拓宽致富门路。三是要把实施科技扶贫项目与发展龙头企业结合起来。农业龙头企业具有很强的拉动效应,往往是一个企业带动一个产业,一个产业带富一方群众。因此,科技扶贫项目应着力扶持那些产业关联度大、市场竞争力强、辐射带动面广的农业产业化龙头企业,建立与农民的利益联结机制,让农民从产业化经营中得到更多实惠,实现农户与企业双赢。

（4）紧密依靠当地农业技术推广体系。科技扶贫项目实施必须融入当地农业技术推广体系中去。贫困地区与其他发达地区一样,也有农业技术推广体系,只是由于经费不足,工作难以展开。实施科技扶贫项目,要与当地科学研发能力、技术推广能力紧密结合。

第一,要利用项目建立基层科技服务阵地。既要发挥基层科技人员和技术推广人员贴近基层的优势,对项目区域的示范户、农民进行现场指导,做到"工作到村、培训到户",及时解决农户的疑问和困难,又要鼓励广大示范户积极发现并指出项目实施中可能出现的问题,在两者之间搭建基层科技服务平台。同时制订并实施科学的评价考核办法,确保科技扶贫项目收到实效。

第二,要利用项目建立基层信息服务网络。通过建立覆盖面广、功能强大的科技扶贫信息服务网络系统,为贫困地区农民提供技术、产品、劳动力、资金等方面的信息服务;通过网络对农村干部、农民企业家、基层技术人员和贫困农户进行知识培训和技术推广。在满足各种信息需求的同时,提高他们的科技文化素质,增强科技、信息意识和创新精神,促进贫困地区农民尽快脱贫致富。

第三,要利用项目建立基层科技培训平台。针对贫困地区人群科技文化素质低、科技意识弱的现状,动员和组织科技人员深入贫困乡村,通过实地指导、技术培训、媒体宣传等多种形式,向农民传授科技知识,帮助他们解决生产中遇到的技术难题,增强他们的科技意识和创新能力,使他们逐步成为科学种田的行家里手。

【第五章】
互联网＋农业科技扶贫

第一节 网络体系构建

贫困地区"互联网＋农业"精准扶贫，首先要解决的问题是通信网络基础设施建设问题。大力推进农业农村信息化建设，实现"三农"信息网络、信息应用、信息技术和信息产业的良性互动，形成超高速、大容量、高智能的信息传输网络。全面提升贫困地区的信息化水平是整个科技扶贫的基础。

借助"互联网＋"技术和手段，改造传统农业，推进农业生产经营信息化。加强智慧农业体系的建设，依托互联网、移动互联网、云计算、物联网技术，搭建智慧农业体系架构。创建网络平台，发展农村电商，构筑现代农村物流，实现农业生产环境的智能感知、智能预警、智能决策、智能分析、专家在线指导，为农业生产提供精准化种植、可视化管理和智能化决策，如图 5-1 所示。

通过信息网络基础设施的建设与智慧农业体系架构的搭建，贫困地区农户借助"互联网＋农业"智慧体系与智慧农业直接接轨，从而进入"互联网＋农业"信息时代。以互联网为载体，实现生产过程的智能化管理，借助云计算和大数据将生产加工过程实时提供给在线消费者，消费者无须在种植基地和加工制作现场即可实时监测到农产品从种植到形成成品的一切过程。

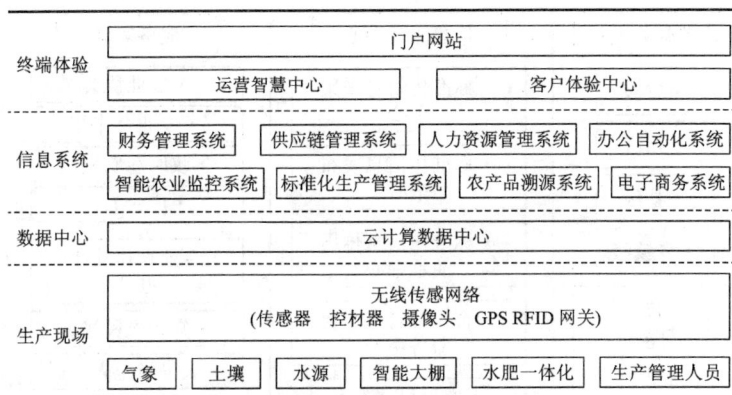

终端体验	门户网站			
	运营智慧中心		客户体验中心	
信息系统	财务管理系统	供应链管理系统	人力资源管理系统	办公自动化系统
	智能农业监控系统	标准化生产管理系统	农产品溯源系统	电子商务系统
数据中心	云计算数据中心			
生产现场	无线传感网络 (传感器　控材器　摄像头　GPS RFID 网关)			
	气象 | 土壤 | 水源 | 智能大棚 | 水肥一体化 | 生产管理人员			

图 5-1　"互联网＋农业"智慧体系

由于消费者既可以在线体验,又可以到现场看到真实过程,所以消费者更加愿意为这种参与式消费买单,从而解决"三农"与市场的信息不对称的问题,使得贫困地区从事农业的生产者与广大的消费者同时受益。

第二节　网络平台创建

加强智慧农村信息网络体系建设,促进贫困片区农业基础设施与信息化融合。提升农业企业信息化水平,开展农民专业合作社信息化示范。加快农产品批发市场信息化进程,打造农村信息化网络平台。农村信息网络平台建设如图 5-2 所示。

贫困地区农户通过信息网络与"三农"的跨界融合,实现农村信息网络全覆盖,使得信息网络服务平台与家庭农场、家庭林场、水产养殖、畜牧养殖、市场信息、惠农政策、农产品基地、致富经验、有机农业等实现无缝对接,如图 5-3 所示。基于"互联网＋农业"生态圈的构建,为农户实现农业产业化打通了产业链,提高了农业管理效率,为彻底脱贫致富奠定了科技基础。

建设服务平台

- 省级
- 州级
- 县级
- 乡镇级

智能信息终端建设

信息服务中心

- 标准化信息采集中心
- 标准化信息发布中心
- 标准化信息传播演示中心
- 合作社管理平台服务中心
- 农村科技教育服务中心
- 供销社网上贸易交易中心

服务对象

- 农业协会
- 专业合作社
- 政府涉农机构
- 广大农户

- 专业合作社在线办公
- 知识农民培训
- 农民经纪人培训
- 农民科普教育

基地 生产 加工 贸易 使用

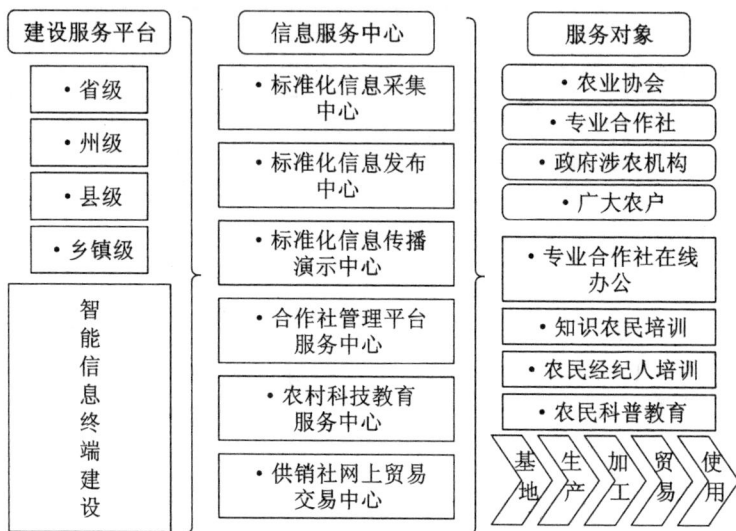

图 5-2　农村信息网络平台建设

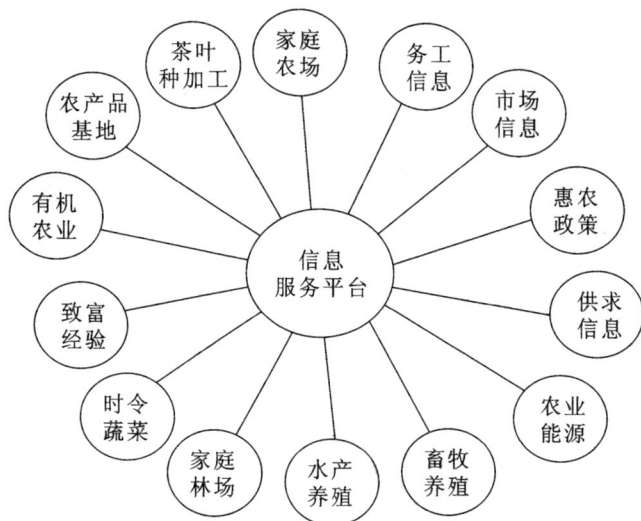

茶叶种加工　家庭农场　务工信息

农产品基地　市场信息

有机农业

致富经验　信息服务平台　惠农政策

供求信息

时令蔬菜

家庭林场　水产养殖　畜牧养殖　农业能源

图 5-3　农村信息服务平台与产业体系无缝对接示意图

第三节　精准扶贫网络建设

以电子商务进农村为抓手，依托"万村千乡"市场工程、供销、邮政等服务体系以及大型龙头流通企业、电商企业，重点促进农村消费品、农业生产资料、农产品流通交易，建设并完善农村电子商务配送及综合服务网络。

贫困地区各扶贫中心分别成立电子商务中心，建设第三方电子商务交易平台及垂直电子商务交易平台，利用"电子商务＋农产品"的模式实现精准扶贫。充分利用成熟的阿里巴巴、淘宝、天猫、一号店、京东商城等电商平台，整合该区域农副土特产品资源，在各乡镇积极发展产地直销模式。通过完善农产品标准化生产、农产品质量追溯管理体制、农产品高效物流配送，进一步推进贫困地区电子商务发展。鼓励农业企业及个体通过电子商务交易平台结算，通过电子商务平台进行产品推介及各类信息服务，推动交易方式、服务功能、管理制度、经营技术的网络创新。

积极探索建立促进农村电子商务发展的体制机制，以电子商务物流网络服务建设为中心，拓展农村贫困户以电商运营、物流配送为主的就业途径。充分利用农村现有市场、信息资源，积极引导电商企业开拓农村市场，将存量整合与增量投入有机结合起来，使资源发挥更大效益。与供销、邮政、农业信息网深度融合，建立和完善农村商务信息应用与共享机制，实现互联互通和资源共享。坚持因地制宜，因县而异，突出特色，构建农村电子商务支撑服务体系。支持电商落地农村，扩大电商在农村的应用范围，引导电商服务企业深入农村，培育开发农村电商企业；充分发挥电商综合服务功能，加快发展电子交易、网上购物、在线支付、快递配送等协同发展的居民生活类电子商务生态链，从而达到扶贫的目的。

第四节 "互联网＋"精准扶贫模式

一、"O2O"精准扶贫

通过互联网与电子商务,将农业产业链上的关键环节,如种植基地、农副产品生产企业、专业化市场、农副产品经销商等资源主体进行整合,以实体平台与电子商务平台为基础("O2O"模式,即 Online To Offline,在线离线/线上到线下),运用以信息化为手段的虚拟平台推动现有产业经营,有效整合产业链上种植基地的需求和供应信息、价格信息,生产企业的产品分销信息、材料需求信息、经销商代理信息以及产品市场需求情况、产品渠道拓展等信息。通过互联网平台、物流网络的运用,提升农产品价值。

根据现代消费的娱乐化和体验化特征,将消费者从线上引至线下消费,将生产基地的实际情况通过互联网平台和微平台展现在消费者面前。同时通过电子商务平台和实体平台及时向农产品生产企业、生产经销商及二级专业市场公布市场供需信息和市场价格信息,并将需求量、供给量、生产企业的联系信息、需求方信息等展示在平台上,真正实现"生产加工基地＋互联网平台＋市场信息"一体化的"O2O"营销运营模式(图 5-4),促进贫困地区农民增收,使他们彻底摆脱贫困。

二、"互联网＋众筹"精准扶贫

众筹是指利用"团购＋预购"等形式,面向互联网群体募集项目资金的模式。本书的众筹是指利用互联网和 SNS(Social Networking Services,社会性网络服务)传播的特性,让贫困地区的生产种植与养殖者、生产加工企业向消费者展示他们的种植养殖、生产加工过程,通过网络平台争取互联网群体的关注和

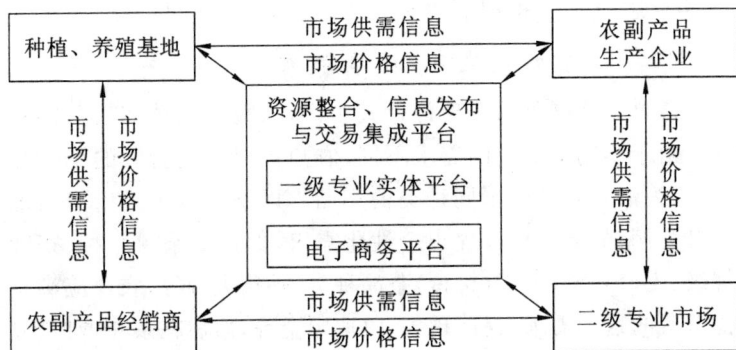

图 5-4 "互联网＋农业"(O2O)经营模式

支持,进而获得产品认购,使消费者全程参与农耕文化体验的过程,从而使农户得到所需要的资金援助、产品支持、品牌支持及历史文化与消费理念的支持,进而摆脱贫困,实现精准扶贫。

(一)"产品众筹"精准扶贫

由于互联网时代所赋予的特征,任何消费者都可以通过互联网进行农产品的认购和种植。贫困地区优质产品可以通过"产品众筹"的方式进行销售。消费者通过互联网认购一定面积的田地,指定贫困农户、指定农产品品种及质量,各消费者之间通过互联网/移动互联网建立社群联系,共同筹集资金,预先将资金支付给贫困农户,减轻农户的经济负担。通过社群相互联系,相约享受农村劳动的乐趣,也可相互分享劳动成果及"三品一标"(即无公害农产品、绿色食品、有机农产品和农产品地理标志)产品。比如消费者通过互联网认购种植 1 亩蔬菜,在一年期内从种植到生长结束这亩地里的蔬菜都属于这位消费者。当他闲暇时,可以来地里亲自种植和采摘;当他忙时,可委托农户代为管理田间。使消费者参与到农耕文化体验之中,从而使得虚拟的"开心农场"在线下得以实现。当贫困农户经济紧张、产品销售状况较差时,消费者可以通过互联网众筹产品,帮助农户渡过难关。例如,农户家庭放养的生态黑猪,4～5 个消费者即可众筹一头,从而实现精准扶贫。

(二)"订单式生产"精准扶贫

通过互联网可以实现订单式生产,从而达到精准扶贫的目的。由于不同消费者的需求不同,农户可根据消费者的个性化要求,为消费者生产不同种类的产品。以茶叶订单式生产精准扶贫为例,如果消费者提出个性化需求,如指定茶树品种、茶叶等级、生产环境、人工(机械)茶品种类、炒茶大师等,农户应满足消费者的这种需求,提前预售、收取定金等,然后在茶叶种植、施肥、采摘、工艺制作等一系列流程上都满足消费者的需求,从而达到定制化精准生产的目的,规避因不确定因素造成的市场风险,实现精准扶贫。

三、"互联网＋乡村旅游"精准扶贫

充分利用"互联网＋",根据不同地区的不同优势资源,再结合扶贫中心建设智慧化乡村旅游信息系统,实现网上预订、支付、电子认证及统一管理。利用云计算、物联网和移动互联网等新技术,实现乡村旅游与交通、公安、医疗等的互联互通和整体联动。提高旅游地信息服务水平,为游客提供无线上网服务,实现乡村旅游信息智能推送服务。利用物联网、云计算、3G移动互联网、RFID定位等先进科技,融合吃、住、行、游、娱、购等各方资源,在各区域中心推出集乡村游览、农产品采购、农家餐饮、民宿等于一体的服务系统。通过虚实结合,整合"智慧乡村"旅游资源,将传统乡村旅游向"智慧乡村"旅游转型。

通过"互联网＋乡村旅游＋精准扶贫"的跨界和连接效应,实现精准智力扶贫。如果扶贫地区具有良好的自然生态环境条件或丰富的旅游文化资源优势,可以将"互联网＋旅游＋民族文化"、"互联网＋旅游＋特色产品/服务"、"互联网＋乡村旅游"作为重要旅游品牌进行打造,吸引各方游客前来基地享受绿色天然氧吧的农耕风情；同时亲自参与农业基地种植、养殖生产的全过程，将亲手制得的农产品作为礼品馈赠亲朋好友。

四、"移动互联网＋双微"精准扶贫

随着移动互联网的快速发展，贫困地区农村通信基础设施不断完善，无线网络在山区也基本实现了全覆盖，为农户通过移动互联网（移动电子商务）进行产品/服务营销和推广提供了便利条件。贫困农户经过专业电子商务培训后，即可通过微博和微信进行农产品、乡村旅游目的地、农家乐的运营与推广。微博可随时随地直播种植、养殖生产情况，微信可以随时随地晒出产品与服务，无论是图片还是视频资料，都可以实时分享劳动成果。除此之外，还可以通过"双微"进行产品与服务销售，在微博和微信上售卖产品已经成为现代农业营销的一种必备技能，尤其是利用微信公众号（订阅号和服务号）、微信矩阵等可以更好地推广区域的原生态品牌。专业开发关于区域原生态农业的手机 APP，建设基于微信平台二次开发的应用程序。通过手机移动 APP 程序加大对农产品品牌推广和产品销售的同时，逐步提高贫困地区的软实力及市场影响力。

【第六章】
农业科技扶贫贫困户

第一节 贫困户信息调查

摸清实情,掌握第一手资料,才能确保科学规划、帮扶。根据所掌握的贫困户对象信息,通过进村入户实地调研,采取现场登记填表的方式,深入细致地了解贫困户的基本情况,主要包括人口和劳动力构成、家庭主要收入来源、土地利用及撂荒情况、主要作物种养及效益情况、外出务工情况等,面对面与贫困户进行交流,查找脱贫致富难题,找准致贫主要原因,问计于民、问需于民,共商脱贫出路。

调查的内容见表 6-1。

第二节 贫困户科技帮扶措施(计划)

一、帮扶原则

以增加贫困户收入为核心,以帮助贫困户脱贫致富为目标,充分发挥农业科技优势,对贫困户实行有效的帮扶,使贫困户尽快脱贫。坚持"以自力更生为主"的原则,充分发挥贫困户的主观能动性,激活脱贫信心。

表6-1 贫困户基本情况表

编号		户主姓名		家庭住址			联系方式	
年家庭人均收入（元）/来源				田地情况			住房情况	
贫困类别				致贫原因				
主导产业								
困难情况								
家庭需求								
家庭成员	姓名	与户主关系	性别	民族	身份证号	文化程度	健康状况	劳动力状况	备注

二、帮扶机制

建立调查研究制度。通过深入开展调查研究,掌握帮扶户的经济来源、贫困状况、导致贫困的主要原因及他们的所思所盼,认真分析制约其发展的因素。以倒排的方式确定帮扶对象,全面实施"扶贫结对子工程"。

加强学习教育引导,开展形式多样的培训活动,不断提高贫困户的农业技能。帮助贫困户转变创业观念,认真做好宣传教育工作,引导贫困户树立正确的创业观,克服依赖思想和畏难情绪,使他们面向社会,面向市场,主动地迎接挑战,实现脱贫致富。

建立动态反应机制。定期入户,了解他们的所需所盼,分析存在的问题。针对扶贫工作中出现的新情况,积极采取措施,及时解决他们在发展农业产业中的困难。

三、帮扶措施

(1)确立主导产业。要结合两个原则,一是因地制宜原则。要根据被帮扶村的资源优势和传统种养习惯,在符合土地利用总体规划的前提下,经科学论证,帮助贫困户确定脱贫的主导发展产业,坚持宜农则农,宜林则林,宜游则游,宜商则商。二是长短结合原则。要立足当前,谋划长远,既要注重当年增收脱贫,又要以形成脱贫增收产业、培训脱贫增收技能为根本,确保有生产能力的贫困户学会1~2门种养技术或者手工加工技术,提高种养劳动技能,实现产业脱贫。

(2)制订年度计划。在制订贫困村主导产业发展规划的基础上,要围绕"六个精准",进一步明确贫困对象、产业项目、投资数额、建设内容、实施年度、脱贫年限等,再细化出一个年度实施方案。同时,还要列出问题清单、项目清单、责任清单,明确责任主体,倒排时间进度,分年度推进,分年度实施,分年度见效,确保项目计划完成。

（3）扶贫资金支持。项目的实施离不开资金的支持。项目资金渠道包括贫困户自筹资金、各单位扶贫资金、社会资本投入、农业项目专项资金、扶贫金融资金等。在资金筹措上,要坚持贫困户生产经营主体的主导地位,防止包办代替,多年的扶贫经验告诉我们:"免费发放的树苗栽不活",只有贫困户自身有投入,把项目真正当作自己的事,项目才有可能成功,扶贫才有可能取得长远成效。同时,用好政策,积极争取各类财政扶持资金,并且要用扶持资金来尽量带动社会资金投入,放大各类扶持资金的作用,规范项目资金管理,将项目资金用到刀刃上,尽量把项目做好,做出最好的成效。

第三节　农业科技跟踪服务

一、农业科技服务

科技服务是指运用现代科学知识、现代技术于段和分析研究方法以及经验、信息等,向社会提供智力服务和技术指导的行为。农业科技服务以引导示范为主线,以教育、培训、信息传播以及咨询服务为方法,通过技术传递、技术指导,来帮助贫困户熟练掌握农业生产中的实用技术,提高农民的生产技能,改变他们的生产方式,提高农产品效益,提升农民综合素质,促进农村经济、社会健康和可持续发展。

农业科技服务可以通过示范优良品种、栽培设施、标准化生产、节水灌溉、精深加工、物联网信息等农业高新技术,把能够适应当地经济发展、生态环境,且成熟可靠、质优价廉的成果技术向贫困户进行辐射推广,以优化产业结构,增加农民收入。

农业科技服务可以提供全产业链的服务,除了服务于农业

55

生产过程,更应该覆盖农业的产前、产中和产后,为农民提供市场需求信息和技术需求信息,帮助农民进入市场。在产前根据农民的种养需求为其提供优质种子、种苗,使农民获得优质和低廉的农业生产资料。在产中则为农民提供规模化、集约化的种养技术和标准化的生产规程,严格产品质量标准,适应市场需求进行生产。产后包括为农产品采集储运、精深加工、产品质量检测和市场销售等提供服务,进一步提高农产品质量和附加值,创造更大的利润以使农民受益。

二、农业科技服务的形式

1. 技术推动式服务

采用营销观念,将农业技术视为商品,扩散主体作为中介,通过技术供需双方的需求接洽,进行市场化的技术交易,实现技术的转化和推广。在这种模式中,作为主体的技术中介机构,其最终的目的是通过有偿服务获得经济利益,维持自身的生存和发展。农业科技人员采用技术入股的形式组成合作联盟,分担风险、共享收益,针对市场上的需求发展农业项目,切实有效地开展农业科技服务工作。

2. 产业推动式服务

通过产业推动和示范引导,按照产业规程科学安排生产,把新的实用的技术融入生产过程中,同时要求科技服务人员对生产全程进行监控、指导,在满足技术规程和标准以及市场需求的前提下,统一组织生产、科学用肥、安全用药。并鼓励带头能人带动新技术推广,延伸产业链,实现产业升级,带动其他贫困户增收。

3. 组织带动式服务

组织带动式服务是指通过农民合作社、产业联盟等团体组织贫困户,在政府、院校和科研机构的配合下,组成技术扩散流动的网络,进行农业科技服务。农民合作社、产业联盟等团体是由贫困户、带头能人自愿组成的,具有机构简便、发展灵活、高效务实及权威性、平民化、低成本的特点。

4. 培训引导式服务

目前农村劳动力两极分化,青壮年劳动力进城务工,造成农村剩余劳动力不足,且文化程度不高、接受能力有限,只能通过手把手的示范培训引导农民应用新品种、新技术。贫困户培训模式是指培养和造就一支以贫困农民为主、人员相对稳定、系统掌握农业先进实用技术、能够指导农业生产的新型农业科技队伍,使这些培训者成为农业技术扩散的实施者。贫困农民经过技术培训后,作为新成果、新技术的传播者,更容易使农业技术扩散给广大的贫困户。

5. 综合性服务式服务

通过建成一个科技培训基地,实现科技与贫困户的有效对接,把科技成果直接导入农村,为农业发展和农民增收注入活力。这种形式使得专家和贫困户得以面对面地沟通交流,不仅能发挥专家的科技创新、展示示范、教育培训、信息传导等优势,还能使最新的品种、技术成果直接推广应用到农业生产的一线,迅速被贫困农民学习掌握和应用,减少了许多中间环节,缩短了成果转化周期。同时,又能使现实生产中遇到的问题及时反馈给科技专家,为进一步的科学研究和技术开发指出方向,真正做到了产、学、研的有机结合。

第二篇 农业科技扶贫技术篇

【第七章】
蔬菜种植

第一节 茄果类

一、茄子

（一）设施早熟栽培技术

1. 品种选择

宜选用耐低温、耐弱光能力强，抗病，前期产量高，商品性好的品种，如迎春 1 号、春晓、航天黑、汉宝 1 号、紫龙 6 号、紫龙 8 号和川崎等品种。

2. 育苗

武汉地区春季栽培茄子需要利用温室或大棚越冬育苗，苗期长达 100～120 天。由于长期低温寡照，且生产上大多采用冷床育苗，所以育苗技术非常关键。

（1）营养土的配制

选取无病虫源的园土、塘泥、草炭、复合肥等按一定比例配制而成。一般园土 6 份或园土和塘泥各 3 份，腐熟有机肥或草炭 4 份,混匀后每立方米土中可配尿素 0.25 公斤、石灰 1 公斤、复合肥 0.25 公斤进行调制。

（2）种子处理

采用催芽播种方法时,播种前将种子用 50～55 摄氏度温水浸烫 15～30 分钟,不断搅拌,水温降低后再浸种 8～12 小时,搓洗干净后用干净纱布包好置于 20（夜间,16 小时）～30 摄氏度（白天,8 小时）环境下催芽,每天换气一次,注意查看是否有黏液,如有黏液,则用温水清洗。有 70％种子发芽时即可播种。

（3）播种

一般 10 月上旬至 11 月上旬播种。提前 15～20 天盖上大棚膜,将苗床整理成宽 1.8 米左右的平厢,备好 2 米宽的农膜和 2.2 米长的竹拱。

播种床播种:播种前将准备好的营养土均匀铺于播种床上,厚 10 厘米,宽 1.5 米,提前浇足底水,然后将干种子或催芽种子均匀播下,覆 0.8～1.0 厘米厚细土,盖上地膜,插好竹拱,盖好农膜。

营养钵播种:可适当晚播,将营养土装于塑料钵（8 厘米×8 厘米）2/3 处,摆放在苗床上,每排 15 钵。播种前浇足底水,然后将干种子或催芽种子播下,每钵播 1～2 粒,覆 0.8～1.0 厘米厚细土,盖上地膜,插好竹拱,盖好农膜。

穴盘播种:可利用 50 孔或 72 孔穴盘,适当晚播。将配制好的营养土或育苗基质用水调整至含水量为 70％,装入穴盘,表面抹平后每穴打孔,然后将干种子或催芽种子播下,每穴播 1 粒,覆 0.8～1.0 厘米厚细土,盖上地膜,插好竹拱,盖好农膜。

（4）播种后的管理

保持温度在 25～30 摄氏度范围内,待 70％幼苗出土时及时揭去地膜。白天保持温度 20 摄氏度左右,夜间 15 摄氏度左右,严格控制湿度,做到"宁干勿湿",防止幼苗培根徒长或猝倒病的发生。在温度适宜的情况下,小拱棚农膜尽量早揭晚盖,确保光照充足。

(5)分苗(假植)

采用播种床育苗的,2叶1心时需进行一次分苗(假植)。选健壮幼苗移栽到装有1/2营养土的营养钵中,用营养土盖上根系,每钵1株苗,按照每排15钵摆放在苗床上,用喷雾器喷洒适量定根水,小拱棚上盖双层农膜。注意通风透光,控制湿度,减少立枯病和灰霉病的发生。此期间还应及时防治蚜虫和潜叶蝇。定植前7~10天,开始适当降温炼苗。

3.整地作畦

选择地势高燥、排灌方便、保水保肥性能好、3年以上未种过茄果类蔬菜的地块,经"三犁三耙"后整地作畦,一般畦宽(包沟)1.33米,畦面整成龟背形,畦沟深24厘米。结合整地施足基肥,每亩(1亩=667平方米)施饼肥(菜饼)150公斤、进口三元复合肥25公斤、生石灰40~80公斤、过磷酸钙30公斤,或施有机肥4000~5000公斤、三元复合肥25~30公斤、生石灰40~80公斤、过磷酸钙30公斤。6米宽的大棚可整成4厢,8米宽的大棚可整成5厢。

4.定植

12月下旬至翌年元月上旬,冷尾暖头抢晴天定植。每畦栽两行,株距40~45厘米,每亩栽2000~2400株(依品种而定)。浇足定根水,封严地膜洞口,覆盖小拱棚。

5.田间管理

(1)温度和湿度控制

定植后闭棚,保温保湿以促进缓苗。茄苗成活后,初期白天温度保持在30摄氏度左右,夜间温度保持在10摄氏度以上。后期白天温度要控制在35摄氏度以下,夜间10~20摄氏度。极度低温时,应在小拱棚外加盖草帘。棚内土壤保持湿润即可,尽量减少灌水次数。如湿度过大,则应加强通风。另外,小拱棚尽量早揭、晚盖,以加强光照。

(2)肥水管理

幼苗成活后,施 1 次提苗肥,每亩施 10～15 公斤尿素或腐熟人粪尿。门茄瞪眼后追施腐熟的稀粪水或三元复合肥,以后每采收 1～2 次追施 1 次肥,每次每亩施 10～15 公斤三元复合肥,还可结合病虫防治在叶面喷施 0.2%的磷酸二氢钾。

植株成活至开花前,一般不再灌水。开花结果期如土壤干燥,则可在晴天上午灌水,要快灌快排,并及时通风排湿。有条件的采用膜下滴灌较好。

(3)植株调整

及时摘除植株基部萌发的侧枝、小芽。整个开花结果期,植株应保持"二叉分枝",摘除多余侧枝。及时摘除植株下部的老叶、病叶。有些品种有多花多果现象,则要适当疏花、疏果。

(4)保花保果

棚内温度低于 25 摄氏度时,易引起落花落果,可用 10～15 毫克/公斤的 2,4-D 丁酯液蘸花,或 30～40 毫克/公斤的防落素蘸花,切忌将激素洒落在嫩叶或嫩芽上,以免产生药害。温度偏低用高浓度,温度偏高则用低浓度。开花当天上午进行蘸花,每朵花只能蘸 1 次,浓度过大易形成畸形果、僵果。

6. 采收

采收的标准是看萼片与果实相连处的环状带,环状带不明显,表示果实生长较慢,要及时采收。门茄要早一点采收。采收时要注意不要碰断枝条,有刺品种最好用剪刀采收。

(二)露地早熟栽培技术

1. 品种选择

春夏利用小拱棚结合地膜覆盖进行茄子栽培,应选用耐低温能力强,抗病,丰产性较好,商品性好的品种,如春晓、紫龙 3

号、紫龙 7 号等。

2．播种育苗

11 月下旬播种育苗，具体方法可参照"设施早熟栽培技术"。

3．整地作畦

选择地势高燥、排灌方便、保水保肥性能好、3 年以上未种过茄果类蔬菜的田块，经"三犁三耙"后整地作畦，一般畦宽（包沟）1.5 米，畦面整成龟背形，畦沟深不低于 25 厘米。结合整地施足基肥，每亩施饼肥（菜饼）150 公斤、进口三元复合肥 25 公斤、生石灰 40～80 公斤、过磷酸钙 30 公斤，或施有机肥 4000～5000 公斤、三元复合肥 25～30 公斤、生石灰 40～80 公斤、过磷酸钙 30 公斤。覆盖地膜，以利于提高地表温度。

4．定植

3 月下旬至 4 月上旬，按照定植的株行距打孔，选晴天定植。每畦栽种两行，株距 45～50 厘米，每亩栽 1800～2200 株（依品种而定）。及时浇足定根水，封严地膜洞口。在小拱棚上覆盖农膜，5～7 天育苗成活后及时揭去农膜。

采用嫁接苗的，嫁接愈合部位应该在土上，否则，病菌可从嫁接部位侵染植株。

5．田间管理

（1）温度控制

茄苗成活后，初期白天温度保持在 25～28 摄氏度，夜间温度保持在 10 摄氏度以上。后期白天温度要控制在 30 摄氏度以下，夜间 10～20 摄氏度。如遇到"倒春寒"，则利用小拱棚进行保温。小拱棚尽量早揭、晚盖，以加强光照。

（2）肥水管理

幼苗成活后，施 1 次提苗肥，每亩施 10～15 公斤尿素。门茄瞪眼后可追施 1 次三元复合肥，以后每采收 1～2 次追施 1 次肥,每次每亩施 10～15 公斤三元复合肥,还可结合病虫防治在叶面喷施 0.2%的磷酸二氢钾。

植株成活至开花前,一般不再灌水。开花结果期如土壤干燥,则可在晴天上午灌水,要快灌、快排,并及时通风排湿。采用膜下滴灌效果较好,不仅省工,而且可以做到定时、定量。

采收盛期正值梅雨季节,应及时清沟排渍。

(3)植株调整

可参照"设施早熟栽培技术"。

(4)采收

采收的标准和方法同"设施早熟栽培技术"。

(三)夏秋露地栽培技术

1. 品种选择

宜选用耐热、抗病、优质、丰产的品种,如紫龙 3 号、明和黑、改良苏崎长茄等。

2. 育苗

(1)育苗方法

一般 4 月上旬至 6 月上旬均可播种,利用小拱棚进行育苗。将拌好的基质装入穴盘,整齐摆放在厢宽 1.5 米的苗床上即可播种。一般每孔播 1～2 粒种子,播完后盖上 0.8～1.0 厘米厚的基质,再盖上薄膜保潮,最后在小拱棚上加遮阳网遮阴。待70%种芽出土时揭去薄膜。

(2)苗床管理

温度高于 30 摄氏度时,需在小拱棚上覆盖遮阳网降温。幼苗在 2 叶 1 心时定苗,每穴留 1 株苗。

浇水一般在阴天或晴天早、晚进行,每次必须一次性浇足,切忌晴天中午浇水以免造成烫伤。如遇中等以上降雨,则应覆盖遮阳网避雨。

3. 整地施肥

地块选择同大棚栽培,经"三犁三耙"后整地作畦,一般畦宽(包沟)1.5米,畦面整成龟背形,畦沟深不低于25厘米。结合整地施足基肥,每亩施饼肥(菜饼)200公斤、进口三元复合肥25公斤、生石灰100～150公斤、过磷酸钙30公斤,或施有机肥5000公斤以上、三元复合肥25～30公斤、生石灰100～150公斤、过磷酸钙30公斤。

4. 定植

幼苗长出5～6片真叶时,抢阴天或晴天傍晚定植,灌足定根水。一般每亩栽800～1600株。

5. 田间管理

(1)追肥

缓苗后,用10％的腐熟人粪尿追施1次提苗肥,开花前每隔7天施1次15％的腐熟人粪尿。果实坐稳后,可追施复合肥、尿素、腐熟的粪肥。开始2～3次,以尿素为主,每次每亩施15～20公斤;后2～3次以复合肥为主,每次每亩施10～15公斤。

(2)灌溉

当果实露出萼片时(瞪眼期),需要灌水,以促进幼果生长。果实生长最快时,是需水量最多的时候,要保持土壤相对湿度为80％。当雨水过多时,要及时排水防渍。采用滴灌方式可做到定时、定量灌溉,还可减少病害的发生。

(3)中耕除草

中耕可结合除草进行,早期深些,5～7厘米,后期要浅些,3厘米左右。大雨过后,为防土壤板结,则在半干半湿时中耕。中耕时进行培土以防倒伏。定植后覆盖地膜或覆草,则可免除此操作。

（4）植株调整

可参照"设施早熟栽培技术"。如栽培株型高大的品种,则需要设立支架,以防倒伏。

（5）采收

采收的标准同"设施早熟栽培技术"。

（四）秋延后栽培技术

1. 品种选择

茄子生长发育前期处于高温季节、后期处于低温季节,所以宜选用耐低温、耐热能力较强,抗病,优质,丰产的品种。如紫龙3号、汉宝1号、紫龙8号等。

2. 育苗

（1）育苗方法

一般7月中旬可播种,利用小拱棚进行育苗。将拌好的基质装入穴盘,整齐摆放在厢宽1.5米的苗床上即可播种。一般每穴播1～2粒种子,播完后盖上0.8～1.0厘米厚的基质,再盖上薄膜保潮,最后在小拱棚上加遮阳网遮阴。待70%种芽出土时揭去薄膜。

（2）苗床管理

温度高于30摄氏度时,需在小拱棚上覆盖遮阳网降温。幼苗在2叶1心时定苗,每穴留1株苗。

浇水一般在晴天早、晚进行,每次必须一次性浇足,切忌晴天中午浇水以免造成烫伤。如遇中等以上降雨,则应覆盖遮阳网避雨。

3. 整地施肥

利用大棚种植。定植前15天开始整地施肥,一般畦宽（包沟）1.33米,畦面整成龟背形,畦沟深不低于25厘米。结合整地施足基肥,每亩施饼肥（菜饼）200公斤、进口三元复合肥25公斤、生石灰100～150公斤、过磷酸钙30公斤,或施有机肥

5000公斤以上、三元复合肥 25~30 公斤、生石灰 100~150 公斤、过磷酸钙 30 公斤。

4．定植

幼苗长出 5~6 片真叶时，抢阴天或晴天傍晚定植于大棚中，灌足定根水，覆盖地膜，及时封盖地膜孔。一般每亩栽2000~2400 株。

5．田间管理

（1）追肥

缓苗后，用 10％的腐熟人粪尿追施 1 次提苗肥，开花前每隔 7 天施 1 次 15％的腐熟人粪尿。果实坐稳后，可追施复合肥、尿素、腐熟的粪肥。开始 2~3 次，以尿素为主，每次每亩施15~20 公斤；后 2~3 次以复合肥为主，每次每亩施 10~15 公斤。9 月中旬以后，天气渐凉，以腐熟粪肥为主，约 10 天施1 次。

（2）灌溉

当果实露出萼片时（瞪眼期），需要灌水，以促进幼果生长。果实生长最快时，是需水量最多的时候，要保持土壤相对湿度为80％。采用滴灌方式可做到定时、定量灌溉，还可减少病害的发生。

（3）植株调整

可参照"设施早熟栽培技术"。如栽培株型高大的品种，则需要设立支架或悬挂吊绳，以防倒伏。

（4）温度、湿度控制

10 月上旬，覆盖大棚膜，将棚内温度控制在 25~30 摄氏度，注意及时通风。具体方法可参考"设施早熟栽培技术"。

（5）采收

采收的标准同"设施早熟栽培技术"。

（五）主要病虫害防治

1. 主要病害

（1）猝倒病

① 苗床设施。苗床地坐北朝南,地势高,有利排水。每年换床土,特别是发病床土。对土壤进行消毒,每平方米用40%福尔马林加2～4公斤水均匀喷在床土上,用塑料薄膜覆盖1周时间。药土护种,先铺药土,上面播种,再覆盖一层药土。药土配方:每平方米用8克药加4～5公斤细土拌匀,打足底水后将1/3的药土铺底,2/3的药土作覆土,将种子夹在药土中间,若盖土不够,可在其上另加洁净的土壤。

② 苗床管理。出苗前,少浇水,最好是不浇水。控制温度和湿度,加强光照。发现病苗后及时拔出。发病时,在晴天上午喷施58%甲霜灵锰锌可湿性粉剂500倍液、64%杀毒矾可湿性粉剂500倍液、72.2%普力克水剂600倍液。

（2）灰霉病

低温高湿环境下易发生。大棚内要经常换气通风降湿。每亩大棚内可用10%速克灵烟剂200～250克或45%百菌清烟剂250克熏3～4小时进行预防。发病初期,可用50%速克灵喷雾1500～2000倍液、50%扑海因可湿性粉剂1500倍液进行喷施。此外,在用生长激素蘸花时,加入0.1%的50%速克灵可湿性粉剂或50%扑海因可湿性粉剂,也有一定保花作用。

（3）白粉病

发病初期及时喷施农抗120水剂150倍液、70%甲基托布津可湿性粉剂800倍液或25%粉绣宁可湿性粉剂1000倍液进行防治。

（4）绵疫病

播种前对种子进行消毒处理,如用50～55摄氏度的温水浸种7～8分钟后再播种,可大大减轻绵疫病的发生。适时整枝,除去下部老叶,改善田间通风透光条件,及时摘除病叶、病果,并将病残体带出田外,以防再侵染。

茄子定植前既可用 50% 克菌丹可湿性粉剂 500 倍液喷施土壤,也可用 5 公斤 50% 的多菌灵可湿性粉剂拌 100 公斤土,撒入定植穴内;缓苗后,用 70% 的敌克松可湿性粉剂 500 倍液或 70% 代森锌可湿性粉剂 500 倍液喷洒植株根部,7～10 天喷 1 次,刚出现中心病株,应立即拔除销毁并喷药;结果期,特别是雨前要喷药保护,每隔 7 天喷 1 次 1∶1∶200 倍波尔多液防止病害发生,发病初期可选用 25% 甲霜灵 800 倍液或 58% 甲霜灵锰锌 500 倍液、72.2% 普力克 700 倍液等,交替用药,一般每隔 7～10 天喷 1 次,连喷 3～4 次。

(5)褐纹病(图 7-1)

图 7-1 茄子褐纹病

种子用 55 摄氏度的温水浸种 15 分钟或 50 摄氏度的温水浸种 30 分钟,或用 300 倍的福尔马林药液浸种 15 分钟,以清水洗净后晾干播种。实行 3 年以上的轮作栽培,以消除土壤病菌危害。雨季及时清沟排水,防止田间积水。生长中后期实行小水勤灌,降低湿度,及时清除病叶、病果,防止再度侵染。

幼苗期喷药保护,一般 7 天左右喷 1 次,连喷 3～4 次。药剂选用 70% 代森锰锌可湿性粉剂、25% 醚菌酯悬乳剂 1500 倍液、50% 甲基硫菌灵悬乳剂 800 倍液、75% 百菌清可湿性粉剂 600 倍液或 40% 甲霜铜可湿性粉剂 700 倍液。此外,在定植后于茎基部周围地面撒一层草木灰,可减轻基部感染发病率。

(6)青枯病

选择抗病品种或进行嫁接栽培。与禾本科或十字花科作物进行 4 年以上的轮作。每亩施用消石灰 100～150 公斤,与土壤混匀后,再栽植茄苗。从无病植株上采种,必要时进行种子消毒。可采用 52 摄氏度温水,或新植霉素 300 毫克/升,或 30％琥珀酸铜(DT)可湿性粉剂 500 倍液浸种 30 分钟,洗净后催芽播种。发病初期及时拔除病株,并在穴内撒石灰消毒,防止病菌扩散。可用 77％可杀得可湿性粉剂 500 倍液、14％络氨铜水剂 300 倍液或 50％琥珀酸铜(DT)可湿性粉剂 500 倍液灌根,每株灌药液 0.25 升,隔 7 天灌 1 次,连灌 2～3 次。

2. 主要虫害

(1)蚜虫

尽量选择具有触杀、内吸、熏蒸三重作用的农药,如 20％吡虫啉可湿性粉剂 6000～8000 倍液、50％抗蚜威可湿性粉剂 2000～3000 倍液、3％啶虫脒乳油 1500 倍液。喷药时要求周到细致。苗床和大棚内悬挂黄板可以诱杀蚜虫。

(2)茶黄螨

每隔 6～7 天喷 1 次,连喷 3 次,重点部位是植株上部嫩叶、生长点、花蕾和幼果。可选用 73％克螨特乳油 2000～3000 倍液、48％乐斯本乳油 1000 倍液、1.8％阿维菌素乳油 1500～2000 倍液进行喷施。

(3)温室白粉虱、烟粉虱

用 25％阿克泰水分散粒剂 15000 倍或 25％扑虱灵 1500 倍液喷雾具有特效。用 20％吡虫啉可溶性液剂 2000～4000 倍液、1.8％阿维菌素乳油 2000 倍液、天王星 1500～3000 倍液进行喷施,6～7 天 1 次,连续 3 次,效果也较好。

(4)小地老虎

利用黑光灯和糖醋液(糖 6 份、醋 3 份、白酒 1 份、水 10 份、农药适量)诱杀成虫。在低龄幼虫期用药剂灌根,可选用 48％乐斯本 2000 倍液、40％乐果乳油 1000 倍液。

(5)二十八星瓢虫

在产卵盛期,摘除叶背卵块,利用成虫的假死性,拍打植株,将震落的成虫集中加以杀灭。

田间卵孵化率达 15％～20％时,用药剂防治,可选用 2.5％溴氰菊酯乳油、20％氰戊菊酯或 40％菊杂乳油或 40％菊马乳油 3000 倍液进行喷施。

(6)红蜘蛛

红蜘蛛喜叶背多茸毛的寄主,种植时如与光叶蔬菜和作物间作或轮作,可减轻危害。适时适度浇水,勿使田间受旱,可减轻红蜘蛛危害。

加强巡查及时施药,把红蜘蛛消灭在点片发生阶段。药剂可选 20％双甲脒乳油 1500～2000 倍液、75％克螨特乳油 1000～1500 倍液、2％甲维盐微乳剂 1500～2000 倍液或 25％灭螨猛可湿性粉剂 1000～1500 倍液,交替喷施 2～3 次,隔 7～10 天喷 1 次,前密后疏,喷匀喷足。

(7)茄黄斑螟

5～10 月在田间架设黑光灯、频振式杀虫灯等诱杀成虫。

化学防治在卵孵化的始盛期,及时用药将幼虫消灭在蛀果前。施药时,药液最好喷射在植株中、上部的幼嫩叶、花蕾和子房上,喷药液量以湿润有滴液为度。可选用 5％锐劲特 1000 倍液、20％绿得福 1500 倍液、0.36％苦参碱 1000 倍液、15％杜邦安打 4000 倍液、2.5％菜喜 1000 倍液等。

(8)美洲斑潜蝇

采用灭蝇纸诱杀成虫,在成虫始盛期至盛末期,每亩设置 15 个诱杀点,每个点放置 1 张诱蝇纸诱杀成虫,3～4 天更换 1 次。

在受害作物叶片有幼虫 5 头时,掌握在幼虫 2 龄前(虫道很小时)喷洒 98％巴丹原粉 1500～2000 倍液、1.8％爱福丁乳油 3000～4000 倍液、1％增效 7051 生物杀虫素 2000 倍液、50％蝇蛆净粉剂 2000 倍液、40％绿菜保乳油 1000～1500 倍液或1.5％阿巴丁乳油 3000 倍液等。

二、番茄

（一）培育壮苗

1. 品种选择

早熟栽培宜选用自封顶、早熟、较耐低温和弱光且抗病的品种，如 903、红宝石等。长季节栽培宜选用无限生长、高产、优质的品种，如 YAF3、齐达利、红孩儿、红满堂、海尼拉等。樱桃番茄可选用阳光、亚非 1 号、圣女、龙女、红太阳、千禧等。

2. 播期确定

大棚早熟栽培，于 11 上旬至 12 月中下旬育苗；小拱棚栽培，于 1 月下旬至 2 月上中旬育苗。

3. 浸种催芽

将种了放在 50～55 摄氏度的水中，保持 15～20 分钟，并不断搅拌。为了保证在规定的时间里有恒定的水温，可采取不断添加热水的方法。然后浸种 4～6 小时，使种子吸足水分，甩干后用纱布包好放在 25～30 摄氏度的环境下催芽。

4. 苗床准备

在棚内架设塑料小拱棚，小拱棚内用基质育苗，管理方便、成苗率高。播种前用多菌灵等药剂拌种或对床土进行消毒，将苗床整成 1.5 米宽的平畦。根据需要或条件还可以在小拱棚内铺设电热线。

5. 播种及苗床管理

将催好芽的种子均匀地撒播在育苗床上，然后盖 0.8～1 厘米厚的土,接着盖薄膜。待 80% 苗出土时揭去薄膜。

6. 分苗及苗期管理

播种出苗后 25~30 天开始分苗,既可移入营养钵内,也可假植在苗床上。分苗时一次浇透营养土,缓苗期不用浇水,缓苗后保持营养土湿润即可,土壤湿度不能高,以防徒长。苗期夜间温度不能低于 5 摄氏度,以免影响花芽分化,形成畸形花。定植前 7 天开始炼苗。

(二)适时定植、合理密植

分苗以后有 4~5 片真叶时即可定植。采用单杆整枝,株距 35 厘米,行距 50 厘米,每亩保苗 3800 株左右。定植前每亩施充分腐熟的农家肥 5000 公斤、三元复合肥 50 公斤、过磷酸钙 20 公斤。6 米宽的钢管大棚,做包沟 1.4 米的深沟高畦,沟宽 40 厘米,畦宽 100 厘米,覆盖地膜后栽两行。定植后套上小拱棚。

(三)定植后的管理

1. 水分管理

定植后浇透定根水,缓苗后视土壤情况和天气情况浇水。阴天不浇水,早晨和下午不浇水,气温低时、寒流来时不浇水。选择晴朗天气的中午浇水,浇水时注意在膜下浇水,不在膜外浇水。每次浇水后要在晴天中午适当打开棚膜降低空气湿度,还要结合烟熏剂熏蒸防病。

2. 温度管理

缓苗期间要保持较高的温度,高温、高湿利于缓苗。大棚内的小拱棚膜白天可以不揭,白天温度保持在 25~32 摄氏度,夜间 12~15 摄氏度。阳光强烈时要适当遮阳降温,防止番茄萎蔫。缓苗后揭去小拱棚膜,温度可以适当降低,防止徒长。

3. 通风管理

3~5 天缓苗后,大棚开始通风。在湿度大的环境下容易发生病害,一般在保证棚内合适温度的前提下应尽量延长通风时间。通风时注意两点:一是温度低、外面风大时开下风口,要开多个小风口,不要一条边成片打开;天气转暖、外面风小时开上风口,两边的风口不能形成对流风。二是风口的位置要经常变换,不能固定,春季温度回升后加强通风。

4. 肥料管理

施足底肥后,在坐果前一般不施肥,弱小植株可以适当点施。第一穗果进入膨大期后可以适当追肥,既可以穴施也可以随水浇施,每亩追施氮磷钾复合肥 20 公斤左右。

5. 植株调整

一般采用单杆整枝。当植株高 30 厘米时就可以绑蔓,绑蔓在田间湿度低或晴天进行。

6. 保花保果

由于早春气温低、光照不足,不利于开花坐果,因此可采用激素提高坐果率。可以用丰产剂 2 号,20 摄氏度左右时每支兑 1 公斤水;25 摄氏度左右时,每支兑 1.5 公斤水。

7. 采收

既可根据果实红熟情况分批采收,也可在果实表面变白时摘回去用乙烯利涂抹、浸泡催红。

(四) 病虫害防治

1. 常见虫害

常见虫害主要有蚜虫、温室白粉虱、美洲斑潜蝇、棉铃虫等。其中,蚜虫、温室白粉虱、美洲斑潜蝇可用 10% 吡虫啉可湿性粉剂 2000 倍液、1.8% 阿维菌素 2000 倍液喷雾防治;棉铃虫可以用 48% 毒死蜱 800～1000 倍液、50% 抑太保 900 倍液喷雾防治。

2. 常见病害

常见病害主要有晚疫病、早疫病(图 7-2)、病毒病、灰霉病、叶霉病等。其中,晚疫病可采用 72.2％普力克水剂、64％杀毒矾或 72％杜邦克露 600～800 倍液喷雾;早疫病可采用 64％杀毒矾可湿性粉剂 500 倍液或 70％代森锰锌可湿性粉剂 500 倍液进行防治;病毒病可采用 20％病毒 A 可湿性粉剂或 1.5％植病灵可湿性粉剂 500 倍液进行防治;灰霉病可用 50％速克灵可湿性粉剂 1500～2000 倍液或 50％扑海因可湿性粉剂 1000～1500 倍液进行防治,连续阴雨天可用烟熏剂进行防治,蘸花时可以在药剂内适量加入速克灵粉剂预防;叶霉病可用 47％加瑞农 600 倍液喷雾。

图 7-2　番茄早疫病

三、辣椒

（一）设施早熟栽培技术

1. 品种选择

武汉地区早春长期低温、弱光,采用大棚栽培,应选择早熟、耐低温、抗病性和抗逆性强、在大棚内不易徒长的品种,如微辣型品种可选择福湘早帅、改良苏椒 5 号、佳美、薄皮王、洛椒 98A、杭椒 1 号等,辣味品种可选择兴蔬 301、博辣娇红、辛香 2 号等。

2. 育苗

（1）播种期

一般春季大棚提早栽培,10 月上中旬播种,每亩用种量

40～50 克。

（2）苗床整理

苗床宽 1.2～1.5 米,长度任意。春季提早栽培采用大棚套小棚的形式;播种前 15 天整理好苗床。土面整细整平,用 50% 多菌灵和甲基托布津消毒苗床,用药量每平方米 8～10 克。

（3）播种

种子先用清水浸泡 4～5 小时,再在 1% 硫酸铜溶液中浸泡 5 分钟,取出后用清水冲洗干净。播种时苗床适量浇水,要求 10 厘米土层保持湿润。均匀撒种,每平方米苗床用种量 10 克左右,播种后覆盖 1 厘米厚细土,然后盖一层地膜保湿保温。待 50% 左右的秧苗破土时,揭开地膜。采用覆盖小拱棚膜的方式保湿。根据气候变化来揭盖地膜,防止幼苗遭受热、冷害。

（4）假植

当秧苗有 2～3 片真叶时,即 11 月下旬至 12 月上旬,选晴天将秧苗假植入营养钵或苗床中。假植后密闭大棚和小拱棚 5～7 天,保持适宜的温度和湿度,有利于辣椒苗假植成活。营养土选用菜园土（3 年以上未种过茄果类蔬菜）、腐熟并过筛无污染垃圾、腐熟人粪尿,其质量比为 6 · 3 · 1,混合堆置约 1 个月后使用,亦可采用商品化育苗基质。

（5）苗期管理

① 温度、湿度管理。棚内白天温度保持在 25 摄氏度以下,夜晚 15 摄氏度以上。若夜间气温降至 10 摄氏度,应在小棚上加盖草帘等保温;如棚内温度超过 30 摄氏度,要加强通风。白天大棚内的小棚膜适时揭开,天气寒冷时,通风时间宜少。

② 肥水管理。育苗前期表土发白才可浇水,选晴天午后一次性浇足。追肥视秧苗长势并结合浇水进行,肥料可采用复合肥或磷酸二氢钾等,浓度不超过 0.5%。浇水后应及时通风。

3．整地施基肥

选择土壤疏松肥沃、有机质含量高、排灌方便、近2～3年没有种植过茄果类作物的地块。定植前1～2周整地。作畦前每亩施腐熟厩肥3000公斤、复合肥50公斤、磷肥50公斤、钾肥15公斤，采用畦中开沟施入或翻耕前普施，整成1.3米（连沟）宽的高畦，覆盖地膜待栽。

4．定植

于2月中下旬定植。每畦种植两行，株距25厘米，行距30厘米，每亩栽4000株左右。

5．田间管理

（1）肥水管理

缓苗后适当蹲苗、控制水分，初花期坐果时需适量浇水，坐果期保持土壤相对湿度为70％～80％，切忌大水漫灌。苗期轻施1次提苗肥，进入结果期，每采收2次果实，每个标准大棚（133平方米）每次穴施复合肥3公斤，也可利用滴灌方式追肥，并配合喷洒微量元素肥。

（2）温度、湿度管理

辣椒生长适宜气温为白天20～28摄氏度，夜间不低于13摄氏度，空气相对湿度70％～80％。定植后可密闭棚1周，提温促进活苗。如棚内温度超过30摄氏度，要加强通风。白天大棚内的小棚膜适当揭开，天气寒冷时，通风时间宜少；气温回升时，逐渐加大通风量和通风时间。在4月上旬夜温逐渐稳定在15摄氏度以上，晴天可不密闭棚，大棚内的小棚膜可撤除。4月中下旬可将围膜去掉，留顶膜可避免雨淋，防止病害发生。

（3）防止落花、落果

开花前期用20～25毫克/升防落素涂花柄，以防落花。4月下旬至5月可自然授粉而结果，轻轻拍打植株，能增加其自然授粉率。

6. 病虫害防治

(1)农业防治。选用抗病品种,及时清理田园,将病枝、残叶、杂草和收获后的废弃植株及时清理出田间销毁或深埋,减少病虫传播和蔓延;实行轮作倒茬,以阻断病害流行,切断害虫生活史;避免与和辣椒病虫寄主相同的作物邻作,减少病虫传播机会;合理进行间作套种,减少病虫害。

(2)物理机械防治。常用方法有温汤浸种、高温闷棚,以及利用白粉虱、蚜虫的趋黄性用黄板诱杀。

(3)生物与化学防治。主要细菌性病害有疮痂病、细菌性叶斑病,可用新植霉素 4000 倍液、14%络氨铜水剂 350 倍液、70%加瑞农可湿性粉剂 800 倍液或 77%可杀得可湿性粉剂 800 倍液喷雾。主要真菌性病害有疫病、炭疽病、白粉病和灰霉病。其中,疫病可用 77%可杀得 800 倍液、64%杀毒矾 500 倍液、40%乙膦铝 200 倍液或 58%瑞毒霉锰锌 500 倍液喷雾;炭疽病用 50%甲基托布津 800 倍液加 75%百菌清 800 倍液或 80%代森锌 500 倍液喷雾;白粉病用 2%农抗 120 水剂 150~200 倍液、10%克双效灵 200 倍液喷雾;灰霉病用 50%速克宁 1500~2000 倍液、50%扑海因 1400~1500 倍液、50%腐霉利 1500 倍液喷雾。病毒病用 20%病毒 A 可湿性粉剂 500~700 倍液、抗毒 1 号 300~500 倍液、50%植病灵 500 倍液喷雾。

辣椒的虫害主要有烟青虫、烟粉虱、蚜虫等。可用 2.5%功夫 2000~4000 倍液、2.5%天王星 1500 倍液防治烟青虫;利用丽蚜小蜂、20%扑虱灵 1500 倍液防治温室烟粉虱;用植物源农药如鱼藤烟碱、苦参碱、50%抗蚜威可湿性粉剂 2000~3000 倍液等防治蚜虫。

7. 采收

4 月上中旬开始采收,最好在晴天进行,以利伤口愈合,减少病害。前期采收应及时。

（二）秋延后栽培技术

1. 时间

秋季栽培于 7 月上中旬播种，8 月中旬定植，9 月下旬至 12 月收获。秋季栽培辣椒可用营养钵直接播种育苗，使用遮阳网覆盖管理。

2. 品种选择

必须是耐高温、耐低温、抗病、中早熟的优良品种。

3. 育苗

一般多采用 72 孔穴盘育苗，播种后在苗床上起小拱棚。秋季辣椒育苗，正值强光、高温、多雨、虫害发生严重的季节，对幼苗生长极为不利，所以一般在小拱棚上覆盖遮阳网进行育苗，遮阴一般在晴天的 10:00～16:00 进行，其余时间除去遮阳网。遇雨要盖薄膜，避免暴雨冲倒幼苗，雨停后及时揭膜，以防徒长。

4. 定植

（1）整地作畦

定植前 10 天深翻大棚土壤，结合整地施入底肥，每亩施入充分腐熟的优质农家肥 3000～4000 公斤、饼肥 100～150 公斤、复合肥 20～30 公斤、氯化钾 8～10 公斤。整成 1.33 米宽的高畦，覆盖地膜待栽培。

（2）合理定植

定植前按株距 35～40 厘米、行距 45～50 厘米打穴，每穴栽 1 株苗，为促使缓苗，应立即浇足定根水并封住地膜洞口。

5. 田间管理

（1）温度管理

进入 10 月中旬后，大棚应覆盖无滴膜保温，包括覆盖裙膜，外界气温较高时，可通过调节通风量和通风次数来控制大棚内温度；11 月下旬后，外界气温较低，通风一般只能在中午前后进行；进入 12 月后，当露地白天平均气温低于 18 摄氏度，夜间低于 12 摄氏度时,除了覆盖大棚外,还可以在棚内加盖内膜进行多层覆盖,以确保适宜的温度和延长上市时间。

(2)肥水管理

在定植后应及时浇 1～2 次小水,以利缓苗。在生长前期,空气温度较高,水分蒸发量大,因此要勤灌少灌,保持土壤湿润,促进辣椒生长发育。在生长中后期,随着外界气温的降低,光照的减弱,湿度比较大,要减少灌水次数。灌水时间应选择在晴天的上午进行,切忌阴雨天灌水。

追肥时以复合肥为宜,在门椒坐住后,应追肥一次,每亩随水冲施复合肥 7～10 公斤。在结果盛期,每隔 10～15 天应追肥一次或每亩施入尿素 10～15 公斤。此外,由于冬季温度较低,可结合喷药交替喷施 0.2％磷酸二氢钾和 0.2％尿素 3～4 次,对于促进果实膨大、早熟有显著效果。

(3)植株调整

门椒开花后,应将门椒以下的侧枝全部去除,待对椒坐住后长到 5 厘米时摘除门椒。整枝时,采取吊蔓栽培或支架栽培,每株保留 3～4 个生长健壮枝。可根据植株生长情况除去一部分小侧枝,以便迪风透光。

6．其他

主要病虫害防治和采收等田间管理措施可参照"设施早熟栽培技术"。

第二节　豆　　类

一、豇豆高产栽培技术

豇豆,属豆科 1 年生缠绕草本植物,其栽培简单,蔓延生长速度快,产量高;属短日照作物,喜肥,耐旱,但不耐湿;耐热性强,耐高温,不耐霜冻,属攀缘植物;主根深,深达 50～80 厘米,吸肥能力强,侧根不发达,适应性强,适宜在中性或微酸性土壤或砂质壤土种植。适宜种子发芽的温度为 24～27 摄氏度,种子发芽的最低温度为 10～12 摄氏度,植株生长的适宜温度为 20～30 摄氏度,当温度低于 16～17 摄氏度时,结荚率降低;当温度在 10 摄氏度以下较长时间,则会抑制植株生长。夏季 35 摄氏度以上高温仍能正常结荚。

1. 栽培技术

(1) 选地整地

豇豆对土壤环境的适应性较强,主根系发达,种植时宜选择地势较高或平坦、土层疏松且深厚,有机质含量丰富,肥力较好,排灌条件良好的地块,避免与豆类作物连茬连作,pH 值为 6～7 的土壤或砂质壤土种植。

整地时要将前茬作物残留枝叶彻底清除,运出田外集中做无害化处理,减少病虫害的发病源。耕翻深度在 30 厘米以上,而后充分晒田,可提高土壤的物理性能,促进种子萌发。晒田后耙细耙平,畦中犁沟,将 2000～3000 公斤充分腐熟的农家肥、30～40 公斤过磷酸钙、100 公斤左右的草木灰施作底肥,然后盖好平沟,待播。

(2) 选种备种

选择稳产、发病率低、适合本地气候特点的优良品种。要到正规、信誉好的销售部门购买,避免买到劣质种或假种,从而影响出苗率。将购买的种子认真筛选,剔除杂粒、秕粒、半粒、病粒、霉籽等,确保种子发芽率。豇豆易出芽,一般不需要提前浸种催芽,其根系发达,易木质化,再生能力弱,宜采取直播方式播种。

(3) 播种

采取直播,一般播种的株行距为 25 厘米×40 厘米左右,每穴播 3～4 粒,播种深度 4～6 厘米,播后覆土,覆土层不宜过厚,以免芽苗破土受阻，影响出苗率。

2. 田间管理

出苗后要及时间苗，将弱苗、小苗、病苗间去，每穴留 2～3 株。苗出齐后每隔 8～10 天中耕 1 次，及时松土保墒，对蹲苗促根有一定作用，使根系良好发育、生长，中耕至伸蔓后停止。当株苗长到 25～30 厘米时要及时支架引蔓，可用细竹竿、细木条、芦苇等制成人字形架子，架高 2 米左右，植株会自行向上攀爬。初期茎蔓的缠绕能力不强，要及时人工引蔓上架，人工扶助宜在露水未干或阴天条件下进行。爬蔓后及时摘除病蔓，适当选留侧蔓，动作要轻缓，防止折断，造成减产。及时中耕除草，既可避免争抢养分，又能减少病虫源。

3. 水肥管理

施肥应遵循前重后轻，适量追肥的原则。底肥应以腐熟的农家肥为主，每亩施腐熟厩肥结合整地施足底肥，再辅施适量的氮磷钾复合肥。苗期追肥宜为 2 次，每次每亩追施尿素 3～4 公斤，苗期应适当控制水分，避免出现茎叶徒长；开花结荚期追肥 2 次，每次每亩追施氮磷钾复合肥 12～15 公斤，结荚期肥水要充足，土壤要保持湿润，一般 1 周浇 1 次水，但要结合天气合理掌控。采收期每亩追施 10～12 公斤复合肥，以促进植株生长再结荚，增加产量；反之，若养分不足，会造成植株早衰。需要注意的是，豇豆全部生长期要注意保持田间灌排水畅通，尤其是大雨过后、多雨季节，减少田间积水现象的发生，田间湿度过大、土壤持水量较高会造成脱叶、落花及烂根。

4. 病虫害防治

豇豆病虫害主要有根腐病（图 7-3）、锈病、潜叶蝇（图 7-4）等，对各种病虫害都应采取提前防治的措施，避免病虫害的发展和蔓延，造成减产损失。本文主要介绍根腐病的防治。根腐病属真菌性病害,主要危害植株根部。地势低洼,排水不畅,肥力不足,连茬连作,土质黏重等情况下易发病。发病条件受温度、湿度的影响,易发病的温度为 24～28 摄氏度,相对湿度为 80％。病菌在土壤、病残体或厩肥中越冬,并可存活多年。翌年条件适宜时活跃,借助雨水及灌溉水、农事操作等侵染传播,通过伤口侵入。根部自根尖开始发生褐色病变,由侧根延及主根,发病初期症状不明显,开花结荚阶段植株明显矮小,病株下部叶片变黄枯萎,但不脱落,茎的地下部及主根呈红褐色,后期侧根脱落,主根全部腐烂,导致病株枯死。湿度大时,茎基部密生粉红色霉状物。

图 7-3　豇豆根腐病

图 7-4　豇豆潜叶蝇

防治措施:选择土壤肥沃,地势高燥,排水良好,发病率低的地块。首选稳产抗病品种,可与十字花科作物实行 2 年以上轮作,加强田间管理,培育壮苗,适时浇水追肥,提高植株自身抗病能力。尤其是注意有机肥要充分腐熟腐透,浇水切忌大水漫灌,大雨过后及雨水较多季节要及时排水排涝。发现病株及时清除,减少病源。发病初期可用 50％多菌灵可湿性粉剂 500 倍液、70％敌克松 1000 倍液或艾菌托 1200 倍液灌根,8～10 天灌 1 次,连灌 2～3 次。

二、菜豆高产栽培技术

1. 品种选择

菜豆品种的选择主要以早熟、高产、嫩荚纤维少、抗病为原则,常用品种有芸丰、江东宽、沙克沙、油豆、花皮豆角等。

2. 整地播种

菜豆要求 2～4 年轮作 1 次,选择地势平坦、排水良好的壤土或沙壤土进行栽培,在秋翻地的基础上应及早春耙,同时施入腐熟有机肥,用肥量为 50000～55000 公斤/公顷。播种前早打垄,垄宽 60 厘米,打垄后及时镇压保墒。

菜豆以直播为主,深度 10 厘米、温度稳定在 8 摄氏度以上即可播种。可安排适宜熟性的品种进行播种,播种前要进行选种,要选择豆粒大小整齐、饱满、颜色一致、无机械损伤、无虫眼、无病斑、有光泽的新种子,选好的种子先在阳光下晒 1～2 天,以促进发芽。

一般菜豆的行株距为 65 厘米×(25～40)厘米,早熟品种适当密植,晚熟品种则可稀疏些,每穴播 4～5 粒,播种深度 3～5 厘米,种子需用量为 90～105 公斤/公顷。播后覆土镇压保墒。播种时如遇干旱则应用坐水种;如土壤湿度过大则应用干籽播种,防止烂籽。

3. 田间管理

菜豆播种后 10 天左右即可出苗,当 2 片子叶展开时应及时查苗补种,确保全苗。还要及时铲蹚使土壤疏松、提高地温、清除杂草,以后每隔 7～8 天铲蹚 1 遍,一般进行 3 遍即可,最后 1 遍要封成四方头垄。对蔓生品种要在开始伸蔓时及时插架防止其茎蔓缠绕,插架应搭成人字形架。菜豆苗期生长以营养生长为主,而且由于植株小所以要适时追施 1 次速效氮肥,一般施尿素 80 公斤/公顷左右,施肥后严密覆土,防止其挥发。追肥时要防止氮肥过多,造成植株徒长导致落花、落荚。第1次采收后要追肥,施磷酸二铵160～200公斤/公顷。在菜豆整个生长发育期里,要根据土壤墒情和不同生长发育期特点进行灌水,苗期要控制不旱不灌,现蕾后适当灌水;在开花结荚期要注意保持土壤湿润,过于干旱会引起落花、落荚,雨天要注意排水防涝。根据菜豆豆荚先膨大的特点,应及时采收嫩荚,既能保证商品性又能增加结荚率,提高产量。

4. 病虫害防治

菜豆锈病(图7-5):发病初期喷洒25％敌力脱乳油3000～4000倍液、50％萎锈灵乳油800～1000倍液、12.5％速保利可湿性粉剂4000～5000倍液或15％三唑酮可湿性粉剂1000～1500倍液进行防治,隔10～15天喷1次,连续喷2～3次。

菜豆炭疽病(图7-6):发病初期喷洒炭疽福美1000倍液、70％代森锰锌500倍液、50％克菌丹可湿性粉剂500～600倍液或70％乙磷锰锌可湿性粉剂450～500倍液防治,隔7～10天喷1次,连续喷2～3次。

图7-5 菜豆锈病

图7-6 菜豆炭疽病

三、扁豆高产栽培技术

近年来,姜堰市里杨等乡镇在选用优良扁豆品种的基础上,采用营养钵温床育苗,大棚加地膜保护地栽培,使扁豆的上市期

由 7 月中旬提早到 6 月上旬,亩产量由 1000 公斤左右提高到
2500 公斤,收益由 1500 元增加到 5000 多元。

1. 选用良种,培育壮苗

选肉质厚嫩,开花节位低,花序和结荚集中整齐,商品性好,
产量高,荚淡绿色边缘带红的"姜扁"优良品种。1 月下旬在背
风向阳处,选疏松、熟化、肥沃、无污染的土壤,按营养土标准施
腐熟有机肥、氮磷钾复合肥和高效生物钾肥,每亩制直径 8 厘米
左右的营养钵 300 个。播种前晒种 2～3 天,去除瘪、小、破的种
子,1 月底至 2 月初把握冷后暖头天气,将经多菌灵拌制后的种
子播于电热线加温的苗床内,每钵 2 粒种,播后随即浅盖酥熟
土、平铺地膜,再搭小拱棚。备好草苫子,日揭夜盖,出苗前棚内
温度控制在 32 摄氏度左右,确保一播全苗;出苗后及时抽出地
膜,白天温度控制在 25～28 摄氏度,晚上温度控制在 18～20 摄
氏度。子叶平展后,剪去钵内弱小苗留健苗,并注意苗床内水分
情况,若缺水,在晴天中午用热水兑成 20 摄氏度左右的温水喷
洒。移栽前 7～10 天,逐步降温炼苗,使秧苗在移栽时达到子叶
完整、茎粗壮、色深绿、根系发达的壮苗标准。

2. 施足基肥,合理密植

大棚栽培扁豆,一般是在 3 月下旬套栽于前茬茄果类蔬菜
的株间,基肥应以腐熟的有机肥和氮磷钾复合肥为主,一般每亩
施优质人畜粪 500 公斤、总含量 25％的复合肥 20 公斤。当苗
龄 50 天左右,幼苗长出四片真叶时即可移栽。6 米宽大棚,按
两边各留 1.5 米、中间留 3 米的规格,移栽两行扁豆,株距 1 米,
每亩约 230 株。

3. 促控结合,平衡生长

扁豆分枝能力强,分枝生长也较旺盛,所以适时整枝和控制
分枝生长是促进幼苗生长,提早开花结荚,提高早期产量的关
键。生产中一般将主茎第一花序以下的分枝全部及时剪除,引
主茎蔓上棚架后,仍根据植株长势经常理蔓引蔓,剪去过多的分

枝和黄病叶。同时植株生长过程中如遇到长时间连续阴雨天气或因施用肥水过多,有疯长趋势的应及早喷施助壮素,每次每亩使用量为 30～40 毫升助壮素兑水 30～40 公斤,一般田块 1 次即可,严重田块第一次使用 1 周后再喷施 1 次,用量可增加到40～50 毫升。扁豆施用基肥后,因开花结荚前与其他作物共生,不需再施用肥料;进入开花结荚期以及其他作物让茬后,每亩施用总含量 45% 的复合肥 30 公斤,提高光合效能,增加物质积累,促进开花结荚;7～8 月份开花结荚高峰期,植株需肥量大,应根据植株长势分 2 次追施速效肥料,一般每次每亩施尿素15～20 公斤,并结合病虫防治,在根外喷施磷酸二氢钾、丰产灵等营养液,同时根据天气情况及时灌排水。

4. 防病治虫,及时采收

扁豆病害较少,苗期易发生炭疽病(图 7-7)和立枯病,可在营养土中加入多菌灵可湿性粉剂预防,发病初期可用甲基托布津等药剂防治。天气连续高温干旱情况下,叶片易遭红蜘蛛危害,可用三氯杀螨醇或双甲醚等农药防治,开花结荚期要做好豆荚螟的测报工作,及早选用高效低毒无残留的菊酯类农药防治。扁豆荚内嫩豆粒已发育完全、外表刚显露即为最佳采收时间,此时豆荚充实、脆嫩、品质好。

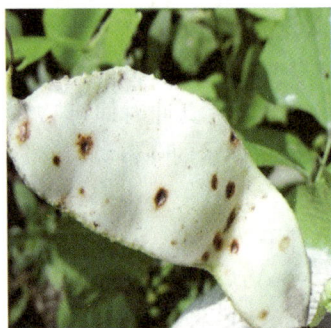

图 7-7 扁豆炭疽病

第三节　甘　蓝　类

一、甘蓝

(一) 春甘蓝

1. 品种选择

宜选用冬性强、耐抽薹、肉质紧实、品质好、球形美观而高产的品种,如润春、春丰、争春、四月美、四月帅等品种。

2. 适时播种

最佳播种期为 10 月 10 日～15 日,避免过早播种。苗龄 40 天左右,11 月中下旬定植,翌年 4 月 20 日左右上市。

3. 培育壮苗

可采用苗床、营养钵或穴盘基质育苗。采用苗床育苗,播种前打足底水,待水分完全下渗后均匀播种。每平方米播 3 克左右种子,每亩大田需苗床 15 平方米左右。种子播完后覆盖一层厚 0.5 厘米的干细营养土,并盖上双层遮阳网,遮阴保湿,防止雨水冲刷苗床。种子刚发芽拱土后及时揭去遮阳网。床土要见干见湿,防止苗床发生病害。在幼苗出土前,要保持床土湿润,出苗后要干湿相间。幼苗出齐后,要及时间苗分苗,拔去弱苗。幼苗长至 2 叶 1 心时及时分苗,分苗前去杂去劣,选晴天进行,株行距 7 厘米×7 厘米。

采用穴盘育苗,可选用 72 孔或 128 孔育苗盘。草炭与腐熟的干牛粪按(2～3):1(体积比)加水拌匀,加入 0.5％硫酸钾型复合肥、0.1％多菌灵(先充分溶解后,再将其撒入基质中)。基质水分要适量,含水量在 65％左右,判断方法是用手挤出水即可。将拌好的基质装入育苗盘压孔,孔深 1 厘米左右,然后播种。

4．苗床管理

苗期注意黄曲条跳甲、菜青虫、甜菜夜蛾、斜纹夜蛾等为害。移栽前 10 天,尽量少浇水,进行蹲苗锻炼,定植前 1 天浇水,以便起苗时保护好根系。

5．整地定植

定植前整好地块,选择土质较好、排灌方便的地块。定植前深耕炕地 20 天左右,每亩施腐熟有机肥 1500 公斤、复合肥 40 公斤、过磷酸钙 40 公斤作底肥,底肥深施、撒施或条施均可,并施入一定量的钼、锌、硼等微肥。

冬春季雨水较多,宜进行深沟高畦栽培。畦宽(包沟)1.3 米为宜。幼苗长出 5～6 片叶时选晴天定植。起苗时淘汰过大苗,注意根系应尽量多带土,便于尽早成活。每畦栽两行,株距 35 厘米,行距 45 厘米,每亩栽 3500～4000 株。定植壅土后再浇水。

6．田间管理

从定植到翌年 2 月底前,气温低、雨雪天气较多,应及时排除田间积水,保持植株根系的活力,减少田间菌核病(图 7-8)、霜霉病等的发生,且应严格控制追肥的次数,勿使年前植株营养体因长得过快、过大,通过春化而发生未熟抽薹现象。

图 7-8　甘蓝菌核病

幼苗活棵后,年前一般不再浇肥浇水,松土 1～2 次即可。进入 3 月,气温逐步回升,应加强肥水管理,及时锄草松土,促进植株迅速结球。此时小菜蛾、菜青虫开始形成危害,应及时防治,在防治虫害的同时可结合叶面肥一起进行喷施,以有效补充速效肥。

7. 病虫害防治

病害主要有霜霉病、黑斑病、黑腐病等。霜霉病发病初期可选用 50%烯酰吗啉可湿性粉剂 1500 倍液、58%甲霜灵锰锌可湿性粉剂 500 倍液、72.2%霜霉威水剂 600～800 倍液等交替施药,7～10 天喷 1 次,连喷 2 次。黑斑病发病初期可选用 70%代森锰锌可湿性粉剂 500 倍液、50%异菌脲可湿性粉剂 1500 倍液喷施,7～10 天喷 1 次,连喷 2～3 次。黑腐病发病初期用 14%络氨铜水剂 350 倍液、77%氢氧化铜可湿性粉剂 500 倍液喷施,7～10 天喷 1 次,连续喷施 2～3 次。

虫害主要有小菜蛾、菜粉蝶、菜蚜等。小菜蛾及菜粉蝶可于低龄幼虫盛期用 1.8%阿维菌素乳油 1000 倍液、16000 单位 BT 可湿性粉剂 750 倍液、20%氯虫苯甲酰胺悬浮剂 1500 倍液进行防治。菜蚜可选择 10%吡虫啉可湿性粉剂 3000～5000 倍液、3%啶虫脒乳油 2000 倍液、25%唑蚜威乳油 2000 倍液、25%噻虫嗪水分散粒剂 2000 倍液进行喷雾防治。

8. 采收

4 月中旬,球达八成紧实后,即可分批采收上市。采收前 10～15 天禁止施药。

(二) 夏秋甘蓝

1. 品种选择

宜选用耐热、株型紧凑、高产、优质的品种,如润夏、强力 50 等。

2. 适时播种育苗

一般于 6 月上中旬播种育苗,30～35 天苗龄定植。苗床要求土壤肥沃,结构良好,排水便利,每亩施腐熟农家肥 1500 公斤作基肥。及时搭建荫棚,防暴雨及烈日。苗床应注意适量浇水,保持土壤湿润,土表略干。幼苗长出 3～4 片真叶时,减少荫棚覆盖时间直至去除,结合间苗,浅松土 1 次,促进根系发育。苗床幼苗易受草害和虫害,注意防治。

3. 整地施足基肥

前茬作物收获结束后立即整地,结合整地施入基肥。大田基肥每亩施 5000 公斤厩肥或高效生物有机肥 300 公斤,再深耕浅耙,做成长 20 米左右、宽 1.5 米的高畦。

4. 定植

幼苗长出 6～7 片真叶时于晴天的傍晚或阴天定植。定植前一天,苗床浇足底水,便于取苗时多带土、少伤根。株行距 30～40 厘米见方,每亩栽 3500～4500 株。

5. 田间管理

结合浇水及时中耕 2～3 次。采取大肥大水管理,以氮肥为主,加快甘蓝生长。莲座期,施追肥 1 次,每亩施尿素 25 公斤,同时结合浇水,保持田间土壤湿润。结球初期,植株生长加快,重施追肥 1 次,每亩施尿素 40 公斤,促进结球紧实。

6. 虫害防治

甘蓝苗期要注意跳甲、菜螟、夜蛾等害虫为害。莲座期以后严防甜菜夜蛾、斜纹夜蛾、菜螟、小菜蛾、蚜虫等为害。其中,甜菜夜蛾可于傍晚及时喷药防治,药剂可用 5%氯虫苯甲酰胺悬浮剂 1000 倍液或 5%氟啶脲乳油 1500 倍液等。

7. 采收

国庆节前后,甘蓝结球紧实时及时收获。

（三）越冬甘蓝

1. 品种选择

宜选用冬性强，耐抽薹，结球紧实，耐裂性强，存圃时间长，抗病、高产、优质的品种，如冬升、鑫春、寒玉 20、寒春 4 号等。

2. 播种育苗

（1）播种期

一般在 8 月上中旬播种，春节前至 4 月初开始陆续收获上市。

（2）播种

越冬结球甘蓝育苗期间由于温度高、雨水多等原因，需要采用设施遮阳防雨，并采取撒播的方式来育苗。播种前深翻床土晒地，施腐熟有机肥料作为基肥，然后进行浅耕浅耙、作畦、整平以备播种。播种时将种子点播于苗床上，然后覆土，最后盖上遮阳网保湿降温。

（3）播种后管理

经过 2～3 天子出土。幼苗出土后 15 天左右、长出 3～4 片真叶时，选择晴天下午或阴天将苗假植于苗床中，视秧苗长势、天气状况和土壤干湿程度，浇施清淡腐熟人畜粪水并遮阴降温，使秧苗健壮生长。

3. 定植

（1）田块选择

选择地势平坦、排灌方便、土层深厚、土壤肥沃、透气性好、前茬未种植过十字花科蔬菜的田块。

（2）定植前准备

耕整土地。每亩施腐熟有机肥 800 公斤、菜籽饼 200 公斤。作畦，畦高 35 厘米、宽 1.5 米，沟宽 30 厘米。

（3）定植

当苗长出 6～8 片真叶时，选择晴天下午或者阴天进行定植。定植前 7 天要炼苗,尽量不浇或少浇水,同时要喷洒 1 次杀虫剂。定植时大小苗分开,株距 50 厘米,行距 50 厘米,每畦定植 3 行,每亩定植 2500～3000 株。

4. 田间管理

（1）水分管理

定植后浇 1 次定根水,并进行补苗,做到苗齐、苗壮。幼苗进入旺盛生长期后控制浇水量并进行蹲苗,一般以 10～15 天为宜。莲座期要控制浇水量,既要保持一定的土壤湿度,使莲座叶有充分的同化面积,又要控制水分,迫使茎短缩,使结球紧密而坚实。切忌蹲苗过度,致使叶片短小,结球不大,影响产量。到莲座后期开始结球时就应肥水齐攻。10 月底结球后,停止浇水。11 月下旬浇 1 次越冬水,提高植株抗寒能力。

（2）施肥管理

定植后,随浇缓苗水追施 1 次提苗肥,每亩施尿素 10～20 公斤,以促进幼苗生长。缓苗后每亩施尿素 10～15 公斤。进入莲座期再追施 1 次肥料,每亩施尿素或磷酸二铵 20 公斤,使营养体内贮足养分,有利于植株安全越冬。莲座期前后追肥 2 次,结合浇水每亩施三元复合肥 15～20 公斤,确保年前形成 80% 以上叶球,避免春季抽薹。浇越冬水以后停止肥水管理,进入露地越冬阶段。

（3）中耕、松土、除草

浇缓苗水后,适时进行中耕,深度以 6 厘米左右为宜。5～6 天后就可进行第二次中耕,深 7 厘米左右,结合中耕除草,并把表土推碎、推平以便保墒。

5. 病虫害防治

越冬结球甘蓝病害一般较少,偶有霜霉病、黑腐病等发生,主要与土壤含水量、空气湿度等因素密切相关,湿度大时发病重。发病时可用 80％代森锰锌 600 倍液或 75％百菌清可湿性粉剂 500 倍液提前喷雾预防，每隔 7～10 天喷洒 1 次，连喷2 次。

前期主要有小菜蛾、菜青虫、斜纹夜蛾、蚜虫等虫害，应及时防治，具体方法可参照"春甘蓝"的虫害防治措施。

6．及时采收

12 月中下旬到翌年 4 月上旬，在叶球紧实后，可及时采收，也可根据市场价格适时调整采收时间。一般在晴天的傍晚采收，晚上放在通风的地方散热后再运出。

二、花椰菜

花椰菜有紧实型和松散型（散花）两种，生育期有 55～240天的，应根据市场需求、上市时间和栽培方式来选择相应的品种。紧实型的品种有白峰、日本雪山、荷兰雪球、神良 100、银冠等；松散型的品种有台松系列、松不老系列、津松系列、庆松系列、雪丽系列等早、中、晚熟配套品种。宜选用分枝少、适应性广、花球洁白、成熟较一致且高产的品种。

（一）大棚越冬栽培

1．适时播种育苗

11 月至 12 月上中旬播种，利用小拱棚或大棚育苗。11 月上中旬主要采用的是小拱棚配合地膜培育，11 月下旬至 12 月中旬以大棚育苗为好。采用营养钵或穴盘育苗，一方面可不分苗，缩短定植后的缓苗期；另一方面精量播种可减少种子用量，降低生产成本。

（1）营养土（基质）配制

按菜园土：有机肥＝2：1 的比例配好营养土，园土以未种过十字花科蔬菜的土壤为宜，有机肥要充分腐熟。营养土中加入少量的过磷酸钙或三元复合肥,以利于壮苗。此外每立方米营养土中加入 100～150 克 50％多菌灵,防治立枯病和猝倒病。

（2）播种

选用 50 孔或 72 孔穴盘,装盘前调节基质含水量为 30％～40％,堆置 1～2 小时后使基质充分吸水,用手捏基质,指缝中没有水流出为宜,松开后能成团,但轻轻触碰即散开。装盘后,用手压实每穴,保证每穴深浅一致,深度为 0.5 厘米。播种前要浇透水,待基质吸足水分后每穴播种 1～2 粒,播后盖 1 层基质,以不露种子为宜,并覆盖地膜,扣上小棚或大棚保温保湿。播种后出苗前要加强保温措施,白天温度控制在 20～25 摄氏度之间,夜间在 10 摄氏度左右为宜,以利于种子发芽和苗齐、苗壮。如果播种后遇冷空气,采用小拱棚育苗的,夜间覆盖草包保温,白天揭开草包以见光增温;采用大棚育苗的,可内扣小拱棚增温,棚内温度应不低于 8 摄氏度。

2. 苗期管理

一般播种后 3 天即可出苗,出苗后揭去覆盖物,穴面基质发白时应及时浇水。如苗的大小不一致时,要及时调整穴盘方位,使秧苗大小一致。齐苗后,白天注意通风,适当降低苗床的温度和湿度,防止幼苗徒长,白天温度控制在 15～18 摄氏度之间,不高于 20 摄氏度,夜间在 5 摄氏度左右。为增强幼苗定植后对低温和干燥的抵抗力,促进缓苗,要逐渐加大通风量,使苗床温度和湿度下降。通风的原则是齐苗后小通风,幼苗长出 2 片真叶时中通风,定植前 10～15 天大通风。进行低温炼苗时,温度保持在 5 摄氏度左右,以幼苗不受冻为宜。幼苗生长到 4～5 片真叶,茎粗不超过 0.4 厘米时定植,定植前浇透起苗水。

3. 整地施肥

选择土层深厚、富含有机质、保水保肥、排灌良好,且前茬为非十字花科作物的田块。每亩施菜饼肥 200 公斤、腐熟有机肥 2500 公斤,深翻、整平,整成深沟高畦,畦宽 1.5 米,畦高 16～23 厘米。定植前 7 天左右覆盖地膜。

4. 适时定植

在日平均气温稳定在 10 摄氏度以上、地温稳定在 8 摄氏度以上且当地寒流过后开始回暖时,选择晴天上午定植。一般 2 月上中旬采用大棚(内套小拱棚)栽培,2 月中下旬采用小拱棚栽培,2 月下旬至 3 月上旬采用地膜覆盖栽培。每畦栽 3 行,每亩栽 2500～3000 株。

5. 田间管理

(1)温度管理

定植后在大棚、小拱棚内栽培要闷棚 3～5 天,以提高地温。活棵后根据天气变化注意通风。一般定植缓苗后,白天温度控制在 25～30 摄氏度之间,夜间在 10 摄氏度;幼苗开始生长期,适当通风,白天温度控制在 22 摄氏度左右,不超过 25 摄氏度;莲座期白天温度控制在 15～20 摄氏度之间,夜间 10 摄氏度;花球发育期白天温度控制在 14～18 摄氏度之间,不高于 24 摄氏度,夜间 5 摄氏度。一般于 3 月下旬撤小拱棚,揭开大棚四周薄膜通风。

(2)肥水管理

定植 10 天后,根据植株长势追肥,每亩施尿素 15 公斤,并及时浇水。当植株心叶开始旋扭时,每亩施尿素 10～15 公斤及适量的钾肥或草木灰,促进花球形成。现花球后,每亩施尿素 20 公斤和三元复合肥 40 公斤。施肥方法是在植株之间挖长穴,将肥料混合施下,用土封严,注意适时灌水,可每隔 5～7 天浇水 1 次,直到收获。在花球膨大的中后期,可用 0.1%～0.5%的硼砂溶液进行叶面追肥,每隔 3～5 天喷 1 次,连喷 3 次。

（3）折叶盖球

当花球露出时，将靠近花球的外叶折断，覆盖花球，以避免阳光直射，保持花球洁白。

6. 病虫害防治

主要病害有黑腐病、黑斑病和霜霉病等。其中，黑腐病可于发病初期选用77%可杀得可湿性粉剂500倍液、50%代森锰锌600倍液喷雾防治，7～10天喷1次，连喷2～3次。黑斑病于发病初期选用14%络氨铜水剂600倍液、77%可杀得可湿性粉剂1500倍液喷雾防治，7～10天喷1次，连喷2～3次。霜霉病可选用40%硫酸铝可湿性粉剂150～200倍液、72.7%普力克（霜霉威）水剂600～800倍液或75%百菌清可湿性粉剂500倍液喷雾防治，交替使用，7～10天喷1次，连喷2～3次。

主要虫害有菜青虫、小菜蛾和蚜虫等。其中，菜青虫可用BT乳剂500～800倍液、青虫菌等喷雾防治。小菜蛾在3月下旬至5月上旬，可用BT乳剂、5%抑太保（氟啶脲）3000倍液等喷雾防治。蚜虫用50%辟蚜雾超微可湿性粉剂2000～3000倍液或10%吡虫啉可湿性粉剂1500倍液防治，6～7天喷1次，连喷2～3次。

7. 适时采收

一般在4月中下旬至5月上旬采收，效益最好。采收花球的标准：花球充分长大，质地洁白，表面平滑，致密紧实，花球未散开。采收时，在花球外带几片叶，以利于包装运输过程中保护花球。

（二）露地秋冬栽培

1. 育苗

8月中旬利用育苗盘和遮阳网育苗，每亩用种15～20克。保持白天温度为25摄氏度，晚间15摄氏度左右。白天让苗多见光,促使苗生长健壮。育苗基质的准备和播种方法及其他苗期管理措施可参照"大棚越冬栽培"。

2. 整地施肥

深翻土地 30 厘米,每亩撒施优质腐熟畜禽粪 5000 公斤、45%复合肥 25 公斤、硼肥 1 公斤作基肥。深翻、整平,整成深沟高畦,畦宽 1.3 米,畦高 16～23 厘米。

3. 定植

幼苗长到 3～4 片真叶时可定植,行距 60～70 厘米,株距 40～60 厘米,每亩保苗 2000～2700 株。

4. 田间管理

(1) 追肥

一般分 3 次进行。即提苗肥:活棵后进行穴施,每亩施尿素 5 公斤加 45%复合肥 15 公斤;花球膨大肥:每亩用复合肥 20 公斤,并用 0.1%～0.2%硼砂溶液或 0.02%～0.05%钼酸铵液等进行叶面追肥;球直径达 3～5 厘米时,每亩施硫酸钾 10 公斤加尿素 10 公斤。

(2) 灌水

花椰菜在叶簇旺盛生长和花球形成期需水量人,水分供应是否及时直接影响花球生长。在干旱季节要及时灌水,切忌漫灌,以免引起沤根,阴天停止浇水,提倡膜下沟灌和滴灌。

(3) 中耕除草

中耕应掌握离植株近浅、远深的原则,从定植到封行中耕 2～3 次即可。一般在大雨或灌水后进行,防止土壤板结和杂草滋生。中耕除草须结合培土进行,防止根系外露。

(4) 遮盖花球

当花球直径达 8～10 厘米时,将花球附近的大片叶子束起或折起盖在花球上,以防止强光照射,保持花球洁白,并防霜冻。

主要病虫害防治和采收可参照"大棚越冬栽培"。

三、青花菜

（一）品种选择

宜选用生长势强、分枝少、耐热性强、适应性广、花球蕾粒致密均匀、成熟时间较一致的品种，如绿皇、绿峰、绿宝石 90、绿翡翠、里绿等。

（二）秋季栽培技术

1. 育苗

可采用育苗床和育苗盘进行育苗，下面仅介绍育苗床的育苗技术，育苗盘的育苗技术可参照甘蓝。

（1）苗床准备

8 月上旬至 9 月上旬播种。播种前选择土壤肥沃疏松、地势平坦、排灌条件良好、前 3 年没有种过十字花科作物的地块作为育苗苗床，大棚上部覆盖塑料薄膜和 50％遮光率的遮阳网。提前清洁苗床耕地，清除周边杂草，每亩按 30 平方米的面积准备育苗苗床。

（2）苗床整理

育苗苗床清洁干净后，按每平方米施腐熟豆饼 0.3 公斤、腐熟菜饼 0.6 公斤或腐熟猪粪 12 公斤加进口三元复合肥(15-15-15)0.3 公斤作育苗基肥，然后深耕细耙，充分整碎土壤，按宽 2.0～2.2 米包沟开畦，整平畦面，畦面宽 1.5～1.7 米，畦沟深 15～17 厘米，畦沟上部宽 0.5 米。

（3）种子消毒

每亩大田栽培地需准备种子 30～40 克。如果种子有种衣剂，可直接拌干细土播种。如果种子无种衣剂，播种前需晒种 1天，以杀死种子表面部分有害病原菌，种子不得直接晒于石板或水泥地上，以免高温烫伤种子；晒种后，放入 55～60 摄氏度温水中浸泡 10～15 分钟，用清水洗净，捞起后晾干水分待播。

（4）播种

播种前结合浇底水对苗床进行杀菌、杀虫处理。处理时在水中加入适量 50％多菌灵可湿性粉剂或 70％甲基硫菌灵可湿性粉剂等广谱性杀菌剂 800～1000 倍液，以消灭和预防蝼蛄、小地老虎、蛴螬等地下害虫。将种子与 30～40 倍种子质量的干细沙壤土充分拌匀，再均匀撒播于已浇透水的苗床上，然后覆盖一层 0.5～1 厘米厚的干细土。播种后 2～3 天即可破土出苗。

（5）苗期管理

出苗前无须再浇水，出苗后每隔 1～2 天用喷水壶在早晚凉爽时给苗床喷水 1 次。及时人工拔除杂草，可结合除草及时松土。如幼苗比较拥挤，可适时去除少量弱苗。播种后 25～30 天、幼苗有 4～5 片真叶时定植。定植前可对幼苗喷洒 50％多菌灵可湿性粉剂、70％甲基硫菌灵可湿性粉剂或 75％百菌清可湿性粉剂等广谱性杀菌剂 800～1000 倍液预防苗期病害。

2. 整地施基肥

选择地势平坦、土质疏松肥沃、土层深厚、排灌方便、前 2～3 年未种过十字花科作物的耕地作栽培地，前茬作物收获后，及时翻耕晒地。定植前每亩施入腐熟鸡粪 1500 公斤、腐熟猪粪 3000 公斤、腐熟豆饼 80 公斤或腐熟菜饼 150 公斤、复合肥（15-15-15）50 公斤作基肥，然后深耕细耙，整碎土壤，开好围沟和腰沟，按宽 2.1 米（包沟）开畦，畦面宽 1.6 米，畦沟深 18～20 厘米，整平畦面。

3. 定植

9 月上旬至 10 月上旬陆续定植移栽。定植前 1 天将苗床浇透水，以便取苗，减少根系损伤。选择无病虫害、生长健壮、根系发达的壮苗，于阴天或晴天傍晚栽植。每畦栽 4 行，株距 36～40 厘米，行距 40 厘米，每亩定植 2700～2900 株。定植后浇定根水，以促进缓苗。

4. 田间管理

（1）补苗

定植后的 10 天内，经常查看幼苗成活情况，如发现幼苗没有成活，应及时补栽；如发现幼苗被地下害虫或根部病害为害而死亡，应及时消灭地下害虫，并补栽幼苗。

（2）中耕、除草、培土

定植以后进行 2～3 次中耕除草，每次间隔 8～15 天，并尽量在雨过天晴后进行，以增加土壤透气性，防止土壤板结，植株基本封行后不再进行中耕除草。中耕除草时每次要给高脚苗适当培土，以防止植株倒伏，促进植株正常成长。

（3）排灌

排灌工作要视土壤干湿状况、降雨、高温干旱情况适时进行。前期由于高温炎热，每隔 4～6 天于早、晚凉爽时灌水 1 次；后期天气冷凉，在正常连续晴朗天气情况下，每隔 10～12 天灌水 1 次。即使在植株现蕾以后也要保持耕地适当湿润，不可让耕地干旱，否则容易造成花茎空心、裂茎；但也不可让田间积水，否则会影响植株根系生长，甚至引起根茎部腐烂，导致下部叶片脱落，还容易导致植株黑腐病和花茎黑心。将水灌入畦沟，让水慢慢渗入土壤，切不可让水漫过畦面。要注意疏通沟渠，以便在强降雨时，做到雨停水干。

（4）叶面追肥

现蕾后，可结合防虫治病在叶面追施 0.3% 磷酸二氢钾加 0.2% 硼砂溶液 2～3 次，每次间隔 7～10 天。生长后期，及时摘除病老残叶，以利通风透光。

5. 病虫害防治

苗期主要防治立枯病、猝倒病、黑根病等病害以及蝼蛄、小地老虎、蛴螬等地下害虫；植株生长中后期主要防治霜霉病、黑腐病、软腐病及灰霉病（图 7-9）等；整个生长发育过程中要防治蚜虫、小菜蛾、菜青虫、斜纹夜蛾、甜菜夜蛾、黄曲条跳甲等害虫。

图 7-9　青花菜灰霉病

6. 采收

一般在 11 月中旬至翌年 1 月下旬陆续采收。当主花球达到商品成熟大小且花球紧实、没有松散时,应及时采收。采收时,带上部 2～3 片叶,将花球连同肥嫩花茎一起平割。在装筐和运输过程中都不能挤压花球,以免影响品质。主花球采收以后,如果气温仍在 5 摄氏度以上,要加强田间管理,促使植株上的腋芽长出侧枝,以采收侧花球,一般每株可采收 2～3 次。

第四节　根　茎　类

一、萝卜

1. 品种选择

按照不同的栽培季节,选用满足市场需求、商品性好、抗病能力较强的品种。

依据萝卜栽培季节,可划分为冬春萝卜、春夏萝卜、夏秋萝卜、秋冬萝卜和晚冬萝卜五个类型。

2. 播种前准备

要有计划地安排前茬作物,最好的前茬作物是黄瓜、西瓜、甜瓜,其次是大蒜、洋葱、马铃薯、西葫芦,在远郊粮菜轮作区,可选小麦、蚕豆、早中稻、大豆等,避免与十字花科蔬菜连作。

种植萝卜需要选择沙壤土,因为沙壤土土层深厚,有利于肉质根膨大。在前茬作物收获后清理田园,抓紧时机反复深耕细耙(三犁三耙),做到"冬凌夏炕"。播种前施足底肥,施肥数量和种类可根据前茬作物和不同萝卜类型及品种而定。一般每亩施菜籽饼 100 公斤、三元复合肥 25 公斤,菜籽饼粉碎后与复合肥一起沟施。

根据地形、地貌进行整地作畦,以高畦栽培为主。宽度依灌溉方式而定,可取 1.2～2.5 米,长度不限。

3. 播种

萝卜都采用直播,叶簇生长为匍匐状和半直立状的大中型品种采用点播,叶簇直立的水萝卜类型和单根重在 100 克以内的小型品种采用条播或撒播。

萝卜的播种深度 2～3 厘米,穴播每穴 5～7 粒种子(杂交种1 粒),每亩用种量为 0.5 公斤;条播、撒播每亩用种量为 0.8 公斤。穴播用腐熟的渣子肥与菜园土各 50% 混合后盖种。

4. 田间管理

(1)间苗

采用二次间苗、一次定苗法。第一片真叶展平时进行第一次间苗,每穴留 3～4 株壮苗;待 3～4 片真叶展平时,第二次间苗,每穴留 2～3 株壮苗;待 5～6 片真叶展平时,根据株行距定苗。

(2)合理排灌

播种后应立即灌注苗水,高畦栽培应采用浸灌,平畦栽培可先浇水,待水入土中后,再播种。苗期保持土壤含水量为 80% 为宜,保证苗齐、苗壮。春夏萝卜播种后因气温低,7～10 天齐苗,其他季萝卜勤浇。定苗时以土壤含水量为 60% 为好,到肉质根生长旺盛期,需水量增多,应保持土壤湿润。如果土壤忽干忽湿,水分供应不均,则会出现侧根增多、表面粗糙、纤维硬化、味辣、开裂等情况。夏天灌水宜在傍晚进行,掌握"三凉"(天凉、地凉、水凉)的原则。

（3）分期追肥

第一次追肥在幼苗长出 2 片真叶时进行,每亩施 1000 公斤稀薄人粪尿。第二次在破肚时进行,每亩施 1500 公斤人粪尿加过磷酸钙和硫酸钾各 5 公斤。第三次在肉质根膨大时期,方法同第二次。

（4）中耕除草

由于萝卜生长要求土壤中空气含量高,光照足,因此必须保持通风透气,土壤疏松。在幼苗期,中耕不宜过深,莲座期后中耕可适宜深,中耕应与浇水、除草、培土结合起来,以节省劳力。萝卜封行后停止中耕,及时拔除杂草。

5. 收获

萝卜采收期一般按品种的生育期和栽培目的确定,可根据市场行情提早收获。总的原则是及时采收,春夏萝卜及早熟品种收迟了容易糠心;迟熟品种应在霜冻前后收获,以免受冻。

6. 病虫害防治

主要病害有病毒病、黑腐病等;主要虫害有蚜虫、黄曲条跳甲、菜粉蝶、斜纹夜蛾等。

病毒病防治,尽早防治蚜虫、加强栽培管理,增强植株抗病能力。黑腐病防治,发病初期可用 72％农用链霉素可湿性粉剂 100～200 毫克/公斤、新植霉素 200 毫克/公斤喷施。黄曲条跳甲防治,轮作换茬,清理田园,幼苗期用 90％万灵 3000 倍液或 48％乐斯本乳油 1000 倍液喷施。

二、莴苣

（一）叶用莴苣

1. 品种选择

不同的种植季节选择不同特性的品种,但必须满足市场需求且叶质柔薄脆嫩,清香爽口,生食炒煮风味均佳,高产。如花叶生菜、意大利生菜、大湖 366、软尾生菜等。

散叶类型的适应性强,春季生产可在头年 10 月下旬至翌年 2 月上旬播种,4~6 月收获。秋季栽培 8~10 月播种,11 月至翌年 4 月均可收获。一般品种播种至收获 80~90 天。

结球莴苣对温度适应范围较小,不耐低温和高温。春季栽培可在头年 10 月下旬至次年 2 月中下旬播种,4~6 月收获。秋季栽培 8 月上旬至 9 月上旬播种,10 月下旬开始陆续收获。

如果选用不同类型莴苣,早中晚熟品种配套,分期播种,冬季采用大棚双层覆膜保温,夏季采用遮阳网降温,再辅之以低温贮藏,在长江中下游地区,叶用莴苣可周年供应。

2. 播种育苗

叶用莴苣种子小,因此苗床要求土壤肥沃疏松,整细耙平,浇足底水,均匀播种后,覆 0.5 厘米厚的细土,上面再薄盖一层稻草或遮阳网,有利于出苗。冬春育苗,气温低,应在冷床、大棚内进行。夏秋育苗,气温高,暴雨天多,种子不能萌发,应先浸种 4~5 小时后放在冰箱内,在 20 摄氏度以下催芽后播种,每亩播种量 3 克左右。苗床上方应搭设遮阳网,可以防止强光暴晒和大雨拍打苗床,影响出苗。播种后每天早晚用喷壶浇一次水,4~5 天后可出苗,苗期要适时浇水,幼苗长出 3 片真叶时分苗一次,幼苗长出 5~6 片真叶时定植。如果不分苗,则要稀播,每亩播种量 1 克。出苗后要适时间苗。育苗期苗床要防止过干过湿,以免小苗老化或徒长。冬春季气温低,苗龄 30~40 天,夏季 20~30 天。苗龄过长,单产会逐渐降低。

3. 整地定植

选择肥沃的壤土、沙壤土或轻黏壤土,pH 值近中性的地块栽培叶用莴苣。地要耙平、整细,深沟窄畦,一般沟深 12~15 厘米,畦宽 90~120 厘米。每亩施优质有机肥 2500 公斤、复合肥 30 公斤。注意合理密植,一般株行距(0.2~0.25)米×(0.25~

0.3)米,每亩保苗10000～12000株为宜。春季密度可大一些,秋季密度要小一些,叶用莴苣定植时切忌栽深了,以免影响发苗,定植后及时浇水。

4. 田间管理

叶用莴苣定植缓苗后,追一次稀粪水,提苗促发棵。第二次追肥在包心前期,即定植后的20天左右追一次速效氮肥,促进叶片加速生长,尽快进入结球期,每亩追施尿素10～15公斤。第三次追肥在结球期,重施一次氮、磷、钾的复合肥,每亩用量15公斤,使叶球(心叶)紧实,防止因缺钾而使外叶徒长,叶球减小,品质降低。

叶用莴苣要依不同生育期控制浇水量。在外叶生长期苗较小,要依天气情况适时浇水,并结合中耕除草,促进生根发叶。到叶片旺盛生长期(结球前期)稍加控制水分,促使叶片生长厚实。进入结球期则要供水充分,保证结球需要。到结球后期,又要控制水分,防止浇水过多或过干,引起叶球腐烂或裂球。浇水时间也要注意,一般夏秋季气温高时要早晚浇水,浇沟水;冬季气温低,要在中午前后浇水。试验证明:浇沟水要比泼浇水明显减轻病害,提高产量。

叶用莴苣不耐寒、不耐热,冬季生产要注意防寒防冻,夏秋高温季节要覆盖冷凉纱(遮阳网),以尽量减少不利气候的影响,延长采收供应时间。

5. 采收

散叶生菜生育期短,采收标准不严,定植后35～40天就可以开始分期采收。结球莴苣要特别注意采收时期,采收过早产量低,品质差,过晚易裂球糜烂。采收标准是:叶球顶部用手轻轻按有紧实感即为采收适期。由于叶球生长不一致,要注意分期采收,一般品种定植后50天左右即可达始收期。采收时,割下叶球,剥除外部老叶,轻放于筐内,防压防震,一般每亩净菜产量2000～3000公斤。

6.病虫害防治

叶用莴苣主要病害为霜霉病、菌核病、灰霉病等,主要虫害为蚜虫。霜霉病(图 7-10)多危害叶片,严重时病斑连片,叶片变黄枯死。适温(15~17 摄氏度)阴雨天气、排水不良易发此病,防治上注意轮作,防止田间湿度过大。发病早期喷 72% 克露可湿性粉剂 600~800 倍液防治,施药时尽量把药液喷到基部叶背,7~10 天喷 1 次,共喷 2~3 次。菌核病危害近地茎及叶柄,发病初期,先清除病株病叶,再选用 50% 多菌灵可湿性粉剂6000 倍液或 50% 托布津可湿性粉剂 400 倍液,重点喷洒茎基部和叶片,7~10 天喷 1 次,连喷 2 次。灰霉病多从根茎或下部叶片开始,由下向上发展,引起叶片萎蔫或植株死亡,最后腐烂。发病初期可用 50% 速克灵、50% 扑海因 1000~1500 倍液,隔 5~7 天喷 1 次,连喷 2~3 次。防治蚜虫可用 50% 抗蚜威可湿性粉剂2000~3000 倍液或 40% 乐果 800~1000 倍液喷雾。采收前 15 天禁用任何农药。

图 7-10　莴苣霜霉病

(二) 茎用莴苣

1.品种选择

莴苣按叶型可划分为尖叶种和圆叶种,按种植季节可划分为春(越冬)莴苣、夏莴苣和秋莴苣。宜选择适应季节且满足市场需求的品种,如耐热二白皮、青夏王、香帅、红帅等。

2. 播种和育苗

莴苣一般实行育苗移栽,每亩苗床撒播 0.5～0.75 公斤种子,可移栽至 30～38 亩大田中。冬播时不必催芽,但秋播时如遇高温要采用低温催芽。浸种 4 小时后包在湿纱布中放至冰箱、水井或荫棚等凉爽处催芽 3～4 天。出芽后先把苗床用水淋透,然后再播种。覆盖宜浅。

3. 定植

秋播苗龄一般 25 天左右,冬播一般以幼苗移栽成活后越冬为宜,密度视品种而异。

4. 田间管理

追肥 3～4 次。定植成活后以清水粪追肥一次。进入莲座期茎开始膨大时,应及时追肥一次,否则茎部易形成瘦长型变得老而纤细,影响产量和品质;追肥不宜过晚,否则易导致茎部破裂。越冬莴苣追肥应在开春暖和后进行。在气温高和干旱情况下应及时灌溉,并追肥一次,以抑制茎部抽长迅速,不易肥大。中耕除草在施肥前进行,封行后不再进行。春秋季雨水较多时,莴苣常发生霜霉病,严重影响产量,应注意防治。此外,在嫩茎处开始肥大时用 500～1000 毫克/升青鲜素进行叶面喷射,连喷 2～3 次,有抑制抽薹、提高产量的作用;或采收前用 20～40 毫克/升的赤霉素喷施叶面,也可促茎增粗增高,提早收获。

5. 采收

莴苣主茎顶端与最高叶片的叶尖相齐时为收获适期。

6. 病虫害防治

主要病害有菌核病、霜霉病等,主要虫害有蚜虫。菌核病可用 40% 菌核净 1000 倍液、70% 甲基托布津可湿性粉剂 1000 倍液或 50% 扑海因 1000 倍液防治,7～10 天喷 1 次,共 2～3 次。霜霉病可用 70% 霜疫克 600 倍液或 85% 甲霜灵锰锌 500 倍液防治。蚜虫用抗蚜威 1000 倍液、5% 氯氰菊酯 2000 倍液防治。

三、菜薹

菜薹主要包含菜心、红菜薹、白菜薹和油菜薹。本文主要介绍红菜薹、白菜薹的栽培技术。

1. 品种选择

根据上市时间和茬口安排选择抗性较强、高产、优质的品种。红菜薹可选择大股子（洪山菜薹）、狮红 50、狮红 75、红粉佳丽和红婷等。白菜薹可选择银琳、雪婷、雪霏 211、雪莹和株洲白菜薹等。

2. 适期播种

8 月下旬处暑前后播种育苗。秋季若播期提早，则育苗困难，定植后死株多，采薹后遇高温易发软腐病烂蔸，产量降低，不易管理，苔辣或有苦味，品质下降，但可提早上市卖个好价钱，收益高。播种亦不宜太迟，太迟缩短采收期，影响产量。

3. 精细整地，施足基肥

地块最迟也应在定植前 10 天整好，多炕晒。一般耕耙两遍，耕一次晒几天后，再耕一次。耕前施足底肥，底肥一般占整个生育期肥量的 60%～70%。每亩施腐熟鸡粪等农家肥 2500 公斤、复合肥 100 公斤、钾镁肥 25 公斤与硼肥 200 克混合后，撒匀深翻。采用深沟高畦栽培，1～1.2 米（包沟）开沟作畦，植两行。

4. 苗期管理

苗床选择在水源方便、土壤肥沃的地块，每亩苗床施 100 公斤复合肥、1500 公斤腐熟优质农家肥，深翻，整平整细田块，均匀稀播 0.5～1 公斤种子并盖谷壳或细土。浇透苗床，有条件的农户可盖上遮阳网防晒防暴雨。一般苗龄 20～25 天。

5. 定植

定植前 1 天傍晚将苗床浇透水，以便于取苗。定植时取苗尽量带土,不伤根,随取随栽。幼苗不宜栽植过深,以免将生长点盖住,随栽随浇定根水。株行距(30～35)厘米×40厘米,具体依土壤肥力适当调整。栽完一块田灌一次水,只可浸灌,不可漫灌。

6. 田间管理

定植成活后检查缺苗情况,及时补苗1～2次。整个生长期保持土壤湿润,发现叶片萎蔫及时浇水。全生育期追肥4～5次。幼苗定植成活后追施第一次提苗肥,每亩10公斤尿素兑水1000升浇根或用稀粪水1000公斤浇根;封行前,或第一次追肥后20天左右进行第二次追肥,穴施1500公斤人畜粪尿加15公斤尿素或30公斤复合肥加10公斤尿素;第三次是在主薹采摘后及时追施促薹肥,穴施10公斤尿素加10公斤氯化钾;第四次是在采完侧薹后追施一次保薹肥,每亩施尿素10公斤即可。以后视采薹次数及长势而定。

7. 病虫害防治

主要虫害有蚜虫、菜青虫、小菜蛾等。蚜虫防治应尽早用药,发现蚜虫即用5%大功臣1200倍液、50%辟蚜雾超微可湿性粉剂2000～3000倍液或20%速灭杀丁乳剂3000～4000倍液杀灭。菜青虫和小菜蛾的防治在幼龄期用药效果好,用苏云金杆菌可湿性粉剂500～1000倍液、20%速灭杀丁乳剂3000～4000倍液、20%灭扫利乳油2500～3500倍液防治。

最常见的病害主要有软腐病(图7-11)、黑腐病、霜霉病、根肿病、病毒病等。防治病害,首先应加强田间管理,注意轮作,深沟高畦防渍水,深翻土壤炕地,适当延迟播种,及时清洁田园、清除病株,减少人为伤口等措施都可有效降低病害发生。

软腐病和黑腐病:高温高湿易发病,软腐病由伤口感染,黑腐病菌由叶缘水孔侵入或伤口感染。发病初期可用77%可杀得500倍液防治、47%加瑞农可湿性粉剂750倍液或新植霉素4000倍液喷雾。重点喷在病株基部或伤口处。

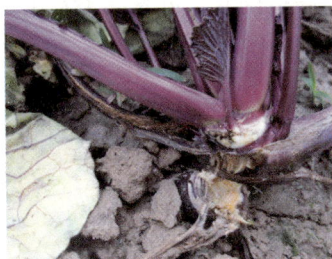

图 7-11　红菜薹软腐病

　　霜霉病:主要危害叶片,从苗期到采收期均可发生,在高温、高湿、高密度、通透性差的田块易发病。用 25% 甲霜灵可湿性粉剂 600 倍液、77% 可杀得可湿性粉剂 500 倍液、47% 加瑞农可湿性粉剂 800 倍液、65% 代森锌可湿性粉剂 600 倍液或 75% 百菌清可湿性粉剂 600 倍液,直喷叶片背面。

　　根肿病:定植无病幼苗,在大田撒上石灰,每亩撒 100～150 公斤消石灰。拔除病株,带至田外烧毁。药剂防治,用 15% 恶霉灵水剂 500～1000 倍液或 70% 甲基托布津可湿性粉剂 600 倍液浇根,每隔 7 天 1 次,连浇 3～4 次,收获前 10 天停止用药。

　　8. 采收

　　采收标准依品种而定,一般薹长 25～35 厘米均可采摘。菜薹上有 1～2 朵花开即可采摘。主薹采摘宜早,采摘低一点,侧薹和孙薹留 1～2 片叶采摘。采摘时间宜选在晴天下午,一方面有利伤口愈合,另一方面也可减少人为损伤枝叶。

第五节　叶　菜　类

一、苋菜高产栽培技术

　　苋菜,又称米苋、青香苋、野刺苋等,是苋科、苋属中以嫩叶和茎尖为食用部分的一年生草本植物。苋菜为直根系植物,主侧根均发达。根系分布深而广,茎有分枝;叶互生,全缘叶面皱缩,叶色有绿色、黄绿色、紫红色、杂色等;花单性或杂性、穗状花序、花极小,顶生或腋生;种子极小,呈圆形,黑色且有光泽。

苋菜是喜温耐热性植物,生长期适宜温度为 25～30 摄氏度,不耐寒冷,从南到北每年 4～11 月都可以种植,但是在北方只适宜进行早春拱棚栽培,夏秋季以及秋延后栽培。当温度过高时嫩茎容易变老、纤维化程度高而使口感变差;温度过低时生长缓慢,特别是当温度低于 10 摄氏度,种子不易发芽。苋菜在我国长江流域以南的上海、杭州等地大面积种植,现在北方种植面积也逐年增加。苋菜营养丰富,富含人体所需的蛋白质、脂肪、糖类等,经常食用可提高人体免疫力。还含有容易被人体吸收的钙质,对牙齿和骨骼生长能起到促进作用,铁的含量每 100克鲜嫩茎中高达 3.4～3.8 克,对儿童生长发育具有促进作用,嫩茎可做菜、做汤、做馅。

1. 品种选择

苋菜作为菜用栽培品种,按照叶色主要分为绿苋、红苋和彩苋。其中,绿苋由于耐热性强、适宜夏秋季栽培,而红苋耐热性较差,适宜早春或秋延后栽培。一般根据叶形分类,可分为圆叶种和尖叶种。生产上一般选择耐高温、品质好的品种,如大圆叶红苋菜、红米苋、青柳苋等。

2. 栽培季节与方式

苋菜为喜温耐热性蔬菜,从春季到秋季均可播种栽培,北方地区一般每年 4 月下旬至 9 月上旬播种,5 月下旬至 10 月上旬采收,生长期一般为 30～60 天。由于苋菜为叶用菜,生长快可1 年 1 次播种多次收获,苋菜由于生长期短、植株较矮适宜密植,可在主作物如茄果类、瓜类、豆类中间进行间作或在边缘种植,以充分利用土地。

3. 选地

苋菜适应性强,对土壤要求不高,但对水分比较敏感,因此,应选择地势平坦、排灌方便、杂草较少的壤土或偏碱性土壤为好。

4. 整地作畦

于播前 15 天进行深耕晒垡、熟化土壤,结合耕地同时施足底肥。一般施腐熟有机肥 30 吨/公顷、磷酸二铵 750 公斤/公顷左右,深耕耙平后做成平畦,准备播种。

5. 播种

播种前要先浇足底墒水再播种。由于苋菜种子极小,为了出苗均匀,播种时可掺一些沙子或细土进行撒播,播后用平耙耧平、压实。如果地面较干,播后可浇水,但不要大水漫灌。

6. 田间管理

苋菜从播种到出苗,春播需 10 天左右,夏秋播 5 天即可出苗。当幼苗有 2～3 片真叶时,进行第 1 次追肥,一般播后 50 天左右。当苗高 10～12 厘米,有 5～6 片真叶时进行第 1 次采收。采收结束后进行第 2 次追肥,可施尿素 150 公斤/公顷左右,随浇水撒入以后每隔 20 天苗高达到 25 厘米左右时进行 1 次采收,采收后施肥,当田间杂草较多时需除草。

7. 病虫害防治

苋菜病害主要有白锈病(图 7-12)和病毒病(图 7-13),可用 25% 的甲霜灵可湿性粉剂进行拌种,以防治病害。白锈病,高温高湿是其发病主要条件,当病株叶面出现黄色病斑、叶背面形成白色孢子堆时必须进行药物防治,可用 50% 的甲霜铜可湿性粉剂 700 倍液、64% 的杀毒矾可湿性粉剂 500 倍液或 66.5% 的普力克水剂 800 倍液进行喷雾。防治病毒病,可用抗菌剂 1 号 400 倍液喷雾从苗期开始每隔 7～10 天喷 1 次,连喷 3～4 次。苋菜虫害主要是蚜虫,可用吡虫啉粉剂或 2.5% 功夫菊酯 4000 倍液喷雾防治。

图 7-12　苋菜白锈病

图 7-13　苋菜病毒病

8. 采收

苋菜采收方式有两种，分别是间苗和割苗。其中，间苗就是当幼苗长到 5～6 片真叶时，连根拔除过密、生长较大的苗，可作为第 1 次采收；第 2 次采收可采取割苗方式，即用镰刀割收的方法割掉距离地面 5 厘米的主茎，使侧枝加快生长，当侧枝长到 15 厘米时进行第 3 次采收，以后只要长到 15 厘米左右都可以采收。

二、菠菜高产栽培技术

无公害蔬菜又称安全蔬菜或清洁蔬菜，是指蔬菜产品中残留农药、重金属、亚硝酸盐的含量控制在国家规定的允许范围内，人们食用后对人体健康不会造成危害的蔬菜。无公害菠菜栽培技术是在生产菠菜的基础上，强调生产环境及种子、化肥、农药等生产资料的使用，对每一个产生菠菜污染的环境加以控制，使菠菜产品免受污染，生产出符合国家规定的无公害菠菜产品，同时利用菠菜耐寒不耐热的特性在春秋冬适时栽培，另外选用耐寒或耐热品种反季节栽培，每个季节还可以排开播种以实现菠菜的周年栽培、周年供应。

1. 产地环境

基地土质以富含有机质的菜园土为宜，选择土层较厚、肥沃、通气性好的沙壤土或黏质壤土地块,pH值5.5～7,具备较好的排灌条件,基地周边3公里以内无工业三废、大型禽畜养殖场、医院等污染源。大气环境质量、农田灌溉水质、土壤环境质量符合无公害农产品产地的环境质量标准。菠菜产地应集中连片,前茬应避开菠菜类蔬菜以提高菠菜的生长势态,减少病害发生。

2. 品种选择

无公害菠菜周年栽培中,品种选择的原则是抗病性要好,特别要抗霜霉病。另外要根据栽培茬口选择合适品种,种植春菠菜应选择抽薹迟、叶片肥大的圆叶类型的品种;种植夏菠菜应选择耐热性强、生长迅速、耐抽薹、抗病、产量高和品质好的品种;棚室种植越夏菠菜选用耐热品种;种植早秋菠菜应选用耐热、易发芽的品种,如全能菠菜等;种植秋冬菠菜应选用耐抽薹、冬性强、抽薹迟的品种;种植越冬菠菜应选用冬性强、抽薹迟、耐寒性强、丰产的品种。

3. 周年生产茬口安排

春菠菜在3月上旬至4月中旬播种,5月上旬开始收获;夏菠菜在6月上旬至7月播种,播后50天收获;棚室夏菠菜5～7月播种,6～8月收获;早秋菠菜在8月中下旬到9月上旬播种,10月中下旬到11月收获;秋菠菜在9月中下旬播种,春节前收获;秋冬菠菜在10月上中旬播种,次年2月上旬至4月中旬收获;越冬菠菜在10月中下旬播种,次年3月上旬至4月下旬收获。通过合理的茬口安排,实现菠菜的周年生产,以实现经济效益最大化。

4. 种子播前处理

菠菜种子的果皮较厚,水和空气不易进入,干籽播种出苗慢而不齐。高温季节播种的菠菜和早秋菠菜要将种子用凉水浸泡10～12小时,在15～20摄氏度环境下催芽3～4天即可发芽。

为防止果皮表面带有病原菌,可将种子在 1‰高锰酸钾或 10％磷酸三钠溶液中浸泡 15～20 分钟,用清水洗净后再进行催芽处理。

5. 播种

播前每亩施优质农家肥 4000～5000 公斤、氮磷钾复合肥 30～40 公斤,施肥后深翻耙糖让肥料与土混匀、耙平。播前浇足底水,然后按不同季节选用不同行距开沟,在沟内均匀播种、覆土 2～3 厘米厚,进口种子亩播量 2 公斤左右,国产种子亩播量 4～5 公斤。

6. 水肥管理

菠菜以叶子为食用器官,生长旺盛,需水、需肥量较大,要经常保持土壤湿润,苗子封垄前随灌溉每亩施尿素 20 公斤。

7. 霜霉病无公害防治

按照预防为主、综合防治的植保方针,坚持以农业防治、物理防治、生物防治为主,化学防治为辅的无害化防治原则。菠菜的主要病害是霜霉病(图 7-14),霜霉病属真菌性病害,湿度大、栽培过密时发病较重。陕西关中主要在春季和秋季发病,主要危害叶片,病斑边缘不明显,病斑正面呈淡黄色或苍白色,背面初为灰白色后变为紫灰色霉层。湿度大时叶片腐烂,干燥时病叶枯黄。真菌孢子在病叶内越冬,通常凭借气流、水流及农事活动传播。选用抗霜霉病 7 级以上的抗病品种,选择土壤疏松、排水良好且没有种过菠菜的地块,选择颗粒饱满、无病菌的优良种子。播种时掌握好播种量、适度稀植,以保证田间通风透光性。保证水肥供应,培育壮苗增强植株的防病、抗病能力,减少病害发生概率,及时拔除枯黄植株。一旦发生霜霉病,应根据病情的轻重选择低毒低残留农药,可用 75％百菌清可湿性粉剂 600 倍液或 25％甲霜灵可湿性粉剂 500 倍液进行喷雾防治,每 7～10 天喷 1 次,可连续喷 2～3 次。

图7-14　菠菜霜霉病

8. 适时收获

当植株长到20～25厘米高时即可收获上市,用镰刀沿地面割起,去根散装或捆把上市。

三、生菜高产栽培技术

生菜又名叶用莴苣,其叶平滑或皱缩,叶色依品种不同有浓绿、黄绿、淡紫、赤褐等,叶薄而柔软、质地清爽、味鲜甜,为一种主要的色拉蔬菜,深受消费者喜爱。

生菜分两类,一类结坚实的叶球,另一类是直立性的,一般不包心,但有的也包成椭圆形疏松叶球。生菜以种子繁殖,种子非常细小。生菜是喜冷凉蔬菜,生长适温是15～20摄氏度,包心适温是10～15摄氏度。因此,种植结球生菜宜在春秋两季栽培,至于不结球的生菜则可四季栽培,周年供应。

1. 播种育苗

（1）播种期

春季栽培由于温度低(平均气温在10摄氏度以下),苗龄较长,需要50～75天,可在1～2月于温室内播种育苗,子叶展开时分苗,幼苗长出1～2片真叶时移植冷床。3月中旬至4月上旬植株幼苗长出5～6片真叶时定植大田。为排开播期,延长生菜供应时间,露地可在 4 月中旬至 5 月上旬播种,5 月至 6 月上旬定植,7 月上旬收获。保护地栽培于 11~12 月播种于冷床,2 月至 3 月上旬定植,4 月收获。秋季栽培由于温度高(平均气温在 25 摄氏度以上),苗龄较短仅需 25~30 天,在 7 月下旬至 9 月上旬播种,最适播期为 8 月 5 日~15 日。秋季播种气温超过 25 摄氏度时,种子发芽困难需进行低温处理。

(2)种子催芽

用冷水浸种 3 小时后置于冰箱,冷冻一夜取出,常温解冻后置阴凉环境下催芽,2~3 天即可发芽。催芽适温为 15~20 摄氏度,此期间如气温过高(超过 25 摄氏度时发芽受阻),可以白天置于冰箱内,将温度控制在 15 摄氏度以下,夜间取出以防烂芽。

(3)苗床管理

苗床应选择在排水良好、较肥沃的沙壤土上。施足基肥,每 10 平方米苗床施腐熟堆肥 10 公斤、硫酸铵 0.3 公斤、过磷酸钙 0.5 公斤、硫酸钾 0.2 公斤。基肥施入后要充分混匀,将苗床整细耙平。每亩用种量 25~50 克,一般采用撒播,要播匀,播后覆盖一层细土,覆土厚度以盖没种子为宜,然后用喷壶洒水即可。播种后出苗前要搭棚遮阴,防阳光暴晒。出苗前苗床要经常洒水,保持土壤湿润。出苗后 7~10 天进行间苗。苗床水分管理宜见干见湿,土壤过干过湿都不利于植株生长发育。高温季节播种的切忌浇水过多,以防苗病和倒伏。苗期喷 50% 多菌灵 500 倍液 1~2 次,防治霜霉病和灰霉病。

2. 移栽后的管理措施

生菜适应性较强,属长日照植物,应选择有机质丰富、向阳、排水良好的沙壤土定植。因其生长期较短且食用部分是叶片,在施足氮肥的基础上增施磷肥、钾肥,可增强植株的抗性,提高品质和产量。在中等肥力地块,每亩施腐熟有机肥 5000 公斤、过磷酸钙 50 公斤、硫酸钾 10 公斤,可获得 2500 公斤以上的产量,比单施有机肥增产 23%～40%。为排灌方便,宜采用小高畦。春季栽培株行距以 25 厘米×40 厘米,秋季以 30 厘米×40 厘米为好。早熟品种每亩定植 5000 株左右,中晚熟品种每亩定植 2500 株左右。由于生菜大部分生食,提倡不浇人粪尿,以尿素为主。一般要适时追肥 3～4 次,第一次在生菜定植缓苗后浇 0.3% 的尿素水,每亩施尿素 5 公斤,促进幼苗生长;团棵至莲座期,每亩施尿素 75 公斤、硫酸钾 3 公斤,促使植株健壮生长;莲座后期至包心初期,每亩施尿素 10～13 公斤、硫酸钾 5 公斤,促进叶球迅速形成。生菜生育期间需保持土壤湿润,包心以后不宜喷灌,以减少病害和叶球爆裂。为防止霜霉病(图 7-15)和灰霉病(图 7-16)的发生,应及时清除田间老残叶,生长中后期注意做好排水工作,降低田间湿度,保持畦面干爽,定期喷布速克灵、甲基托布津、乙膦铝等药剂防治。

图 7-15　生菜霜霉病

图 7-16　生菜灰霉病

3. 采收

采收的时间和生育期的长短有关,生育期的长短又与温度和日照有关。春季栽培的生菜,由于气温较低,一般 70 天才可采收。秋季栽培的生菜,由于气温较高苗龄较短,仅需 30 天左右即可采收。越冬栽培的生菜,因温度低生长缓慢,需 100 天才能采收。生育期的长短还与品种有关,早熟叶数型品种,生长期较短,从定植到采收需 30 天;晚熟叶重型品种生长期较长,从定植到采收需 45～60 天。一般当叶球坚实、球顶部与外叶叶尖一样高时即可采收。生菜叶球脆嫩,采收时注意轻拿轻放,切不可挤压,以免影响商品外观。

4．留种

生菜留种分秋留和春留两种,秋留的种子在 10 月中旬播种,翌年 2 月下旬定植,6 月抽薹后用竹竿支架防倒伏,7 月可收种子;春留的种子 4 月上旬播种,5 月上旬定植,6 月下旬抽薹,8～9 月采收种子。留种植株行距 45 厘米、株距 35 厘米,每亩可收种子 60 公斤左右。生菜易与其他品种杂交,如采用春留种子应采取隔离措施,防止杂交。

四、大白菜高产栽培技术

（一）大白菜的植物学特征和对生长环境的要求

1．大白菜的植物学特征

大白菜属于十字花科叶用蔬菜,根系发达,胚根能形成肥大的肉质直根,大白菜的主根细长,侧根分支相对较多,细根的前端着生着大量的根毛。大白菜的茎分幼茎、短缩茎和花茎。幼茎是子叶期的上胚轴部分,子叶脱落后成为主根部分。大白菜的花为无限生长的总状花序,花序长度因品种而异。果为长角果,圆筒形,有两个心室,中间有一层隔膜,种子则生在两侧。大白菜有宽大的绿色菜叶和白色的菜帮,多层的菜叶包裹在一起就是常见的大白菜,包在里层的菜叶因为见不到阳光会呈淡黄色。

2．大白菜对生长环境的要求

大白菜喜温和的气候,需要充足的阳光,充足的阳光有利于大白菜的生长,如果光线不足,可能会造成大白菜质量和产量下降。同时大白菜较耐肥,对于土壤湿度和空气湿度要求相对较高一些,适合于保水能力强,保肥能力强,同时肥沃疏松的土壤环境,并且要求土壤排水能力良好。结球期是保证大白菜产量的重要时期,一定要给予充足的水分和氮肥,确保大白菜产量。

(二) 栽培技术

1. 栽培季节

一般分为早熟、中熟和晚熟品种,早熟品种一般在 8 月中上旬播种,根据当地气候和天气变化也有提早在 7 月下旬播种的,要根据情况而定;中熟品种可在 8 月下旬到 9 月初之间播种;晚熟品种以 8 月下旬播种为宜,也可稍稍延后。

2. 选地和整地

在地块选择上建议进行轮作,大白菜忌连作,连作大白菜容易引发病虫害的发生。由于大白菜属于十字花科,所以不要与十字花科作物连作,以免影响大白菜的产量和质量。种大白菜的地要深耕 25 厘米左右,然后把土地敲碎整平,做成 1.5 米左右宽的畦,或 0.8 米的窄畦、高畦。作畦时,要深开畦沟、腰沟,围沟 27 厘米以上,做到沟沟相通。

3. 施肥

重施基肥,以有机肥为主。7 月中下旬,前茬作物收获后,深翻土壤炕地,整地时,每亩撒施石灰 120 公斤左右。在发生根肿病的地块,要在播种沟内施上适量石灰,并重施基肥,将氮、磷、钾搭配好。

4. 播种

大白菜一般采用直播,直播以条播为主,点播为辅。在前茬地暂时还空不出来时,为了不影响栽培季节,也可采用育苗移栽。不管使用哪种方式,土壤一定要整细整平,直播每亩用种量 0.2 公斤左右。大白菜的行株距要根据品种的不同来确定,一般早熟品种为 50 厘米×33 厘米,每亩 2100～2300 株苗,晚熟品种为 67 厘米×50 厘米,每亩 2000 株苗以下。育苗移栽最好选择阴天或晴天傍晚进行,为了提高成活率,最好采用小苗带土移栽,栽后浇上定根水。

5. 田间管理

田间管理主要包括间苗、追肥、中耕培土和灌溉四大方面。

（1）间苗

一般间苗两次，幼苗长出 2 片真叶或者 3 片真叶时，进行第一次间苗；幼苗长出 5 片真叶或者 6 片真叶时第二次间苗。间苗要勤观察，不要错过最好的间苗时间。

（2）追肥

大白菜定植成活后，就可开始追肥，每隔 3 天追施 1 次 15％的腐熟人粪尿。大白菜进入莲座期应增加追肥浓度，通常每隔 6 天追施 1 次 30％的腐熟人粪尿。开始包心后，重施追肥并增施钾肥，这是增产的必要措施。植株封行后，一般不再追肥，如果基肥不足，可在行间酌情施尿素。

（3）中耕培土

为了便于追肥，前期要松土，最好除草 3 次，莲座中期结合沟施饼肥培土作垄，垄高 12 厘米左右即可。培垄的目的，主要是便于施肥浇水，减轻病害。培垄后粪肥往垄沟里灌，不能黏附叶片；水往沟里灌，不浸湿蔸部同时保持沟内空气流通，使株间空气湿度减小，这样可减少软腐病（图 7-17）的发生。

图 7-17 大白菜软腐病

（4）灌溉

大白菜喜湿润，但是灌溉浇水时也要注意方法，灌溉不当会造成减产。苗期应轻浇、勤浇保湿润，不要大水漫灌，以轻浇、勤浇为宜;莲座期间可以开始间断性浇水,不要浇得太频繁,见干见湿,适当炼苗;同样比较关键的时期是结球期,这时对于水分要求较高,如果土壤比较干燥,可以适当采取沟灌,保证大白菜结球期水分充足,同时注意沟灌要做到沟内不积水,畦面不见水,根系不缺水。一般来说,从莲座期结束后至结球中期,保持土壤湿润是争取大白菜丰产的关键之一。

五、小白菜高产栽培技术

1. 品种选择

宜选择丰产、抗病性和抗逆性强、适应性广且商品性好的品种。

2. 整地

应选择无污染、土层深厚、肥力好、排灌条件良好的地块,要求土壤呈中性或微碱性,避免与十字花科作物连作,早腾前茬,炕地 15 天左右,早耕地,精耕细作,深沟高畦,畦宽 100～120 厘米,畦沟深 25 厘米,厢沟深 30 厘米,围沟深 40 厘米,畦长不宜超过 30 米。

3. 播种

多采用撒播方式,每亩用种量为 1.0～1.5 公斤,播种前用多菌灵拌种,一般药量为种子量的 0.4%。虽然小白菜根群较弱,但根系断伤后再生能力略强于大白菜,故移栽易成活,它的莲座叶比大白菜小,多直立,为 2/5 叶序(即 5 片叶绕 2 周形成 1 个叶环),一般有 3 个叶环。在营养生长期内,小白菜只有发芽期、幼苗期和莲座期,而没有结球期和休眠期。它以绿叶为产品,收获期不严格,可根据不同栽培方式和市场需要及茬口安排随时种植、收获。

4. 田间管理

(1)苗期管理

出苗后及时间苗、定苗,缺苗时及时移苗补栽。

（2）中耕除草

间苗后及时中耕,中耕时前深后浅,封垄前最后一次中耕,避免伤根。

（3）合理浇水

播种后及时浇水,保证齐苗、壮苗、定苗,定植或补栽后浇水,促进成活。

5．施肥

根据小白菜需肥规律、土壤养分状况和肥料效应,通过土壤测试,确定相应的施肥量和施肥方法,按照有机与无机相结合、基肥与追肥相结合的原则,实行平衡施肥。一般每亩施用尿素5～10公斤,均匀施于畦面。

6．病虫害防治

病虫害防治应以防为主,综合防治,优先采用农业防治、物理防治、药剂防治,配合科学合理的化学防治。

（1）农业防治

所谓农业防治,即因地制宜地使用抗（耐）病品种,合理布局,实行轮作倒茬,加强中耕除草,清洁田园,降低病虫害基数,培育无病壮苗。

（2）物理防治

用银灰膜避蚜或黄板诱蚜。

（3）药剂防治

① 病害：软腐病（图7-18）用72％农用链霉素可溶性粉剂4000倍液。病毒病（图7-19）可在定植后喷一次20％病毒A可湿性粉剂500倍液或1.5％植病灵乳油1000～1500倍液。霜霉病可选用25％甲霜灵可湿性粉剂1750倍液或安克锰锌可湿性粉剂500～600倍液。炭疽病、黑斑病可选用安克锰锌防治。

图 7-18　小白菜软腐病

图 7-19　小白菜病毒病

② 虫害:菜青虫(图 7-20)、小菜蛾、甜菜夜蛾等采用生物农药防治,如苏云金杆菌、白僵菌等;或用 5％抑太保乳油 2500 倍液、5％卡死克 1500 倍液或 5％辛硫磷 1000 倍液喷雾。菜蚜可用 10％吡虫啉 1500 倍液、3％啶虫脒 3000 倍液或 50％抗蚜威 2000～3000 倍液。

图 7-20　小白菜菜青虫

第六节　水　生　类

一、莲藕

1. 茬口安排

(1) 3～4 月早熟莲藕定植→6 月下旬至 7 月中下旬早熟莲

藕采收→7月下旬至12月荸荠栽培,持续采收至第二年3～4月莲藕定植之前。

(2)3～4月早熟莲藕定植→6月下旬至10月中下旬早熟莲藕采收→接茬旱生蔬菜。

(3)第一年3～4月早熟莲藕定植→第一年6月下旬至7月中下旬早熟莲藕采收,采大留小,种植第二茬莲藕→留地越冬→第二年6月下旬至7月上中旬采收早藕,采大留小,种植第二茬莲藕,依次循环。

(4)第一年3～4月早熟莲藕定植深水鱼塘或水塘,浅水(10～20厘米)栽培,深水(1.2米以上)越冬→延迟采收(第二年5月至6月中旬),随即定植→继续浅水栽培,深水越冬,延迟采收。

2. 品种选择

适宜的品种有鄂莲5号(3735)、鄂莲6号(03-12)、鄂莲7号(珍珠藕)、鄂莲8号(03-13)、鄂莲9号(巨无霸)、鄂莲10号(赛珍珠)等。

3. 大田准备

大田定植15天之前整地,耕翻深度25～30厘米,清除杂草,耙平泥面。每亩施腐熟厩肥3000公斤、磷酸二铵60公斤、复合微生物肥料180公斤,或氮:磷:钾的比例为15:15:15的复合肥50公斤。第一年种植莲藕,每亩施新鲜生石灰75～100公斤,以后每3年施1次。

4. 种苗准备

种藕应新鲜、藕芽完好,无明显机械伤和病虫害,纯度不低于90%,带泥量不超过20%,单个种藕藕支至少具有1个顶芽和2个完整节间。常规种藕每亩用种量300～400公斤。

5. 大田定植

3月下旬至4月上中旬定植,行距2～2.5米,穴距1.5～

2.0米;早熟栽培定植行距1.5～2米,穴距0.8～1.2米。每穴排放整藕1支或子藕2～4支。定植穴在行间呈三角形排列。种藕藕支按10～20度角斜插入泥土,藕头入泥5～10厘米,藕梢翘露泥面。田块四周边行定植穴内藕头应全部朝向田块内,田内定植行分别从两边相对摆放,至中间两条对行间的距离加大1倍。

6.大田管理

（1）追肥

定植后第25～30天施第一次追肥,第55～60天施第二次追肥,每亩每次施复合肥25公斤和尿素10～15公斤。采收老熟藕者,于定植后第75～80天施第三次追肥,每亩施尿素和硫酸钾各15公斤。以采收青荷藕或早熟藕为目的时,不施第三次追肥。追肥时,对于溅落于叶片上的肥料,随时用水浇泼洗净。

（2）排灌

定植期至萌芽阶段水深宜为5～10厘米,其余时期保持10～20厘米。夏秋季降雨时,只要不淹没立叶叶片,可以不急于排水。

（3）除草

定植前,结合耕翻整地清除杂草;定植后至封行前,宜人工清除杂草。水绵发生时,用硫酸铜水溶液浇泼防治,用量为每亩每10厘米水深0.5公斤,选在晴天进行,间隔5～7天1次,连续2～3次。浮萍可撒施碳酸氢铵短期控制。

（4）病虫害防治

斜纹夜蛾,可人工摘除卵块或捕杀3龄以前幼虫,或用20%氰戊菊酯(速灭杀丁)2000～4000倍液喷雾、10%氯氰菊酯乳油1500～2000倍液喷雾防治幼虫,局部用药。蚜虫用50%抗蚜威可湿性粉剂1200倍液、50%辟蚜雾超微可湿性粉剂2000倍液、20%灭多威乳油1500倍液或50%蚜松乳油1000～1500倍液喷雾防治。小龙虾每亩用2.5%溴氰菊酯乳油40毫升兑水 60 公斤,均匀浇泼 1 次,田间水深保持 3 厘米。稻食根金花虫(藕蛆),可实行水旱轮作,清除田间和田边杂草;或放养泥鳅、黄鳝等捕食幼虫;或每亩用 15～20 公斤茶子饼,捣碎后用水浸泡 24 小时,之后将浸泡后的茶子饼渣液施于田间;或每亩用地虫藕蛆净 200～300 毫升撒施,保水 15～20 厘米。

7. 采收

主藕形成 3～4 个膨大节间时开始采收青荷藕,叶片开始枯黄时采收老熟枯荷藕。早熟品种、晚熟品种均可留地贮存,一般分期采收至翌年 4 月。深水越冬者,可延迟至 5～6 月采收。

二、莲子

1. 茬口安排

第一年:3～4 月定植,7～10 月采收鲜莲蓬或枯莲子。

第二年:5～6 月采收藕带(100 公斤/亩),7～10 月采收鲜莲蓬或枯莲子,春节前后可采收部分老藕上市(产量不高,但肉质粉,受市场欢迎)。第三年至第四年,依照第二年进行。之后,重新换种定植。

2. 品种选择

推荐选择鄂子莲 1 号(满天星)、太空 36 号、建选 15 号及建选 35 号等品种。

3. 大田准备

定植前 15～20 天深耕 30 厘米,清除杂草、耙平泥面。每亩施复合肥 50 公斤、腐熟饼肥 50 公斤及尿素 20 公斤。每 3 年施 1 次生石灰,每次每亩施 80 公斤。连作不宜超过 3 年。

4. 种苗准备

种藕纯度不低于 90%,单个藕支至少具有 1 个顶芽、2 个节间和 3 个节,未遭受病虫害,完整、新鲜。种藕可用 50% 多菌灵可湿性粉剂 800 倍液消毒。每亩用种 120～150 支,采挖后 10

天内定植。

5. 大田定植

3月下旬至4月中下旬定植,行距2.5米、穴距2.2米,每穴排种藕1支,相邻行间定植穴呈三角形相间排列。种藕藕支按10～20度角斜插入土,藕头入泥5～10厘米,藕梢翘露泥面。田块四周边行定植穴内的种藕藕头全部朝向田块内,田内定植行分别从两边相对摆放,至中间两条对行间的距离加大至3～4米。定植期水深5～10厘米。

6. 大田管理

(1)追肥

定植后25～30天施第一次追肥,55～60天施第二次追肥,每次每亩施复合肥和尿素各15公斤;进入采收期后,每15天追肥1次,每次每亩施复合肥10公斤、尿素5公斤、硫酸钾3公斤。追肥时,对于溅落于叶片上的肥料,随时用水浇泼洗净。

(2)水深调节

定植期至萌芽阶段水深为5～10厘米,抽生立叶至封行前为10厘米,封行后为10～20厘米,越冬期间为5～10厘米。

(3)疏苗

多年生栽培的田块,从第2年开始,于6月30日前采收非预留植株的藕带,或于6月10日前按照行距2.5米、穴距2.2米间隔留苗,割除非预留植株的荷梗。

(4)辅助授粉

花期放蜂授粉,每30～50亩设置1个蜂箱。防止农药影响蜂群活动。

(5)除草

定植前,结合耕翻整地清除杂草或喷施除草剂除草;定植后至封行前,人工除草。

(6)病虫害防治

莲子的病虫害防治详见莲藕的病虫害防治。

7. 采收

一般要求 7 月～8 月期间每日采收 1 次,其他时期宜每 2 天采收 1 次。鲜食莲子于青绿子期采收,在销售当日的早晨采收,或于前一天傍晚采收,要求莲子饱满、脆嫩、有甜味。在 3～10 摄氏度温度下,鲜食莲子可贮藏保鲜 7 天以上。老熟壳莲于黑褐子期采收,采收后露晒 5～7 天。莲壳、种皮及莲心均可采用机械去除。

三、藕带

(一) 藕带栽培模式

1. 子莲藕带

湖北子莲一般实行一次定植,2 年或 3 年栽培,于第 2 年或第 3 年采收藕带。

子莲栽培时,第一年的定植密度为 120～150 支/亩,到第二年和第三年,则田间种藕密度可达 1200～1600 支/亩以上。对于子莲栽培而言,采收藕带的作用主要是疏苗。一般每亩藕带产量约 100 公斤。

子莲藕带栽培模式主要为:

第一年:3 月中旬至 4 月中下旬定植,7 月至 10 月中旬采收子莲;

第二年和第三年:5 月至 6 月中旬采收藕带,7 月至 10 月中旬采收子莲。

2. 藕莲藕带

藕莲藕带的种植规模不大。一般藕莲品种均可用于藕带栽培,但以 0026 莲藕、鄂莲 8 号、武植 2 号等品种更为适宜。藕莲藕带栽培模式主要有:

(1)"藕带——商品莲藕"栽培模式:3 月中下旬至 4 月中下

旬定植,用种量一般为 300～400 公斤/亩以上,5 月中下旬至 7 月底分期采收藕带。藕带停止采收后,加强肥水管理,9 月下旬至翌年 3 月中下旬或 4 月中下旬采收商品藕。该模式下所谓的"商品莲藕"也可用作翌年的种藕。

(2)"藕带——种用莲藕"栽培模式:3 月中下旬至 4 月中下旬定植,用种量一般为 300～400 公斤/亩以上,6 月中下旬至 9 月上旬分期采收藕带。藕带停止采收后,生产种用莲藕。藕带产量可达 300～400 公斤/亩。该模式下,秋季长成的莲藕较小,商品性差,但用作翌年种藕则比较适合。种藕产量可达 1000～1250 公斤/亩。这种方式繁殖的种藕,有的采挖用作种藕,有的不采挖,直接留地用作本田翌年的种藕,采收藕带。该模式在不同栽培环境下,藕带采收时间有所不同。稻田栽培时,藕带可采收至 8 月中下旬;鱼池或水塘栽培时,可采收至 9 月上中旬。实际栽培中,藕带停止采收的时间比较灵活。

以上两种模式中,"藕带"产量与"商品莲藕"产量之间、"藕带"产量与"种用莲藕"产量之间大致为此消彼长的关系,若前者的采收持续时间长、采收量大,则后者产量较低。

(3)返青早熟莲藕藕带:即利用返青早熟栽培的莲藕田(稻田栽培)采收藕带。返青早熟栽培即第一年 3 月中下旬至 4 月中下旬定植,用种量一般为 250～300 公斤/亩,7 月下旬前采收青荷藕。采收青荷藕时,"采大留小",即将大藕用作商品藕销售,小藕随即定植;或间隔采收,一般每 5 米宽的范围中,采收 3 米宽,留存 2 米宽不采。第二年及其以后各年的 6 月中旬至 7 月下旬采收早熟藕。但部分农户在留地越冬莲藕返青后,从 4 月下旬开始于田间采收藕带,采收时间最晚可以持续至 8 月中下旬。品种以鄂莲 1 号、鄂莲 5 号、鄂莲 6 号、鄂莲 7 号及武植 2 号为主。

此外,湖北洪湖市等地区也有人在湖中野生莲分布区采收野生藕带。

（二）藕莲藕带栽培技术要点

1. 土壤准备

用作藕带栽培的田块，要求土壤肥沃疏松、耕深 25～30 厘米，基肥应尽量多采用腐熟的畜禽粪肥、堆肥等农家肥，每亩可施肥 3000～4000 公斤；亦可每亩施氮：磷：钾的比例为 15：15：15 的复合肥 50 公斤、腐熟饼肥 50 公斤及尿素 20 公斤。

2. 加大用种量

一般情况下，当年定植用种藕用量要求每亩达到 400～500公斤。

3. 及时追肥

进入藕带采收期后，一般要求每隔 15 天左右追肥 1 次，每次每亩可追施复合肥 10 公斤及尿素 10 公斤。采用"藕带——商品莲藕"栽培模式时，于 7 月下旬每亩追施复合肥 50 公斤、尿素 20 公斤及硫酸钾肥 15 公斤；采用"藕带——种用莲藕"栽培模式时，宜于 8 月中下旬追肥，用量比"藕带——商品莲藕"栽培模式减半。

4. 及时采收

藕带采收应及时，一般 2～3 天采收 1 次。采收藕带时，应防止踩伤根状茎。根据根状茎上的立叶走向，找准该根状茎的最前一片立叶（未充分展开的立叶），顺着立叶开口方向向前，入泥下摸，采摘最前端一个节间。前期采收强度宜低，便于植株发棵；后期采收强度可以大一些。采收的藕带长度以 25～50 厘米为宜。藕带采收过短，影响产量；过长，则纤维化程度过高，影响口感和品质。藕带采收后用清水洗净，顺向理齐装运，短期贮藏可用清水浸泡。在采收藕带的过程中，顺手摘除过弱、过密及老化叶片。

四、茭白

1. 品种选择

推荐选择鄂茭 1 号、鄂茭 3 号及蒋墅茭等单季茭;鄂茭 2 号、鄂茭 4 号、小蜡台、刘潭茭及广益茭等双季茭。

2. 种苗准备

正常茭植株百分率不低于 93%。秋冬季选留的钟墩,老薹管数 5 个以上,定植前纵劈分成小茭墩,小茭墩至少带 1 个老薹管和 3~5 个分蘖苗。夏季选留的分蘖,带根拔下,割去叶片上部,基部留 25~35 厘米,然后按 15 厘米行距、15 厘米株距假植30~50 天。假植期水深 3~5 厘米。定植时,截去茭苗叶片上部,留株高 30 厘米。

3. 大田准备

做好田园清洁工作,清除田块周边杂草。耕深 20~30 厘米,耙平,灌水 3~5 厘米。每亩施复合肥 50 公斤、尿素 20 公斤及硫酸钾 10 公斤,均匀施入。

4. 大田定植

一般 3 月下旬至 4 月中旬用小茭墩定植,每穴 1 小墩。秋茭迟熟的双季茭白(如群力茭、小蜡台等)可秋季定植,时间宜为7 月上中旬,每穴 1 株。行距 100 厘米,穴距 50 厘米,以老薹管或根系入土为宜。

5. 大田管理

(1)单季茭和双季茭定植当年追肥

春季定植大田,在定植后 10 天每亩施尿素 10 公斤;5 月中旬施分蘖肥,每亩施尿素 20 公斤;6 月中旬每亩施复合肥 50 公斤;8 月中下旬施孕茭肥,每亩施尿素 20 公斤和磷酸二氢钾 5 公斤。夏秋季定植大田,在定植 10~15 天后开始追肥,每 10~

15 天追肥 1 次,每亩每次施尿素 10～15 公斤,共追肥 2～3 次。

（2）水深调节

3～4 月定植期水深 3～5 厘米,5～6 月水深 5～10 厘米,7～8 月水深 10～15 厘米,9～11 月水深 5～10 厘米,越冬期水深 2～3 厘米。雨天及时排水,使水面低于茭白眼。

（3）耘田除草、除老叶

定植成活后开始耘田除草,每 8～10 天 1 次,至封行为止。7 月中旬至 8 月上旬,从叶鞘基部拉除老黄叶,共 1～2 次。勿损伤植株,拉除的老黄叶踩入泥中。

（4）去杂、去劣、割残株

11 月底以前,将田间杂株、劣株、雄茭及灰茭植株挖除。12 月后,齐泥割除植株地上枯黄茎叶。

（5）双季茭定植翌年追肥

2 月中下旬,每亩施复合肥 50 公斤;3 月中旬,每亩施尿素 15 公斤,硫酸钾肥 15 公斤;4 月上旬和 5 月上旬,每亩分别施尿素 15 公斤。

（6）双季茭定植翌年疏苗、补苗

双季茭定植翌年春季,苗高 15～20 厘米时,刈过密株丛进行疏苗,每株留外围壮苗 20 棵,同时向株丛中央压泥,促使分蘖散开生长。缺苗穴位,宜从苗多的株丛上取苗补栽,每穴补栽 6～8 棵。

6. 病虫害防治

胡麻叶斑病（图 7-21）用 50％扑海因（异菌脲）可湿性粉剂 1000～1500 倍液或 40％多硫悬浮剂 700 倍液喷雾。茭白纹枯病发病初期,用 5％的井岗霉素 1000 倍液喷雾。茭白锈病用 20％粉锈宁（三唑酮）可湿性粉剂 1000 倍液或 40％多硫悬浮剂 700 倍液喷雾。茭白瘟病用 50％多菌灵可湿性粉剂 1000 倍液喷雾。螟虫用 80％敌敌畏乳油 800 倍液或 90％美曲膦酯晶体

1000 倍液喷雾。长绿飞虱前期用 2.5% 敌杀死乳油 2500～3000 倍液喷雾,后期用 25% 杀虫双水剂 800 倍液喷雾。

图 7-21　茭白胡麻叶斑病

7. 留种

(1) 春季定植用种苗

秋茭成熟期选留、标记种墩。要求种墩结茭数不少于 4 个、结茭整齐、薹管较低、品种特征典型。12 月中旬至翌年 1 月中旬挖取种墩寄秧,种墩上宜保留薹管的地面上下 1～2 个节间。寄秧行距 50 厘米,株距 15 厘米,寄秧期水深 3～5 厘米。定植前,剔除寄秧田内茭苗过高的种墩。

(2) 夏秋季定植用种苗

5 月下旬至 6 月中下旬选种。要求夏茭结茭早,单株结茭数不少于 4 个、结茭整齐、薹管较低、品种特征典型。选择对象为入选种墩上未孕茭的分蘖,之后假植育养。

8. 采收

孕茭部位明显膨大,叶鞘一侧被肉质茎挤开(茭白眼)1.5～2.0 厘米宽的缝隙。秋茭宜 2～3 天采收 1 次,夏茭宜 1～2 天采收 1 次。

五、荸荠

1. 品种选择

鄂马蹄 1 号、鄂荸荠 2 号、孝感荸荠及沙洋荸荠等。

2. 土壤准备

选水源丰富、排灌便利、有机质丰富的疏松肥沃土壤,耕深 20 厘米以上。每亩施腐熟厩肥 2500 公斤、尿素 15～20 公斤及过磷酸钙 30～40 公斤作基肥,翻耕耙平。

3. 种苗准备

(1) 种球

选无机械损伤、顶芽与侧芽健全、形状端正、表皮色泽鲜明、单个球茎重量不低于 20 克、大小一致、无病虫害且具有品种特征的球茎。一般于上年 12 月挖起贮藏备用,亦可在田间越冬保存,次年直接挖起育苗。每亩大田宜准备种用球茎 2.5～3.5 公斤。

(2) 催芽

4 月上旬催芽,在室内或塑料薄膜小拱棚等设施内进行。催芽前用 25% 多菌灵可湿性粉剂 800 倍液浸种 24 小时,然后沥干。催芽时,将种荸芽朝上排列在稻草上,叠放 3～4 层,上铺 5 厘米厚稻草,每天浇水保湿,芽长 1.5～2.0 厘米时揭去稻草;或于阴凉处,排于平铺的细砂中,种球间隔 1.5 厘米,露出顶芽,适量喷水,覆盖薄膜保温催芽。设施内气温达 30 摄氏度时,揭膜通风降温。幼苗高约 10 厘米时,揭膜炼苗 7～8 天。

(3) 育苗

育苗秧田与定植大田面积之比为 1:20～1:25。每亩秧田宜施腐熟猪牛厩肥 3000 公斤、腐熟饼肥 50 公斤。将已催芽的种苗按 50 厘米行株距假植于秧田,灌水 2～3 厘米。每 15 天追肥 1 次,每次每亩施稀薄腐熟人粪尿 1000 公斤或尿素 5 公斤。育苗期不能缺水。

4. 大田定植

早水荸荠 5 月下旬至 6 月中旬定植,伏水荸荠 6 月下旬至 7 月中旬定植,晚水荸荠 7 月下旬至 8 月上旬定植。剔除纤细苗,健壮苗分成丛,每丛 5 个叶状茎,割去梢头,留叶状茎 30～40 厘米。定植前用 25％多菌灵可湿性粉剂 500 倍液浸根 16 小时。每穴 1 丛,早水荸荠穴距 40～50 厘米、行距 50～60 厘米,伏水荸荠穴距 30～40 厘米、行距 50～60 厘米,晚水荸荠穴距 30～35 厘米、行距 40～50 厘米。定植深度 10 厘米。早栽、肥沃田块密度可稀一些;晚栽、瘦田可密一些。

5. 大田管理

(1)追肥

定植后 15 天,每亩施尿素 10 公斤和过磷酸钙 20 公斤;在抽生结荠茎时,每亩施尿素 15 公斤;结球初期,每亩施硫酸钾 10 公斤。

(2)水深调节

定植期至分蘖期水深 2～5 厘米;球茎膨大期水深 5～10 厘米。球茎成熟后,于采收前排水。留地贮存者,保持土壤湿润。

(3)除草

从定植到封行前,人工拔除杂草,共 2～3 次。

(4)病虫害防治

秆枯病于发病初期用 25％多菌灵可湿性粉剂 800～1000 倍液喷雾,或用 20％三唑酮(粉锈宁)乳油 1000 倍液喷雾。枯萎病于发病初期用 50％甲基硫菌灵・硫黄悬浮剂 600～700 倍液或 70％代森锰锌干悬粉 500 倍液喷雾。白禾螟用 80％敌敌畏乳油 1000 倍液喷雾,或于第二三代孵化高峰后 1～2 天,用 25％杀虫双水剂 300～500 倍液喷雾,或每 30 亩设置 1 盏频振式杀虫灯,诱杀成虫。

6. 采收

植株地上部枯死时采收,以 12 月下旬以后,球茎转成红褐色时采收为宜。可留地贮存,随时采收到次年 4 月。采收前排干田水,趁土壤湿软时采挖;亦可先期排水,待田土稍干后,用犁耕翻采收。

六、芡实

1. 品种选择

紫花南芡(紫花苏芡)和白花南芡(白花苏芡)等品种适宜采收芡实梗和芡实米,刺芡类型适宜采收芡实梗。

2. 大田准备

稻田、池塘、湖塘均可,要求土壤肥沃。清除杂草。每亩均匀穴施复合肥 50 公斤。

3. 种苗准备

(1) 催芽

4 月上中旬催芽。取出贮藏越冬的种子,漂洗干净,置于浅盆中清水浸泡。水深以浸没种子为度,经常换水。保持昼温 20～25 摄氏度,夜温 15 摄氏度以上。10 天左右,大部分种子发芽(露白)后便可播种。

(2) 播种育苗与假植

苗床要求地面平整,无杂草,且避风向阳。将已催芽的种子均匀撒播,300 粒/平方米。灌水 10 厘米,随芡苗生长逐渐加深至 15 厘米。播种后 30～40 天,幼苗具 2～3 枚箭形叶时,移苗假植。假植苗床要求平整、肥沃、无杂草,瘦田可施适量基肥。从播种苗床将幼苗带籽挖起,轻洗附泥,理顺根系。假植间距 50～60 厘米,深度以种子、根系及发芽根入泥为度,勿埋没心叶。初期保水 15 厘米,后逐渐加深至 40～50 厘米。防止浮萍等杂草滋生。

4．大田栽植

（1）育苗移栽

移栽用苗采用催芽、播种育苗与假植等方法培育。芡苗圆盾状定型叶直径达 25～30 厘米时即可定植,时期为 5～6 月份。从假植苗床起苗,尽量少伤根、叶,勿使泥污叶片,顺齐摆放,保湿、遮阴防晒。若以采收芡实籽为栽培目的,行距 2.0～2.5 米,株距 2.0 米,每亩 130～170 株,一般 145 株左右。边行距离田埂 1 米,相邻行间定植穴交叉相对,定植深 15～20 厘米。若以采收芡实梗（叶柄和花柄）为栽培目的,行距 2 米,株距 1.3 米,每亩约 250 株。

（2）直播

一般在 3 月下旬至 4 月上旬,平均气温 10 摄氏度左右时播种,穴播或撒播。穴播者每穴 3～4 粒。播种量根据栽培目的而定,一般每亩用种量 1.5～2.0 公斤。

5．大田管理

（1）补苗

定植后 7～10 天查苗,补齐缺株。

（2）追肥

植株形成 3～4 片浮叶时,每亩追施 39 公斤复合肥、20 公斤尿素及 10 公斤硫酸钾肥,以株为单位均匀施于新根系附近。以采收芡实籽为栽培目的者,于开花结果期择晴天傍晚,在叶面喷施 0.2% 磷酸二氢钾和 0.1% 硼酸混合液,共 2～3 次。以采收芡实梗为栽培目的者,初次采收后,每隔 15 天追施 1 次尿素,每次 10～15 公斤。

（3）水深调节与人工除草

定植后 10 天内水深 30 厘米,之后逐渐加深至 40～50 厘米。采收芡实籽为目的者,水深宜 50～70 厘米;采收芡实梗为目的者,水深宜 70～100 厘米。封行前,人工除草。

（4）病虫害防治

叶斑病和叶瘤病于发病初期在叶面喷施 70％甲基托布津 800～1000 倍液或 20％三唑酮乳油 1000 倍液。采收芡实梗为栽培目的者,进入采收期后不用药防治,而是通过采收及时清除病叶。食根金花虫,可放养适量泥鳅、黄鳝防治,或每亩施用 20 公斤茶子饼防治。菱萤叶甲,宜清除塘边和沟边等处莎草科杂草,减少越冬卵,虫害发生时喷 40％乐果乳油 1500 倍液或喷 25％杀虫双水剂 250～500 倍液防治。

6. 留种

选品种特征典型、果多、果大的单株,取大果,再选留充实、饱满、深色种子,淘洗干净,放置透气良好容器中,于 30～40 厘米深水下贮存越冬。或任由选留种株种子成熟后自然脱落田中留种,翌年自然发芽生长。

7. 采收

芡实籽一般在开花 35～55 天后开始采收,每隔 4～7 天采收 1 次,8～12 次采完。南芡品种,每 100 公斤湿壳芡晒干后可获干壳芡 50～55 公斤。壳芡去壳方法有人工用芡剪剪壳和机械脱壳两种。每 100 公斤干壳芡,可制干芡米 36～40 公斤。芡实梗于 5～6 片浮叶时开始分期采收,保持每株有 3～4 片浮叶。

七、菱角

1. 品种选择

建议选用小白菱、水红菱、乌菱（又名扒菱、大弯角菱）、胭脂菱（又名红菱、蝙蝠菱）及南湖菱（又名和尚菱、无角菱、圆菱）等。

2. 大田准备

浅水菱一般适宜水深为 0.3～2.0 米,要求水位易于控制,淤泥层厚 20 厘米以上,有机质含量 2.0％以上,适宜品种如水红菱、乌菱、胭脂菱、南湖菱等。每亩施腐熟饼肥 100～150 公斤和腐熟粪肥 1000 公斤。另外,加施过磷酸钙 80～100 公斤。深水菱一般适宜水深为 2 米以上,对土壤要求同浅水菱,品种如小白菱等。

3. 种苗准备与大田种植

(1) 直播

浅水菱常规栽培时,一般直播。播种期为 3 月底至 4 月下旬。用种量为撒播 20～25 公斤/亩,条播和点播 15～20 公斤/亩。多用条播,行距 2～2.5 米,行内 5～6 颗/米。穴播行距 1 米,穴距 1 米,每穴 3 颗。

(2) 育苗移栽

浅水菱早熟栽培和深水菱栽培时,要求育苗移栽。浅水菱以早熟栽培为目的时,可比直播播期提早 20 天,苗龄 40～50 天。先将种菱置于木桶或缸内,加薄水层,上覆薄膜,或置于大棚内保温催芽,芽长 1 厘米时,播种于育苗苗床。育苗苗床要求避风向阳、水位 10～20 厘米、土质肥沃、平整。每亩育苗苗床播种 80～100 公斤,10～15 厘米见方播 1 颗,育苗苗床与大田面积之比为 1：(8～10)。播种后 50 天左右定植。深水菱播种育苗方法与浅水菱相似,但播期不宜提早,以日平均温度在 8 摄氏度以上时为宜。育苗播种量为每亩 50～70 公斤,育苗苗床与大田面积之比为 1：(5～7)。菱苗出水后逐渐加深水位,至定植前 1 周达到与定植大田水位相同。苗龄 60 天左右,茎蔓长 1.5 米以上,每株有 1～2 个分枝形成小菱盘即可定植。

定植早熟栽培的浅水菱,按 1.5～2.0 米见方穴栽,每穴 3 株,每亩 500～800 株。深水菱起苗时,每 8～12 株为 1 束,顺齐理清菱盘和茎蔓,以细草结扎基部。按 2.7～3.2 米行距,2.0～

2.5 米穴距定植,每穴 1 束。定植方法是用叉长约 5 厘米的菱叉,叉住菱苗束基部草绳结,插入定植泥穴中。

4. 大田管理

(1) 水肥管理

① 浅水菱:定植后水位为 10～30 厘米,后渐深至 80～200 厘米,秋季宜渐降。封行前,施复合肥 20 公斤/亩。封行后,用 0.2%～0.5%磷酸二氢钾喷施叶面,10 天 1 次,共 3～4 次。

② 深水菱:深水菱水深浪大,水位不易调节,宜在种植区外围水面设草垒防浪。进行叶面追肥,方法同浅水菱,可加 0.5%～1%尿素一同喷施。

(2) 病虫杂草防治

病害主要有菱白绢病和菱褐斑病,用 25%多菌灵可湿性粉剂 500～1000 倍液喷雾,或 70%甲基托布津可湿性粉剂 500～700 倍液喷雾防治。虫害主要有菱萤叶甲和菱紫叶蝉,用 17%杀虫双水剂 500～1000 倍液喷雾,或 2.5%溴氰菊酯 2000～2500 倍液喷雾防治。杂草主要种类有荇菜、野菱、浮萍、藻类等,宜人工清除。水绵可用 0.5%硫酸铜溶液喷杀。

5. 采收与留种

生食采收标准为果已硬化,果表皮仍保持鲜红色或淡绿色;熟食采收标准为果已充分硬化,果表皮呈黄绿色或紫褐色。按顺序逐个菱盘采摘,动作要轻,勿使植株受伤,防止老熟果落水,采后复原菱盘。初收期 3～4 天采收 1 次,盛收期 2～3 天采收 1 次,后期 6～8 天采收 1 次,共 7～10 次采完。种菱选留多在第3～5 次采收时进行。要求入选种菱具备品种典型特征,无病虫害,果形端正,果大,充实饱满,并充分成熟。通常在水中贮藏越冬。

八、芋

芋又名芋头,产品器官主要为球茎,含蛋白质 1%～2.5%、淀粉 10%～20%。供应期长,贮藏后还可供应来年春淡市场,加工出口亦受欢迎。

1. 类型与品种

建议选择武汉市蔬菜科学研究所选育的鄂芋 1 号、鄂芋 2 号及鄂芋 3 号新育成品种,亦可选用地方优良品种。

2. 大田准备

选择水源充足、水质优良、保水力强、有机质丰富的壤土或黏壤土。实行 2～3 年轮作,深耕 30 厘米,耙平。每亩施腐熟农家肥 2500 公斤、复合肥 30 公斤,于畦中沟施。对于旱芋,可按 130 厘米包沟开厢,畦面宽 90 厘米,沟宽 40 厘米,沟深 15～20 厘米。

3. 种苗准备

要求品种纯正,顶芋充实、完整无伤、饱满、大小一致且不带病。母芋、子芋、孙芋均可作种,但以子芋作种为宜。母芋作种时,宜先切分,切口抹草木灰,每块带芽 1 个以上。多子芋一般每亩大田需种 120～150 公斤。

种芋选好后,晒种 2～3 天,并剥去干枯叶鞘。定植前 20～30 天育苗,一般 3 月上中旬进行。可用小拱棚或塑料大棚,适温 20～25 摄氏度。要求苗床疏松肥沃,厚 8 厘米。播种密度 10 厘米×10 厘米,注意播种时使顶芽向上,播后浇透水,再盖细碎土于苗床上,以盖住顶芽为度,并随即用地膜覆盖床面,待出苗后揭去地膜。棚温 30 摄氏度以上时,敞棚通风降温。随气温渐升,昼揭夜盖,至昼夜不盖。床上过干时,及时洒水。单株发叶 3 片以上时,即可定植。

4. 大田定植

一般 4 月上中旬定植。多子芋行距 60～70 厘米,株距 35～40 厘米。魁芋类型株距宜为 60 厘米。旱芋栽深可达 15～20

厘米,但地下水位较高地区以 3～6 厘米为宜。栽后盖细土,以芽微露为度。水芋一般苗高 25 厘米时定植,不作畦、不开穴,按预定株行距栽插即可,并灌水 3～5 厘米。

5. 大田管理

(1) 追肥与灌水

对于旱芋,苗期施肥宜淡,并浅中耕 1 次,填平定植穴;以后每隔 15～20 天施肥 1 次,结合中耕培土追肥,浓度逐渐增加,至地上部旺盛生长时,以尿素配合复合肥施用(每亩施尿素 15 公斤加复合肥 15～20 公斤),共 3～4 次。生长后期停止追肥。整个生育期均忌干燥,前期保持土壤湿润即可,生长盛期与球茎形成期要求水分充足,天干则宜勤浇勤灌。若实行沟灌,则水面应距畦面 5～10 厘米,宜早晚进行,尤其高温季节切忌中午灌水。

对于水芋,宜经常保水 3～5 厘米。定植成活后,可放水晒田增温,促进生长。施肥、培土时,亦可暂时放干田水,便于操作。7～8 月加深水位至 10～15 厘米,以利降温。8 月底宜浅水,9 月上中旬逐渐排干田水,便于收获。水芋追肥可参照旱芋进行。

(2) 培土

培土的目的是促发不定根,增强抗旱力,抑制顶芽生长。在 6 月地上部迅速生长、球茎迅速膨大、子芋和孙芋开始形成时培土。通常培土 2～3 次,厚度由浅至深,总厚度 30 厘米为宜。最后 1 次在重肥施下后,培土成垄。

(3) 病虫害防治

选用抗病品种、无病种芋,清除病株残体,实行轮作及加强田间管理、增强植株抗病力等均为防治病害的首选措施。芋疫病于发病初期用 25％甲霜灵可湿性粉剂 600～700 倍液喷雾 1 次;芋污斑病于发病初期用 75％百菌清可湿性粉剂 600 倍液喷雾 1 次,或用 50％甲基硫菌灵可湿性粉剂 600 倍液喷雾 1 次;芋软腐病用 72％农用硫酸链霉素可湿性粉剂 3000 倍液或 1：1：100 波尔多液喷雾 1 次。

虫害主要为斜纹夜蛾,可人工捕杀卵块、幼虫,用性信息素诱杀成虫。药物防治,可用 20％速灭杀丁乳油 15～40 毫升/亩喷雾 1 次,或用 2.5％敌杀死乳油 20～30 毫升/亩喷雾 1 次,挑治。

6. 收获

芋叶变黄,根系枯萎是球茎成熟的标志,但可提前采收上市。长江中下游流域,7～8 月收青荷芋,每亩 1000 公斤左右;9 月下旬完全成熟,每亩 1500～2500 公斤以上。冬暖地区,旱芋可留地贮藏,分批采收。水芋须冬前采挖,晾干表面水分,清除残叶与根须,室内贮藏。

九、豆瓣菜

1. 品种选择

推荐选择大叶豆瓣菜。目前,我国进行大叶豆瓣菜种子繁殖的单位主要是武汉市农科院蔬菜科学研究所水生蔬菜研究室。

2. 大田准备

选地势较低、水源丰富、保水性好、土壤肥沃的田块,每亩施腐熟厩肥 2000～3000 公斤。耕翻耙平,保持湿润或 3 厘米左右深浅水。水质较肥的塘水水面亦可用于浮水栽培。

3. 大田种植

播种苗床要求精细耕耙、平整,土块尽量细碎。畦面宽 1.2 米,畦沟宽 35 厘米。若为旱地育苗,畦面须先浇透水;若为半水田育苗,则使畦沟保水,畦面处于充分浸润状态。8 月下旬至 9 月中旬播种,苗床播种量为 2 克/平方米,一般苗床与大田面积之比为 1:(40～50)。播后撒一薄层干粪肥或糠灰覆盖。旱地育苗时,每日洒水 1～2 次,保持土壤湿润;半水田育苗者,苗高 3～4 厘米时,使畦面保持一薄层水,并随幼苗生长,逐步加深至 3 厘米左右。出苗后 30 天左右,苗高 10～15 厘米时,即可起苗定植大田;亦可在苗高 20 厘米左右时,截取茎段定植于大田。不论无性繁殖还是有性繁殖,若采用遮阳网覆盖育苗,均可进一步提早育苗期,并且可提高育苗质量和经济效益。

一般于 10 月初开始大田定植,若用塑料大棚栽培,定植期可一直持续到 11 月。选健壮秧苗定植,行距 10 厘米,穴距 8 厘米,每穴 2 株。浮水栽培者,宜用草把或竹竿等固定植株,勿使之漂移分散。

4. 大田管理

（1）肥水管理

定植初期保持 2 厘米水层,后期水位加深至 3～5 厘米。越冬期间,露地宜经常保持水层。追肥以氮肥为主,每采 1 次追肥 1 次,每亩每次施腐熟稀粪水 1000 公斤或尿素 5 公斤。

（2）设施管理

采用设施栽培者,注意防止设施内温湿度过高,晴天应加强通风。

（3）病虫害杂草防治

一般不用药防治,大棚栽培者,有时病害较重,可通过排水、通风降湿等栽培措施防治。虫害主要有蚜虫、小菜蛾、黄曲条跳甲等。蚜虫用乐果防治,小菜蛾、黄曲条跳甲可用溴氰菊酯等防治,小菜蛾还可用 BT 乳剂防治。杂草在封行前人工清除。

5. 采收

大田定植后 30～40 天第 1 次采收,以后每隔 20～30 天采收 1 次。采收时植株基部保留部分茎段,采后 1～2 天内追肥 1 次。长江流域一般可采收至 5 月份。

第七节 瓜 类

一、黄瓜

（一）大棚春黄瓜

1. 品种选择

宜选用耐低温、抗病、早熟、坐瓜能力强、优质的品种，如佳玉、狮白、津优 30、鄂黄瓜 3 号、湘黄瓜 2 号等。

2. 育苗

（1）育苗准备

将大棚中的土整理成宽 1.5 米（包沟）的平整厢面。用 70％腐熟有机质、30％优质菜园土、多菌灵拌匀后装入营养钵，将营养钵整齐摆放在厢面上，播种前打足底水。

（2）催芽播种

12 月中旬至 1 月下旬进行催芽播种。将种子放入 55 摄氏度温水中浸泡 15 分钟，不断搅拌至水温为 28 摄氏度，继续浸泡 4～6 小时，再用清水冲洗干净后用湿布包好放在 25～30 摄氏度的条件下催芽 1～2 天。种子"露白"时播入营养钵中，盖 2 厘米厚营养潮土，然后平铺地膜，加盖小拱棚保温。

（3）苗期管理

出苗 70％后及时揭去地膜，适当控温、控水促进壮苗。白天温度保持在 20～25 摄氏度之间，夜间保持在 16 摄氏度左右，幼苗 3 叶 1 心时炼苗 7 天。

3. 整地施肥

2 月初，选择 2～3 年内未种植过瓜类作物的沙壤土，及时清除前茬的残株烂叶、病虫残体，每亩施石灰 100～150 公斤，然后翻耕,闭棚 15～20 天。移栽前 5～7 天,每亩施腐熟农家肥2000～3000 公斤、三元复合肥 60 公斤、磷肥 30～50 公斤。将 6米宽标准大棚整成 4 条高畦,畦宽 1.1 米、高 0.3 米,沟宽 0.4米。每畦中间铺设 1 条滴灌管,畦面上铺设幅宽 1.5 米的银灰色地膜。

4. 定植

苗龄 35～40 天时,选冷尾暖头晴天定植,每畦 2 行,株距0.35～0.4 米,每亩定植 2200～2500 株。定植后及时浇定根水,并根据天气情况加盖小拱棚保温。

5. 田间管理

(1)温度。定植后 4～5 天缓苗期间,密闭大棚保温。白天温度保持在 28～30 摄氏度之间,高于 30 摄氏度应适当通风,夜间 15～18 摄氏度。缓苗后温度超过 30 摄氏度以上时通风降温;温度降至 20 摄氏度时关闭风口,当棚内温度降到 15 摄氏度时加盖小拱棚保温。4 月中下旬,气温稳定达到 15 摄氏度以上,可敞开南北两边棚膜,不揭去裙膜,利用滴灌增加大棚湿度,促苗旺长。

(2)水分。移栽后浇透定根水。4～5 天后浇缓苗水,以后根据天气情况一般 10～15 天浇 1 次水;根瓜坐住后,结束蹲苗,5～7 天浇水追肥,促进黄瓜生长。

(3)肥料。幼苗生长期,追施 2 次提苗肥。采收期,每采摘2～3 次,结合浇水每亩施水溶性冲施肥 5 公斤,利用滴灌设施,可于日出后开始,滴灌 2～3 小时。生长后期用 0.2%～0.3%磷酸二氢钾于叶面追肥 1～2 次,以延缓功能叶衰老。

(4)整枝吊蔓。蔓长 0.3 米时,搭"人"字形架。及时绑蔓,间隔 2～3 天 1 次,晴天下午进行;也可以采用绳子吊蔓。大多数黄瓜品种以主蔓结瓜为主,有少量分枝,7 节以下的侧枝去掉,腰瓜之后适当留 3～4 条侧枝,每条侧枝留 1 瓜 1 叶摘心。

6. 病虫害防治

大棚春黄瓜虫害较少,主要是斑潜蝇和白粉虱。斑潜蝇一般使用黄板诱杀或1.8%阿巴丁3000～4000倍液喷雾防治。白粉虱可用2.5%天王星3000倍液喷雾。主要病害有灰霉病、霜霉病(图7-22)、白粉病。灰霉病可以用50%速克灵1500倍液喷雾,1周1次,连续喷洒直到病除。霜霉病可用大生M-45可湿性粉剂600倍液、72%杜邦克露可湿性粉剂600～800倍液喷雾,10天喷洒1次,连续喷洒3次即可。

图7-22 黄瓜霜霉病

7. 采收

及时采收根瓜,以免坠秧。适时分批采收,以确保商品果品质,促进后期果实膨大。采收前期每隔2～3天采摘1次,中后期1～2天采摘1次。

(二)夏秋黄瓜

1. 品种选择

宜选用耐热、抗病、优质、丰产的优良品种。如津春4号、津优40、夏丰1号等。

2. 播种育苗

育苗准备可参照"大棚春黄瓜"。6～8月间均可播种,应当掌握在初霜前90～100天播种。播前将种子浸泡2～3小时,再用 75％百菌清 1000 倍液浸种 15 分钟,洗净后直播于提前备好的营养钵中,覆盖遮阳网。幼苗出土后及时揭遮阳网,晴天中午前后需覆盖遮阳网,中等强度以上降雨也需覆盖。

3. 整地施肥

土壤选择及要求同"大棚春黄瓜"。定植前每亩施腐熟有机肥 2000～2500 公斤、45％复合肥 40 公斤、过磷酸钙 30 公斤、硼肥 5 公斤。耕翻后细耙,肥、土混合均匀整平后做高畦,畦宽 1.4 米(包沟),沟深 25 厘米,覆盖黑地膜。

4. 定植

播种后 15～20 天,瓜苗 2 叶 1 心时选阴天或晴天傍晚定植。每畦种植 2 行,株距 25～30 厘米。定植后及时浇足定根水,封严洞口。

5. 田间管理

(1)插架、整枝、绑蔓

幼苗长到 30 厘米高后随即插架,并结合绑蔓进行整枝,及时摘除植株下部老叶、病叶,减少养分消耗,以利通风透光,促进植株生长。一般不留基部侧蔓,中上部侧枝可根据品种特性和栽培密度酌情留蔓,见瓜留 2 叶摘心。

(2)肥水管理

黄瓜喜湿,但其幼苗根系弱,水分过多或过少都不利,过多易烂根,过少易失水死苗,故既要防旱,又要防涝。浇水时间及浇水量要根据秧苗长势和土壤墒情灵活控制,通常浇水时间以早晨或傍晚为最好,最忌在中午高温时浇水,连阴雨或大雨时要注意防涝。

缓苗后结合第一次浇水追施一次肥,每亩施硫酸钙 10 公斤。根瓜坐稳后,结合浇水每亩追施尿素 15 公斤。根瓜采收后,每亩追施复合肥 20 公斤。处暑后,可在叶面喷施 0.2％磷酸二氢钾防止化瓜。

（3）增花果

在幼苗期、3 叶及 6 叶时期各喷一次 150～200 毫克/升浓度的乙烯利,可增加雌花数,增加产量。

（4）促回头瓜

黄瓜植株长到 28～30 片叶时打顶,以提高光合作用,使养分回流,促进回头瓜的膨大。

6. 病虫害防治

夏秋露地黄瓜病虫害较多且危害较重,应定期喷药,重点防治。病害主要有霜霉病、白粉病、炭疽病和细菌性角斑病等。霜霉病可用 72％杜邦克露可湿性粉剂 600～800 倍液防治;白粉病可用 15％粉锈宁可湿性粉剂 1500 倍液防治;炭疽病可用 50％炭疽福美可湿性粉剂 500 倍液防治;细菌性角斑病可用 30％DT 可湿性粉剂 500 倍液喷雾防治。虫害主要有蚜虫、蓟马、螨虫等,可用 20％爱福丁 2 号 1500 倍液、10％吡虫啉 1000～2000 倍液等喷雾防治。

二、瓠瓜

1. 品种选择

按照市场需求,宜选用早熟、生长势较强、坐果力强、商品性好且抗病能力较强的品种,如青玉、南秀、浙蒲 6 号、早杂 2 号等。

2. 培育壮苗

长江流域利用日光温室、大棚设施栽培,可在 11 月下旬前后播种,利用地热线和营养钵育苗。

早春露地早熟栽培,可在 1 月下旬至 2 月上旬利用大棚育苗。夏秋栽培,可在 5 月初或 6 月 10 日前后利用遮阳网播种育苗。整个苗期应控制好温度和水分,防止幼苗徒长。

3. 整地施基肥

选择 2～3 年未种过瓜类、土壤疏松肥沃、保水保肥能力强、排灌方便的田块种植。土地要深翻,结合整地作畦,畦宽 1.33 米(包沟),一次性施足底肥。一般每亩施腐熟猪粪 2500 公斤、人粪尿 500 公斤、过磷酸钙 25 公斤、进口复合肥 50 公斤。

4. 适时定植

幼苗长出 2 片真叶时即可定植。每畦栽 2 行。保护设施栽培的株距为 40 厘米(每亩栽 2400 株左右);露地栽培的株距为 50～60 厘米(每亩栽 1600 株左右)。

5. 不同栽培方式的幼苗处理

保护设施栽培的可用乙烯利处理幼苗促进主蔓结瓜。方法是:幼苗 5～6 叶 1 心及 8～9 叶 1 心时,用 160 毫克/公斤乙烯利(1 毫克 40%乙烯利兑水 2.5 公斤)各喷幼苗一次,每次用药量 40～50 公斤,这样主蔓 10 节左右开始着生雌花,可以达到提早结瓜的目的。应留 15%～20%的幼苗不喷乙烯利,任其自然开雄花(9 节左右打顶),以供人工授粉。

露地栽培的可在幼苗长出 6～8 片真叶时摘心,促进侧蔓早结瓜。

6. 田间管理

(1)插架整枝与人工授粉

蔓长 20～30 厘米时及时插架,可搭人字架或花架,及时引蔓上架。早春保护设施栽培无昆虫活动,应人工辅助授粉。授粉时间为 17:00 以后或 8:00 以前,摘取当天开放的新鲜雄花,去掉花冠,将花粉均匀涂抹在雌花柱头上。

植株摘心后,侧蔓较多,应留 2 条健壮侧蔓上架,及时剪去多余侧蔓。侧蔓结 1～2 个瓜后留 1～2 片叶打顶。

(2)肥水管理

追肥应根据植株生长势而确定。如果植株生长旺盛,基肥充足,可减少追肥次数或不追肥。如果植株生长势弱,则应及时追肥。一般在定植成活后,施提苗肥一次,摘心后施分蔓肥一次,果实迅速生长期施果肥一次,每采收 2～3 批后,追一次肥。追肥可采用 50 公斤稀薄人粪尿加 100 克尿素或 1％三元复合肥溶液交替使用。还可追施叶面肥,以补充养分,增强抗性。瓠瓜既不耐旱,又怕渍水,因此,干旱时及果实膨大期应沟灌"跑马水",切忌大水漫灌,及时排除积水。

7. 及时采收

雌花开花 10～15 天,果皮和胎座组织柔软多汁,此时品质最好,是商品瓠瓜采收最佳时期,应及时采收,以促进后续瓜的正常生长,减少畸形瓜和"化瓜"现象。

8. 病虫害防治

瓠瓜的病害主要有炭疽病、白粉病(图 7-23)、霜霉病。虫害主要为蚜虫和黄守瓜。

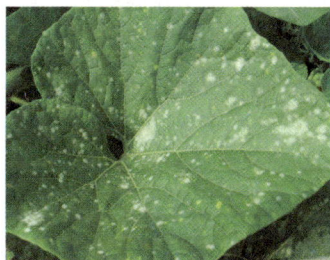

图 7-23　瓠瓜白粉病

炭疽病可在雨前用 80％炭疽福美可湿性粉剂 800 倍或 10％世高 1000 倍液防治。白粉病可用 80％硫黄干悬浮液 500～600 倍液或 25％粉锈宁 1000 倍液防治。霜霉病可用 68％金雷多米尔锰锌可湿性粉剂 600～1000 倍液或 40％霜脲王铜可湿性粉剂 700～1200 倍液防治。

蚜虫可用 10％吡虫啉可湿性粉剂 5000～6000 倍液或 20％

啶虫脒乳油 4000～8000 倍液防治。黄守瓜可用 4.5％高效氯氰菊酯 1000～2000 倍液防治或 2.5％三氟氯氰菊酯 1000～2000 倍液防治。

三、丝瓜

1. 品种选择

按照市场需求,宜选用抗性强、坐果力强、商品性好、市场适销的品种,如白玉霜、翡翠二号等。

2. 整地施基肥

选择土壤疏松肥沃、保水保肥能力强、排灌方便的田块种植。土壤深翻后作畦,畦宽 3.5 米(包沟),畦高 25 厘米。结合作畦每亩施腐熟有机肥 4000～5000 公斤或饼肥(菜饼)150 公斤,三元复合肥 50 公斤。

3. 播种育苗

早春露地栽培,可在 2 月下旬至 3 月上旬利用大棚或小拱棚育苗。播种前将精选的种子置于 55 摄氏度温水中浸种 15 分钟,然后在常温下浸种 32～48 小时,捞起后用湿布包好,置于 30～35 摄氏度条件下催芽,50％种子露出胚根时即可播种。

夏秋栽培一般在 5 月下旬播种,可将种子直接插入营养钵内,利用遮阳网遮阴育苗。

4. 定植

幼苗长出 2～3 片真叶时即可定植,每畦栽 2 行,早春露地栽培每亩栽 900～1200 株,夏秋栽培每亩定植 800 株。

5. 田间管理

(1) 插架引蔓与植株调整

当植株甩蔓时及时搭架(平棚)并引蔓上棚架。摘除所有侧蔓及部分雄花,将横卧在棚架上或被卷须缠绕的幼瓜理直使之下垂。

（2）肥水管理

追肥次数视植株的长势而定，一般在定植成活后，用 10％ 腐熟人粪尿施一次提苗肥；第一雌花坐果后，每亩穴施尿素 5～10 公斤；幼瓜迅速生长期穴施三元复合肥 10 公斤左右；开始采收后，每采收 2～3 批追肥一次，追肥可用稀薄粪水或穴施三元复合肥。

6. 及时采收

雌花开花后 10～12 天，当瓜条不再伸长，茸毛减少，果肩变硬，瓜条饱满，皮色鲜亮时，即为商品瓜的最佳采收期，应及时采收，以促进后续瓜的正常生长。

7. 病虫害防治

丝瓜的病害主要有灰霉病、白粉病、霜霉病。虫害主要有蚜虫、黄守瓜、瓜绢螟（图 7-24）。

图 7-24　丝瓜瓜绢螟

灰霉病可用 50％ 速克灵 2000 倍液或 50％ 扑海因 1000 倍液防治。白粉病可用 80％ 硫黄干悬浮液 500～600 倍液或 25％ 粉锈宁 1000 倍液防治。霜霉病可用 68％ 金雷多米尔锰锌可湿性粉剂 600～1000 倍液或 40％ 霜脲王铜可湿性粉剂 700～1200 倍液防治。

蚜虫可用 10％ 吡虫啉可湿性粉剂 5000～6000 倍液或 20％

啶虫脒乳油 4000～8000 倍液防治。黄守瓜可用 4.5％高效氯氰菊酯 1000～2000 倍液防治或 2.5％三氟氯氰菊酯 1000～2000 倍液防治。瓜绢螟可用 25％农地乐 2000 倍液或 20％氰戊菊酯 1000 倍液防治。

四、苦瓜

1. 品种选择

按照市场需求,选用早中熟、生长势较强、坐果力强、商品性好、抗病能力较强的品种,如秀玉、绿玉、长白苦瓜等。

2. 整地作畦

苦瓜忌连作,宜与瓜类作物轮作三年以上。选择土壤肥沃、保肥保水力强的田块,经深耕后整地作畦。搭人字架栽培,畦宽包沟 1.5 米;水平棚架栽培畦宽(包沟)2.2～2.5 米,畦高 25 厘米。结合整地每亩沟施腐熟有机肥 2500～3000 公斤、钙镁磷 25 公斤、氯化钾 15 公斤、三元复合肥 30 公斤,或施饼肥(菜籽饼)150 公斤、三元复合肥 50 公斤、钙镁磷 25 公斤、氯化钾 15 公斤。

3. 播种育苗

苦瓜种皮厚且坚硬,吸水发芽困难。因此,播种前须浸种催芽。种子在 55 摄氏度的温水中浸种 15 分钟,然后在清水中浸种 18 小时,洗后捞起用湿布包好,置于 28～30 摄氏度的温度条件下催芽,胚芽露白即可播种。

4. 定植

保护地栽培在 2 月下旬至 3 月上旬定植,早春露地栽培在清明前后定植。搭人字架,每亩栽 2000 株左右,双行定植,株距 40～70 厘米;搭水平棚架,每亩栽 600～800 株,株距 80 厘米左右。

5. 田间管理

(1) 插架引蔓与植株调整

当植株甩蔓时应及时插架引蔓、绑蔓,结合绑蔓摘除主蔓 1 米以下的侧蔓,到了生长中后期注意摘除过于密闭和弱小的侧枝以及老叶、病叶,以利于通风透光。

(2) 肥水管理

苦瓜结果多,采收期长,需肥量大。定植成活后,再施一次提苗肥,追肥可用薄粪水或每亩穴施尿素 10～15 公斤;幼果迅速生长期穴施三元复合肥 10～15 公斤;开始采收后,每采收 2～3 批瓜追肥一次,追肥可用稀薄粪水或穴施三元复合肥。

6. 采收与留种

苦瓜开花后 12～15 天为适宜采收期,应及时采收。青皮苦瓜果皮上的条状和瘤状粒迅速膨大并明显突起,饱满有光泽,白皮苦瓜除上述特征外,其果实的前半部分明显地由绿色转为白绿色。

苦瓜常规品种留种应选留植物中部所结的瓜,并从中选择生长发育快,比较粗长,果形端正,无病虫害,果实的瘤状突起粗细、稀密、颜色、形状等均具有该品种特征的瓜留种,并做标记。每株可选留 3～5 个种瓜。

7. 病虫害防治

苦瓜虫害主要有蚜虫、黄守瓜、瓜绢螟、根结线虫。蚜虫可用 10％吡虫啉 5000～6000 倍液或 20％啶虫脒 4000～8000 倍液防治;黄守瓜可用 45％高效氯氰菊酯 1000～2000 倍液或 2.5％三氟氯氰菊酯 1000～2000 倍液防治;瓜绢螟可用 25％农地乐 2000 倍液或 20％氰戊菊酯 1000 倍液防治。苦瓜根结线虫病(图 7-25),发病初期,用 1.8％虫螨杀星 2000～2500 倍液,或 40％毒丝本乳油 1000～1500 倍液,或 50％辛硫磷乳油

1000～1500 倍液,或 80％敌敌畏乳油 1000～1200 倍液,或 90％美曲膦酯 800～1000 倍液灌根,每株灌兑好的药液 500 毫升,间隔 10～15 天再灌根 1 次,能有效地控制根结线虫病的发生。

图 7-25　苦瓜根结线虫病

苦瓜病害主要有白粉病。白粉病可用 80％硫黄干悬浮剂 500～600 倍液或用 25％粉锈宁 1000 倍液防治。

五、南瓜

南瓜分为中国南瓜、美洲南瓜和印度南瓜。中国南瓜既可采收嫩瓜,亦可采收老熟瓜,前者一般采用搭架栽培方式,后者一般进行爬地栽培。

(一)嫩南瓜栽培

以食用嫩瓜为主,宜选用早熟、连续坐果力强、商品性优良、高产的品种,如一串铃、三绿早生、贵州小青瓜、小绿铃和世龙早熟等。

1. 栽培模式

(1)人字架栽培

该模式适合高密度栽培,以抓前期产量为主,一般每亩定植 1500～1600 株。该模式于蔬菜进入上市盛期后,可根据嫩南瓜的市场行情采取灵活的管理措施。行情好则继续加强肥水管理,促进其连续坐果多次采收;如果行情不好则改种其他种类的越夏蔬菜。

（2）棚架栽培

该模式以抓总产量为主,一般包沟 3～4 米开厢,沿畦沟两边各种 1 行,亩种植 600～800 株。初次采收后要及时追肥打药,加强整个生长期的田间管理,促进后期连续结瓜,提高产量。

（3）露地爬地栽培

露地爬地栽培是较为传统的一种栽培模式,一般应在生长初期进行一次引蔓整枝,随后放任生长,亩种植 600 株左右。与架南瓜相比,该模式总体产量较高,但果实不圆正,着色不均匀,产品市场竞争力差。

（4）大棚设施栽培

结合地膜采用大棚进行春季极早熟栽培,大棚内采用人字架或吊蔓栽培,产品在 4 月上旬即可上市,市场价格好,总体经济效益较为可观。但该模式要求选择耐肥力强、植株叶片相对较小的品种。

2. 关键栽培技术

（1）培育壮苗

① 确定播期。应根据育苗设施条件、栽培方式及市场需求确定播种期。进行早熟栽培的,播种时间多在 1 月下旬至 2 月上旬,在大棚内设置地热或电热温床,采用营养钵育苗,3 月上旬大苗移栽后覆盖小拱棚或直接定植于大棚内。

② 浸种催芽。先用 55 摄氏度温水烫种 15 分钟,杀灭种子表面病菌,然后用常温水浸种 4 小时,为预防南瓜病毒病,还可再用 10％磷酸三钠继续浸种 30 分钟,洗净后置于 30 摄氏度恒温条件下进行催芽,约 24 小时后选出芽种子播种。

③ 播种。在 9 厘米×9 厘米育苗钵中装入配制好的营养土,提前 1 天浇透底水,播种时在每钵中心打一小孔,再将种子

平放于小孔内,每钵 1 粒。播种后及时用细培养土盖籽并略浇盖籽水,覆盖农膜,保持温度在 20～25 摄氏度之间,3～5 天可出苗。出苗后白天揭膜,晚上盖膜,如有带帽出土现象应注意随时轻轻摘掉种壳,以利子叶展开。苗期要适当控制土壤湿度、苗床温度,防止幼苗徒长。

（2）整地施肥

南瓜对土壤要求不严格,但以沙壤土、壤土最为适宜,要求深耕土地,每亩施厩肥 2500～4000 公斤作底肥。根据搭架方式确定筑畦宽度,棚架栽培一般包沟 3.5 米开厢,吊蔓或人字架栽培一般包沟 1.6 米开厢,做成深沟高畦形式后将土壤整碎,厢面整平并铺盖地膜备栽。

（3）定植

一般在 2 月下旬至 3 月上旬育苗,苗龄约 30 天,幼苗有 5～6 片真叶时选择冷尾暖头定植进行移栽。按预定株行距打好定植穴,棚栽和架栽均可按株距 50 厘米打穴,棚栽亩种植约 800 株,人字架或吊蔓栽培亩种植约 1500 株。定植时,将营养钵浇足底水,定植深度以子叶露出地面为宜,随后浇定根水,大棚内定植后闭棚 1 周,露地定植的需及时搭建小拱棚防寒保温。

（4）田间管理

① 搭架及整枝引蔓。当南瓜在小拱棚内蔓长超过 40 厘米后即可揭开小拱棚,此时一般已到 3 月中下旬,根据种植模式及时搭架,搭架后需进行整枝,保留 1 根主蔓上架。

② 追肥与灌溉。搭架后及时追肥,此时一般淋施腐熟厩肥加少量速效化肥。在南瓜第 1 批瓜坐稳后重施 1 次追肥,促进果实快速膨大。嫩南瓜生长前期正值南方多雨时节,一般不需灌水,但棚架南瓜则应在第 1 次采收后继续加强肥水管理。

③ 保花保果。大多数的嫩南瓜品种,雌花均早于雄花开放,而先于雄花开放的雌花如不采取相应措施则会出现化瓜现

象。解决的方法是在每畦南瓜的中间种植比南瓜熟性更早的西葫芦,数量约为南瓜株数的1/5,也可采用浓度为20~40毫克/升2,4-D丁酯,在开花时点涂花冠或花柄。当雄花开始开放后,露地南瓜无须再保花保果,而大棚内南瓜仍需进行人工授粉。

④ 摘叶、去雄花及打顶。在已开花结果的瓜蔓上,及时摘去病虫叶、脚叶和老黄叶,并除去30%雄花。另外,采用人字架或吊蔓栽培的嫩南瓜宜在瓜蔓长到约2米时,摘去主蔓生长点,并留3~4条侧蔓让其继续结果。

(5)病虫害防治

嫩南瓜虫害主要有蚜虫、黄守瓜(图7-26)和蚂蚁等,可用吡虫啉、阿维菌素、甲维盐等药剂防治。在南瓜地悬挂黄色胶板进行防蚜,效果也较为理想。

图7-26 南瓜黄守瓜

嫩南瓜病害主要有白粉病、病毒病、霜霉病、炭疽病和疫病等。应选用抗病品种并加强栽培管理,以预防为主,合理施肥灌水,发病田块应及时采取化学防治措施。白粉病可选用50%硫黄悬浮剂500倍液、粉锈宁可湿性粉剂2000倍液防治。病毒病应结合蚜虫防治,采用植物源农药大黄素甲醚600倍液或病毒A可湿性粉剂500倍液于发病前或发病初期防治。霜霉病可喷洒瑞毒霉锰锌1000~1500倍液、64%杀毒矾可湿性粉剂400~500倍液防治。炭疽病以危害嫩南瓜果实为主,发病初期可用

75％百菌清可湿性粉剂 600 倍液防治。疫病可用 75％甲霜灵 800 倍液加代森锌 1000 倍液、61％乙膦锰锌可湿性粉剂 500 倍液灌兜防治。

（二）老熟南瓜栽培

1. 品种选择

根据茬口安排,宜选用早中熟、生长势强、抗逆性强、丰产优质、耐储运的品种,如蜜本南瓜、蜜橙、黄狼南瓜、牛腿南瓜等。

2. 播种育苗

（1）播种时间

一般 3 月上中旬开始播种。

（2）播种

每亩备足过筛的沙壤土 400 公斤,加腐熟的农家肥 50 公斤、过磷酸钙 2 公斤及 50％的多菌灵粉剂 0.1 公斤,充分拌匀,用农膜封盖堆沤 20～30 天,其间翻动 1～2 次。播种前 3～5 天,选用 9 厘米×9 厘米的营养钵,每亩装足 300 钵,用农膜盖严。

浸种前选晴天晒种 1～2 天,然后将种子放入 55 摄氏度左右的热水中搅动保持 5 分钟,用 25～30 摄氏度的温水浸种 4 小时,种子沥干后播于营养钵中。在播种前一天下午,将已装好的营养钵淋透(以营养钵提起有水滴出为宜),播种时在钵中间用食指插一 1.5 厘米深的小穴,将种子平放于穴内,盖上营养土,插棚架,盖地膜。

（3）苗期管理

播种后 5 天左右出苗,幼苗长出 1～2 片真叶时用 70％百菌清可湿性粉剂喷雾防病。出苗前温度控制在 25～30 摄氏度,待 60％的种子破土出苗后及时揭除地膜,防止高温烧苗和徒长,同时适当降温至白天 22～25 摄氏度,夜间温度不低于 15 摄氏度,以利形成矮壮苗。在出苗后的 2～3 天内保持高温高湿条件促缓苗,即使晴天温度达 35 摄氏度以上时,也不会出现烧苗现象。3 天以后则需逐步加大通风量,降温至 25 摄氏度。在第 1 片真叶接近 3 厘米大小时表明缓苗期已结束,苗床进入适温管理状态,白天温度控制在 25～30 摄氏度,夜间不低于 15 摄氏度。在定植前 3～5 天适当降温至白天 25 摄氏度,夜间不低于 12 摄氏度进行低温炼苗。

南瓜苗期需水量较少,应以适量少浇为原则。一般在浇足底水的状况下,从出苗到子叶期,无须浇水。营养钵直播育苗,以保持土壤表层不发白为宜,适量补水时,应选择晴天10:00～14:00 进行。在营养钵内土壤呈高湿状态,育苗棚内空气湿度达 80％以上时,用小竹签浅松土,加大通风,以利于增温降湿,减少苗期病害。

南瓜苗期一般无须补充肥料。

3. 整地施肥

选肥沃疏松、排灌良好及近 2 年没种过南瓜的壤土。土地翻耕耙平后,按畦面宽 6 米作畦,中间高两边低,沟底宽 30 厘米,沟深 20～30 厘米,加深围沟、腰沟,畦两边离畦边 30 厘米处各开一条宽 20 厘米、深 20 厘米的小沟。每亩施农家肥 800 公斤、氯化钾 10 公斤、过磷酸钙 50 公斤,拌匀覆土,整平畦面,种植行盖 1 米宽地膜。

4. 定植

幼苗长出 4～5 片真叶时选晴天下午移栽,每畦栽两行,株行距 70 厘米×600 厘米,浇定根水,每亩栽 250～300 株。

5. 田间管理

主要以前期保温保湿促发棵,后期适时追肥促膨果为原则,做好整枝理蔓,防治病虫害等工作。

（1）整枝理蔓、肥水管理及人工授粉

在植株倒蔓前留 2 根侧枝。前期控制肥水，坐果后，当果实长到 100 克左右，施果实膨大肥，每亩施 50 公斤三元复合肥，在离根部 20 厘米处或不定根附近深施或兑水浇施。为提高果实的整齐度和商品性，如遇阴雨天，可在 8：00 前后进行人工辅助授粉。

（2）病虫害防治

南瓜的主要病害是根结线虫病和白粉病；主要虫害有蚜虫和美洲斑潜蝇等。白粉病发病初期用 15％粉锈宁可湿性粉剂 1500 倍液或绿享 2 号 600～800 倍液交替防治，5～7 天喷 1 次，连喷 2～3 次。

6. 采收

当南瓜开花后 55 天左右即基本老熟。采收时留瓜柄 10 厘米，则保存时间更长。

六、冬瓜

（一）品种选择

（1）早熟品种。设施育苗，立春前后播种，可在 6 月上旬上市。播种至出苗 7～10 天。可选用早绿、青皮小冬瓜、青杂 2 号、马群 1 号等品种。

（2）中、晚熟品种。3 月中旬至 4 月上旬播种，7 月上旬至 8 月下旬上市。播种至出苗 10～15 天。可选用桂蔬 1 号、白星 101、铁柱 168、黑冠 101、黑优 1 号、青杂 1 号、长沙粉皮等品种。

（二）设施栽培技术

1. 育苗

（1）育苗床准备

应选择通风良好、地势高燥、排灌方便的大棚菜地作苗床，开沟起高畦,畦床要耙细整平,畦高 15 厘米,畦宽 120 厘米左右,长度不限,苗床四周开好排水沟,并用 50％多·福可湿性粉剂 800 倍液喷施床面消毒。早春育苗还要在床面上铺设地热线,再覆盖 1 层地膜,播种前 5 天盖好大棚膜,提高地温。

（2）浸种催芽

播前晒种 2 天,杀死种子携带的病菌,提高种子发芽势。晒好的种子先用 55 摄氏度温水浸泡,同时搅拌 15 分钟后转入常温清水中浸泡 4 小时,再用 50％多菌灵可湿性粉剂 500 倍液浸种 30 分钟,然后用清水反复淘洗干净,沥干水后用湿毛巾包好,置入 30 摄氏度条件中催芽 36 小时左右,待 80％种子露白后即可播种。

（3）播种

冬瓜苗叶片较大,容易徒长,应稀播,最好采用 50 孔或 72 孔穴盘育苗,或者采用营养钵育苗。播种前将育苗基质兑水拌匀,使基质含水量达到 60％左右,即用力手握能成团但不滴水,落地即散。基质装盘后刮平,在穴孔中央开 1 厘米深的播种穴,然后播种,1 穴 1 粒,种子平放,胚芽朝下,播完后盖上少量基质并抹平。把播好的穴盘整齐摆放在苗床上,再用 50％多菌灵可湿性粉剂 600 倍液浇透水。早春育苗还要注意播种后搭小拱棚,覆盖薄膜,四周用土块压严实。

（4）苗期管理

出苗前,注意保温保湿促出苗,防高温烧苗。出苗后,注意控温控湿,防猝倒病和高脚苗。出苗后至真叶展开期适当降温,白天保持在 20～25 摄氏度,夜间 15～18 摄氏度。真叶展开后床温可适当提高,定植前 1 周逐步揭膜炼苗。出苗前严格控制浇水,真叶展开前一般可不浇水;真叶展开后,基质表面发白时选晴天上午适当浇水,浇水时可适当加入多菌灵或恶霉灵等防病药剂预防病害。

2. 整地施基肥

冬瓜根系发达,应选择排灌方便、土层深厚、疏松肥沃、前2年未种过瓜类的壤土作瓜田,前茬罢园后及时清洁田园,深翻炕晒熟化土壤,每亩均匀撒施充分腐熟的有机肥3000公斤和三元复合肥50公斤作底肥,翻耕细耙,使肥土均匀。6米宽的大棚作两畦,畦面做成龟背形,即畦中间高,两边低。定植前10天喷施异丙甲草胺芽前除草剂防治杂草,然后盖好地膜和大棚膜,并在大棚两边设置裙膜。

3. 合理密植

春季定植时间一般在3月上旬至4月上旬,苗龄40天左右,叶龄3叶1心时,选择冷尾暖头,选晴好天气移栽。冬瓜苗定植在畦中间,每畦栽1行,株距80厘米,每亩定植300株左右,定植后及时浇足定根水。

4. 田间管理

(1)查缺补苗

在定植后的缓苗过程中,对缺苗和生长不良的病弱小苗,要及时补栽新苗,以保证苗齐。

(2)温度管理

冬瓜耐热不耐寒,早春定植的还要在大棚内增设小拱棚并覆盖棚膜或无纺布,将大棚四周棚膜盖严,7天左右即可缓苗。缓苗后小拱棚膜日揭夜盖,大棚裙膜根据气温变化进行通风换气。4月中旬,气温回升后可撤去小拱棚,5月中旬可收起大棚裙膜,昼夜通风,6~8月要用稻草或秸秆覆盖冬瓜防日灼。

(3)肥水管理

缓苗后结合浇水,每亩用三元复合肥10公斤追施1次提苗肥。伸蔓期控制肥水,促进发根,利于壮苗。结瓜盛期加大肥水,在植株进入生长中期坐稳1~2个幼瓜时,每亩用三元复合肥 15 公斤追施膨瓜肥,之后每采收 1 次瓜,每亩用复合肥 10 公斤加尿素 3 公斤兑水追肥 1 次,结合长势用 0.4%磷酸二氢钾适当追施叶面肥。

(4)瓜蔓整理

冬瓜主、侧蔓均可结瓜,以主蔓结瓜为主,每株第 1 个瓜坐稳前,只留 1 条主蔓和 1~2 条健壮侧蔓,其他侧蔓全部抹除,以使养分集中,促进果实发育,每株第 1 个瓜坐稳后,侧蔓任其生长。植株封行前引蔓 2~3 次,使其分布均匀,避免植株之间互相拥挤和遮阴,封行以后任其生长。

(5)选瓜、留瓜、护瓜

早春大棚温度低,昆虫较少,可采用人工辅助授粉以提高冬瓜坐果率,人工授粉在 7:00~9:00 进行,摘取当天早晨开放的雄花,剥去花瓣,将花粉均匀涂抹在当天开放的雌花柱头上。冬瓜应避雨栽培,每棵植株一般留 3 蔓 2 瓜,少数植株可留 3 个瓜,第 1 个瓜在主蔓第 2~3 个雌花中选留,选留节位为 18~26节,第 2 个瓜在主蔓、侧蔓中均可选留。每株授粉后留 3~4 个幼瓜,等幼瓜长到拳头大小时,选留 2 个健壮幼瓜,其余摘除,待选留的 2 个瓜坐稳,之后的瓜则可任其生长。

5. 病虫害防治

主要病害有猝倒病、枯萎病、疫病、病毒病和白粉病等,主要虫害有黄守瓜、蓟马、蚜虫、斜纹夜蛾、斑潜蝇等。及时清洁田园、深翻晒垄,适时中耕除草,疏松土壤,实行轮作倒茬可减少病虫害的发生。一方面可悬挂黄色或蓝色黏虫板诱杀黄守瓜、斑潜蝇、蚜虫和蓟马等害虫,利用频振式杀虫灯和性诱剂诱杀斜纹夜蛾等害虫的成虫;另一方面可进行化学防治。

猝倒病可用 72.2%霜霉威水剂 700 倍液防治,枯萎病可用70%甲基硫菌灵可湿性粉剂 600 倍液防治,疫病可用 50%异菌脲可湿性粉剂 600 倍液防治,病毒病可用 5%菌毒清水剂 300

倍液防治,白粉病可用 50％嘧菌酯水分散粒剂 4000 倍液防治。黄守瓜和斜纹夜蛾可用 2％阿维菌素乳油 2000 倍液或 10％虫螨腈悬浮液 800 倍液防治,蓟马、蚜虫可用 10％吡虫啉可湿性粉剂 2500 倍液防治,斑潜蝇可用 70％灭蝇胺可湿性粉剂 2000 倍液防治,5～7 天喷 1 次,连喷 2～4 次。

6. 采收

春季早熟栽培的冬瓜一般在 6～9 月采摘,夏季栽培的冬瓜在 9 月上旬开始采摘。一般幼果选定后 40 天左右即可采摘鲜瓜上市,长期储藏的老熟瓜则需 50 天以上才能达到生理成熟,可根据当地消费习惯和市场行情择期采摘上市。采摘宜选择晴天早晨露水干后进行,采摘时要注意轻拿轻放,剪齐瓜柄,避免刺伤其瓜皮。

(三) 露地架冬瓜栽培技术

1. 播种育苗

3 月中旬至 4 月上旬播种,7 月上旬至 8 月下旬上市,播种至出苗 10～15 天。

2. 定植

按 2 米宽(含畦沟)起垄作畦,"畦、腰、围"沟配套且有坡度,将地下水降至耕作面 50 厘米以下。"一条龙"(篱笆)式每畦 2 行,定植线距畦边 25～35 厘米,行距 1 米,株距 0.65～0.75 米。每亩定植 850～950 株。

3. 田间管理

(1) 授粉。将当天 9:00 前开放的雄蕊轻轻涂抹在当日开放的雌花柱头上。

(2) 植株调整。主蔓在蔓结处用湿润稻草首尾对齐,围住茎与桩、棚条,向一个方向旋转,直至将它们锁牢,再将旋转部分折回、扭转成一段绳鞭,这样分段固定在立桩、棚条上。晴天露水蒸发后,剪掉侧枝,卷须,无效雌、雄花,注意刀具的消毒,防止病原菌串染。无须打顶。"一条龙"篱笆引蔓上架,主蔓以棚条为圆心,以 60～80 厘米长度为半径绕偏心圆,旋转 2～3 圈。使叶片有序地分布在不同的空间位置上。初期调整主蔓嫩尖走向,不堆积。上架坐稳果后,一般不再去侧枝和卷须。后期去掉空藤、老叶。

(3) 定瓜、吊瓜。选留果柄壮实、子房膨大均匀的幼果,避免畸形果定瓜。第 1 个雌花坐单果。若 1 蔓双瓜,头瓜应控制在 23～28 天上市,再调整植株,让另 1 个雌花坐果。用缚料将冬瓜果实适时吊在相近的立桩与棚条交叉处。

(4) 追肥。追肥约占总肥量的 40%。以有机肥为主,浓度掌握"前轻、中巧、后重"的原则。第 1 个雌花出现前,促 3 类苗;坐果期,"看天、看地、看苗"巧施肥。当幼果达到0.5～1.0 公斤时,可将肥料的浓度提高,每 5～7 天追肥 1 次,每次折合标准复合肥每亩 7～10 公斤,直至采收。

4. 其他

其他管理参照"设施栽培技术"。

【第八章】
经济作物种植

第一节 玉 米

1. 品种选择

为取得较好经济效益,宜选择综合性状好、适应性广、抗倒伏、生长势较强、高产优质的品种。

2. 选地整地,施足基肥

选择排灌方便、土壤肥力中等以上的田块,要求田块周围300米以内不能种植其他类型的玉米品种,以防串粉,影响品质。一般每亩施有机肥1000～1500公斤、过磷酸钙30～40公斤、硫酸钾20公斤、硫酸锌1公斤或玉米专用肥20公斤作基肥,然后深翻(深耕30厘米左右)、整地、起畦。整平土地后按畦面宽1.3米(包沟)、畦高20～25厘米作畦。

3. 适时播种

春季设施提早栽培可在2月下旬至3月上旬利用穴盘育苗;春季露地种植可在3月中旬至5月上中旬直接播种;秋季露地种植可在7月下旬至8月上旬直接播种。每穴播种1～2粒种子,播种深度以细土能盖没种子即可,每亩用种量0.8～1公斤。

（1）直播

春季一般于 3 月中旬至 4 月上旬播种,秋季一般于 7 月底至 8 月上旬播种。具体播种时间的确定应综合考虑品种生长发育特点和产品最佳上市时间。选择无病虫害、无损伤、饱满的种子进行穴播,每畦种双行,行距 50～60 厘米、株距 25～30 厘米,每穴播 2～3 粒,然后将穴填平。

播后有条件的可用化学除草剂如丁草胺等均匀喷洒畦面,随即将地膜铺平紧贴地面,四周用细土盖实,以达到保温、保肥、灭草的效果。当幼苗第一片叶展开时,即用小刀在幼苗处的地膜开 1 个 5～7 厘米的方形小孔放苗出膜,然后用细土把膜口封实。

出苗后,应及时查苗补缺,发现缺苗,可补栽预先用营养钵或育苗袋育成的秧苗,确保幼苗生长一致。

（2）育苗移栽

① 播种

春播:用装满基质的 5～6 个穴盘(128 孔)叠在一起用力压实基质,压出播种用的小穴。每穴播种 1 粒种子(发芽率低的可放 2 粒),播种深度 1～1.5 厘米。按移栽密度和出苗率多播 10%～20% 作为备用苗,用作补缺。播种后,再覆盖一层基质,多余基质用木条板刮去,使基质与穴盘格室相平。种子盖好后把穴盘排到苗床中,喷透水,以穴盘底部渗出水为宜,最后覆盖一层地膜。当出苗率达到 60% 时要及时揭去地膜,防止出苗时高温灼伤幼苗,以利于保全苗、促壮苗。

夏秋播:具体方法同上,不同的是播种完后需要覆盖遮阳网,可以防止太阳猛烈照射,起到降温保湿作用。出苗后,晴天每天 15:00 后和阴雨天要揭去遮阳网;遇暴雨时也可盖膜防止雨水的冲击。

② 播种后的管理

水分管理:出苗以后要结合天气情况,及时通风调湿。秧苗生长期,应始终保持基质湿润。喷水量和喷水次数视育苗季节和秧苗大小而定,原则上掌握穴面基质发白即应补充水分,每次要喷匀、喷透。一般春季在上午浇一次水即可,夏秋季早、晚各浇一次。成苗后,在起苗移栽前一天浇一次透水。

温度管理:棚室温度管理,春季育苗应根据天气情况开启通风口调节棚温,将白天棚温控制在 25~30 摄氏度之间,夜间 15 摄氏度以上,以适温促进秧苗健壮生长。

4. 适时移栽,合理密植

从播种到移栽,春季需要 18~22 天,夏秋季 10~12 天。每畦栽双行,行距 50~60 厘米、株距 25~30 厘米,每穴 1 株,浇定根水,然后封住地膜口。移栽时将苗的奇数叶片朝向行外,使将来的果穗及穗位叶与过道基本垂直,便于通风透光及散粉。每亩保苗 3000~3500 株。春季和肥田适当稀植,秋季和瘦田适当密植。

5. 田间管理

(1)适时间苗、定苗

直播的需要适时间苗、定苗。间苗宜早,可在 3 叶期进行,每穴留 2 苗。定苗可在 5 叶期进行,采取去弱留强的方法,每穴留 1 苗。

(2)分期追肥

及早追肥,早施、重施攻穗肥,确保甜玉米植株生长一路青,这是种植鲜食玉米成败的关键。可在行间破膜追肥,施肥后将膜口用细土覆盖。一般每亩追施尿素 30 公斤,分别在拔节期、大喇叭口期各追施 15 公斤。同时可在雌穗吐丝时补施粒肥,补施粒肥最好采用根外追肥的方法进行,每亩每次用 0.2% 磷酸二氢钾喷施叶面,连续喷 2~3 次。

(3)防旱排渍

利用地膜栽培玉米,遇干旱时可从畦沟灌水渗透畦土后再排水,多雨天气要疏通排水沟及时排除渍水。玉米抽穗扬花期对水分要求最为敏感,田间持水量应保持在 70%～80% 才能获得高产。雌穗吐丝后至收获期,是灌水的关键时期,当土地表面干燥时应及时灌水,防止果穗顶端缺粒。

（4）辅助授粉

一般气候条件下,玉米都可以自然授粉,但在特殊气候条件下,如连续阴雨或高温,或植株长势弱的情况下,需人工辅助授粉。人工授粉时间一般在 10:00 前,授粉方法较简单,只要将花粉轻轻放在花丝上即可。

（5）及时去雄

去雄可使植株体内有限的水分、养分集中用于果穗发育。去雄后采收的笋穗色亮、鲜嫩、穗行整齐。适时去雄是技术成功的关键,去雄过早,容易带出顶叶;去雄过晚,营养消耗过多,去雄失去意义。一般在雄穗散粉后 2～3 天去雄最佳。去雄时间以 8:00～9:00 和 16:00～17:00 为宜,有利于伤口愈合。在适期范围内,一般每隔 1～2 天去雄 1 次,分 2～3 次去完。

（6）除穗

为了生产出高品质、高合格率的果穗,必须除去多余的小穗,即只保留最大穗。

6. 病虫害防治

大小斑病可用 400% 克瘟散乳剂 500～1000 倍液或 50% 甲基托布津悬乳剂 500～800 倍液于叶面喷洒。玉米螟可在大喇叭口期用 1% 玉螟净颗粒剂、3% 米乐尔 750～1000 克混细土撒于心叶内。红蜘蛛可用 73% 克螨特乳油 1000 倍液喷雾。蚜虫可用 10% 吡虫啉可湿性粉剂 2000～4000 倍液、3% 啶虫脒乳油 2000～2500 倍液喷雾。茎腐病可在玉米拔节-抽雄期,选用甲霜铜或 DT 可湿性粉剂按规定量喷雾,喷药时间宜选择晴天上午露水干后或 16:00～18:00 进行。

7. 采收

一般在籽粒含水量为 66%～71%(乳熟期)采收为宜。生产实践中,甜玉米的收获期对其商品品质和营养品质影响极大,过早收获,籽粒内含物较少,口感不是太好;收获过晚,果皮变硬,失去甜玉米特有的风味。一般来说,适宜的收获期以吐丝后20～25天为宜。

采收后的鲜穗如不能及时销售,则要放在0摄氏度环境中保存,以避免其糖分含量降低,存放的时长应保证在4天内;同时,采收后的6小时内要完成保鲜储存工作,如果鲜穗要加工处理则需要全部在12小时内完成。

第二节　西　瓜

西瓜一播多收技术是指西瓜春、夏、秋季全程大棚覆盖、爬地式、一次播种多批次采收的栽培模式。

(一) 品种选择

小果型品种有早春红玉、武农8号等,中果型品种有早佳8424(冰糖瓜)、鄂西瓜16号等。

(二) 技术要点

1. 整地施肥

年前翻耕炕土,按6～7米开厢搭建大棚,在棚厢中间开沟形成3.0～3.5米的瓜厢,在瓜厢中间开一条施肥沟用以施基肥。每亩将250公斤有机生物肥、25公斤三元复合肥、1公斤硼砂、1公斤硫酸锌充分混合,40%施入定植沟中,60%均匀撒于畦面上,用耕整机耙,让土肥融合,划好定植线并覆盖地膜。瓜地必须做到三沟相通,便于排灌。

2. 播种育苗

播种前将种子放入50%多菌灵可湿性粉剂500倍液中消毒30分钟,用清水冲洗后再放入55摄氏度温水中浸泡15分钟,自然冷却并浸种 6～8 小时,反复清洗种子后,用湿纱布包裹恒温催芽。

选用未种过瓜类的肥土,按每立方米 70％的土壤、30％的腐熟过筛有机肥外加 1.5 公斤过磷酸钙配制营养土,加入 0.3 公斤 50％多菌灵粉剂充分拌匀堆置备用。每立方米可制钵 2000 个。2 月 5 日前后播种,播种前 1 天将营养钵浇透水,1 钵 1 芽,种子平放,盖籽土厚 1.5 厘米,覆盖地膜,夜晚在小拱棚上加盖麻袋或草毡,封严三层棚膜。

选晴天定植。每厢栽 1 行,小果型品种株距 55 厘米,中果型品种株距 75 厘米,用 0.2％磷酸二氢钾溶液浇足定根水。满幅覆盖地膜,扣紧小拱棚,密封大棚。瓜苗定植后,用长 2.5～2.7 米、宽 1.8～2.2 厘米的竹片 140～160 根,及时搭建小拱棚。

3. 田间管理

(1) 温度管理

缓苗期早晚控制温度在 15～30 摄氏度,及时查苗补苗。伸蔓期维持 15～28 摄氏度。开花结果期白天维持 15～32 摄氏度。

(2) 水分管理

定植时一次性浇足定根水,以后观察土壤墒情和瓜苗长相决定是否浇水,若瓜苗出现失水症状,应及时用滴灌方式浇水,到开花坐果期,逐步加大滴灌次数和浇水量。

(3) 肥料管理

缓苗肥以施平衡肥和叶面肥为主,用 0.2％磷酸二氢钾溶液或翠康生力神或氨基酸叶面肥喷雾,长势较弱的瓜苗用 2％的三元复合肥液体点施;伸蔓肥则是看苗追肥,长势强劲的瓜苗不施,反之可酌情轻施;膨瓜肥是待第一批瓜长到鸡蛋大小时,每亩施三元复合肥 10～15 公斤,采用滴灌方法,在采收前后再滴灌一次,用肥量看苗情长势而定,以后每采收一批瓜就要及时施一次肥。

（4）整枝管理

合理调整植株调节营养生长,在伸蔓以后,及时整枝,整枝方式有两种:一是留1条主蔓和2条侧蔓,其余的分枝全部抹除;二是摘心留3条子蔓,团棵期去掉生长点,选留3条健壮的子蔓。两种方法均留足3条蔓,在坐第一批瓜以前,彻底整枝抹芽,避免枝条丛生消耗养分,以使养分集中供应花芽分化,有利于多结瓜。整枝以后经常理蔓,将瓜蔓斜向均匀地摆放在畦面两侧。在采收第二批瓜后进入高温季节,需要增加分枝,可放任其生长。

（5）授粉管理

摘除瓜蔓上的第1朵雌花,出现第2朵雌花时,进行人工授粉或用强力坐果灵稀释喷施瓜柄,并用不同颜色的油漆进行标记,记录坐果日期,以便计算天数,采收时鉴别成熟度,坐瓜后应适度理蔓。

4. 病虫害防治

在大棚全程覆盖栽培条件下,早春季节叶部病害主要有疫病、炭疽病、白粉病、猝倒病（图8-1）等;虫害有蚜虫、蓟马等。夏、秋两季主要防治病毒病、枯萎病（图8-2）、蚜虫、蓟马、飞虱、斜纹夜蛾、瓜绢螟等。

图 8-1　西瓜猝倒病

图 8-2　西瓜枯萎病

疫病、炭疽病、白粉病可用80％代森锰锌可湿性粉剂500倍液喷雾；病毒病可用福尔马林100倍液浸种1小时对种子进行消毒，大田防治选用病毒必克、病毒A两种药剂600～800倍液。

蚜虫用"锋芒必透"、"蚜敌"2000～2500倍液防治；菜青虫、斜纹夜蛾、瓜绢螟用"海正三令"1500倍液防治。

西瓜主要病虫害防治药剂及使用方法见表8-1。

表8-1　西瓜主要病虫害防治药剂及使用方法

防治对象	药剂名称及使用方法	安全间隔期（天）
炭疽病	80％代森锰锌可湿性粉剂（大生 M-45）500倍液，或10％苯醚甲环唑水分散颗粒剂（世高）3000～6000倍液，或75％百菌清可湿性粉剂500～700倍液等喷雾	7
疫病	58％雷多米尔可湿性粉剂500～800倍液，或72％杜邦克露800～1000倍液，或58％甲霜灵锰锌可湿性粉剂500～800倍液等喷雾	7
蔓枯病	10％苯醚甲环唑水分散颗粒剂（世高）3000～6000倍液，或50％甲基托布津可湿性粉剂600倍液，或50％扑海因可湿性粉剂1000～1500倍液等喷雾	7
枯萎病	20％强效抗枯灵可湿性粉剂600倍液，或96％恶霉灵可湿性粉剂3000倍液灌根2～3次，每株用量200毫升	5
细菌性角斑病	77％可杀得可湿性粉剂400～600倍液，或50％琥珀酸铜（DT）可湿性粉剂500倍液，或70％甲霜铝铜可湿性粉剂250倍液等喷雾	7

防治对象	药剂名称及使用方法	安全间隔期(天)
病毒病	发病初期用 5％菌毒清可湿性粉剂 250 倍液,或 20％病毒 A 可湿性粉剂 500 倍液等喷雾 2～3 次	7
根结线虫病	每亩用 10％噻唑膦颗粒剂 1.5～2 公斤拌细干土 40～50 公斤均匀撒于定植穴内,或用 1.8％阿维菌素乳油 1000～1500 倍液灌根,每株用药 250 毫升	7
蚜虫	10％吡虫啉可湿性粉剂 1500 倍液,或 20％好年冬乳油 2000 倍液,或 27％皂素烟碱乳油 300～400 倍液等喷雾	7
瓜绢螟	5％抑太保乳油 1500～2000 倍液,或 5％卡死克乳油 1500～2000 倍液,或 1.8％阿维菌素乳油 1500～2000 倍液等喷雾	7
黄守瓜	8％丁硫·啶虫脒乳油 1000 倍液,或 5％鱼藤精乳油 500 倍液等喷雾	7
美洲斑潜蝇	5％卡死克乳油或 5％抑太保乳油 2000 倍液,或 1.8％爱福丁乳油 3000～4000 倍液等喷雾	7

5. 适时采收

西瓜采收应在了解品种成熟特性的基础上,根据当地市场需求和行情进行,以最大限度地保证西瓜品质和瓜农收益。具体方法参照本章第一节。

(三)注意事项

(1)武汉市 7～8 月进入高温酷暑期,应用竹片或木条等撑起大棚的裙膜,散发棚中热气。

(2)后期(9月)当气温下降至 25 摄氏度以下时,夜晚必须封闭大棚,加盖小拱棚保温。

第三节　甜　　瓜

(一)品种选择

甜瓜品种有丰甜 1 号、翠玉、武农青玉、日本甜宝等。

(二)技术要点

1. 整地施肥

选择地势平缓,排灌便利,前茬非瓜地,轮作在 5 年以上的平川地,土质以沙壤土为佳,春翻整地,整地深度 25~30 厘米,耙地整平,一次性分层施足基肥,下层每亩施入腐熟的猪牛粪 2000~2500 公斤、饼肥 200 公斤和过磷酸钙 20~25 公斤,上层施入 15 公斤尿素和 15 公斤硫酸钾,混入表土拌匀。

2. 播种育苗

播种前将种子放入 50% 多菌灵可湿性粉剂 500 倍液中消毒 30 分钟,用清水冲洗后再放入 55 摄氏度温水中浸泡 15 分钟,自然冷却并浸种 6~8 小时,反复清洗种子后,用湿纱布包裹恒温催芽。

选用未种过瓜类的肥土,按每立方米 70% 的土壤、30% 的腐熟过筛有机肥外加 1.5 公斤过磷酸钙配制营养土,加入 0.3 公斤 50% 多菌灵粉剂充分拌匀堆置备用。每立方米可制钵 2000 个。播种前 1 天将营养钵浇透水,1 钵 1 芽,种子平放,盖籽土厚 1.5 厘米,覆盖地膜。

选晴暖无风的天气定植,株距 0.6~0.8 米,密度 600~700 株/亩。定植后立即盖膜保温。膜外每间隔一定距离再插弓子固定,以防大风吹动。

3. 田间管理

(1)温度管理

定植后5～7天要紧闭小拱棚,增温保湿促进缓苗。当晴天中午棚温超过35摄氏度时,要适当通风降温。缓苗后白天温度控制在28～30摄氏度之间,夜间最低温度不能低于10摄氏度。

(2)肥水管理

施足基肥后一般不必追肥。对长势较弱的植株,待瓜坐稳后可适量追肥,以0.25%～0.3%的磷酸二氢钾进行叶面喷施为佳。定植前灌足底水,定植后浇足定根水,靠地膜保持土壤水分。果实膨大期,更应保持充足的土壤水分。果实生长后期,要控制土壤水分,提高果实品质。

(3)整枝管理

采用四蔓整枝,幼苗长出5～6片叶时摘心,选留4～5条健壮子蔓,分别拉向不同的方向,将茎蔓合理布局。每蔓留1个瓜,每株留4～6个瓜。有条件的也可在幼苗2叶1心时用竹签拔掉主蔓生长点,留2条子蔓在5～6片叶时摘心,待孙蔓长出后,保留子蔓梢部的2～3条孙蔓,每株有孙蔓4～6条,每条结1个瓜,共结4～5个瓜。

(4)授粉管理

开花时,若遇连续阴天多雨,应喷施坐果灵确保坐瓜。

4. 病虫害管理

病害主要有蔓枯病(图8-3)、枯萎病、霜霉病、白粉病(图8-4)等;前期虫害主要有地老虎、黄守瓜,后期虫害主要有白粉虱、蚜虫、潜叶蝇等。在定植时结合浇定根水,掺入敌杀死和重茬剂,既可杀死地下害虫,又可防治蔓枯病、枯萎病;白粉病可用粉锈宁防治;霜霉病可用代森锰锌和百菌清等防治。蚜虫和白粉虱可用10%吡虫啉2000倍液、20%灭扫利乳油2000倍液防治;潜叶蝇可用2.5%敌杀死或功夫、20%速灭杀丁、40%菊马乳油2000倍液,抑太保乳油1000倍液,1.8%虫螨光乳油3000倍液喷洒叶子正反面。药剂防治一般每隔7～10天喷1次。

图 8-3　甜瓜蔓枯病

图 8-4　甜瓜白粉病

甜瓜主要病虫害防治药剂及使用方法见表 8-2。

表 8-2　甜瓜主要病虫害防治药剂及使用方法

防治对象	药剂名称及使用方法	安全间隔期（天）
猝倒病	64％杀毒矾可湿性粉剂 500 倍液,或 25％瑞毒霉可湿性粉剂 600～800 倍液,或 50％多菌灵可湿性粉剂 500 倍液等喷雾	5～7
立枯病	发病初期用 64％杀毒矾可湿性粉剂 500 倍液,或 25％瑞毒霉可湿性粉剂 600～800 倍液,或 58％甲霜灵锰锌可湿性粉剂 500 倍液,或 72.2％普力克水剂 800 倍液等喷雾	7～10
白粉病	15％粉锈宁可湿性粉剂 1000～1500 倍液,或 20％粉锈宁乳油 1500～2000 倍液,或 70％甲基托布津可湿性粉剂 1000～1500 倍液,或 75％百菌清可湿性粉剂 500～800 倍液,或 40％多·硫胶悬乳剂 500 倍液等喷雾	7

防治对象	药剂名称及使用方法	安全间隔期(天)
蔓枯病	70%甲基托布津 700~800 倍液,50%扑海因可湿性粉剂 800~1000 倍液,70%代森锰锌可湿性粉剂 500 倍液,或 70%百菌清可湿性粉剂 600 倍液,或 50%混杀硫悬浮剂 500~600 倍液等喷雾。也可用 70%甲基托布津或 75%敌克松可湿性粉剂 50 倍液涂抹病部	7
炭疽病	80%大生 M-45 可湿性粉剂或 10%世高水分散颗粒剂 3000~6000 倍液,或 75%百菌清可湿性粉剂 500~700 倍液等喷雾	7
枯萎病	20%强效抗枯灵可湿性粉剂 600 倍液,或 96%恶霉灵可湿性粉剂 3000 倍液灌根 2~3 次,每株用量 200 毫升	5
细菌性叶斑病	47%加瑞农可湿性粉剂 800 倍液,72%农用链霉素可溶性粉剂 3000~4000 倍液,或 50%退菌特可湿性粉剂 800~1000 倍液,或 10%双效灵水剂 300~400 倍液等喷雾	7
病毒病	防治蚜虫,发病初期用 5%菌毒清可湿性粉剂 250 倍液,或 20%病毒 A 可湿性粉剂 500 倍液喷雾 2~3 次	7
蚜虫	10%吡虫啉可湿性粉剂 1500 倍液,或 20%好年冬乳油 2000 倍液,或 27%皂素烟碱乳油 300~400 倍液等喷雾	7

续表 8-2

防治对象	药剂名称及使用方法	安全间隔期（天）
蓟马	10％扑虱灵乳油 1000 倍液，或 2.5％功夫乳油 5000 倍液，或 2.5％天王星乳油 3000 倍液等喷雾	7
瓜野螟	5％抑太保乳油 1500～2000 倍液，或 5％卡死克乳油 1500～2000 倍液，或 1.8％阿维菌素 1500～2000 倍液等喷雾	7
黄守瓜	8％丁硫·啶虫脒乳油 1000 倍液，或 5％鱼藤精乳油 500 倍液等喷雾	7
美洲斑潜蝇	当叶片出现小潜道时用药，选择 5％卡死克乳油或 5％抑太保乳油 2000 倍液，或 1.8％爱福丁乳油 3000～4000 倍液等喷雾	7

5. 适时采收

一般在授粉后 25～30 天成熟。采收应在果实温度较低的早晨和傍晚进行，切忌雨天或雨刚停后采瓜。采收时应尽量减少倒运环节，减少果实的机械损伤。通常带柄采收，采收时用剪刀从瓜柄靠近瓜蔓部剪下。

（三）注意事项

（1）为实现较高经济效益，目前主要采用保护地育苗，实现早定植，合理整枝，加强田间管理，前期覆盖棚膜，促进果实在梅雨季节前收获。

（2）整枝摘心是甜瓜生产上最重要、技术性最强的一项管理措施，在时间上要早、要及时，甜瓜的茎蔓生长很快，摘心晚了，就起不到调节平衡作用，而且还须准确、彻底。

第四节　草　莓

（一）品种选择

选择抗性较强、适应性强、商品性好、产量高的品种，如吐德拉、达莱克特、童子1号、甜查理、章姬、丰香、红颜、花兰地等。

（二）技术要点

1. 整地施肥

定植前一次性施足基肥，每亩施腐熟农家肥 3000 公斤、腐熟油枯 250 公斤、复合肥 150 公斤，将肥料充分混合，并进行多次深翻。作畦，畦宽 60～70 厘米、高 40 厘米，沟宽 40 厘米，整平面待定植。

2. 育苗

用匍匐茎繁殖草莓时，要把偶数节埋入土中，以促其生长不定根。当小苗长出 4～6 片叶时，可以与母株分离成独立生活的苗。从每年的 4 月开始育苗，有条件的地方可进行假植。

3. 田间管理

（1）定植

一般 9 月下旬至 10 月上旬移栽，视幼苗生长状况和天气而定，尽可能阴天定植。选用根系发达、白色根多的壮苗，双行种植，行距 20～25 厘米，株距 15～20 厘米，每亩栽植 8000～10000 株。

定植前用萘乙酸 5 毫克/升浸泡根系 2 小时，并剪除部分老叶和黑色老根。发育良好的植株根茎基部略呈弓形，高垄移栽时应将弯曲的凸面朝向垄沟一侧，有利于光照和通风，提高果实质量，便于采收，减少病害发生。合理的深度应使苗心的茎部与地面平齐，使苗心不被土掩埋，做到深不埋心，浅不露根。栽后马上浇 1 次透水，如发现有露根淤心现象以及花穗预出方向不合要求的植株,应立即调整,重新栽植。种后 1 周,查看苗子是否成活,及时补缺。

（2）中耕除草

盖膜前可中耕 2～3 次,尽可能做到园地清洁,不见杂草,排灌畅通。中耕深度一般以 3～4 厘米为宜,太深会伤及根系。

（3）追肥

苗成活后,视苗生长情况施速效肥,可促进花芽分化,以薄施勤施为原则。如用 20％人粪尿或每亩用 5 公斤的尿素兑水淋施,5～7 天 1 次,保持土壤湿润。草莓从定植至开花为 40 天左右,开花前后各追施 1 次肥料,每亩施三元复合肥 10～20 公斤、硫酸钾 5 公斤。采收 6～8 次果以后,再追施 1 次肥,每亩施三元复合肥 10～15 公斤。用打孔法施肥,孔深 15 厘米左右,位于两植株之间。

（4）灌水

草莓是需要水分较多的浆果植物,全生育期都要求足够的水分,除结合每次追肥浇水外,如遇干旱也要及时浇水,尤其是开花后到浆果成熟期间,保证充足的水分供应,有利于增大果个,提高产量。灌水方法可在垄沟内灌溉。每次灌水量要适当,不可过大漫过畦面,尽量小水勤浇,水多易引起灰霉病的发生,有条件时可进行滴灌。

（5）整枝和疏花疏果

及时摘除老叶、病叶、匍匐茎,减少养分消耗,以免影响当年产量和秋季花芽的形成。适当疏花疏果,疏花在开花前花蕾分离期进行,对高节位花进行适量疏蕾,使每花穗结果不超过 18个,这样可以节省和集中养分,使留下的花朵坐果整齐,果个大、均匀。在疏花过程中保留生长旺盛、花柄较粗的第一穗花蕾。疏果在幼果期进行,每株留果 12～18 个,疏去果梗过短、花小、果实不会长大和果实长到黄豆大时已经畸形的果、病虫果。疏果是疏花的补充,可使果形整齐,提高商品果率,15～20 天进行 1 次。

4. 病虫害防治

主要病害有叶斑病(图 8-5)、灰霉病等,主要虫害有蚜虫(图 8-6)、红蜘蛛、锈蜘蛛等。

图 8-5　草莓叶斑病

图 8-6　草莓蚜虫

叶斑病,发病初期用代森锌合剂 500 倍液或杀毒矾 600 倍液喷雾防治。灰霉病,浆果成熟期是该病害盛发期,高湿是发病的重要条件,连绵阴雨时病害严重。应及时清除老叶、病叶、病果、病花,并集中销毁。可用 75％达科宁可湿性粉剂 800～1000 倍液预防,用 50％速克灵可湿性粉剂 1000 倍液或 50％扑海因可湿性粉剂 1000 倍液轮流使用防治,隔 7 天 1 次,连用 2～3 次后改用预防剂继续防治。

蚜虫可用 5％吡虫啉乳油 2000～3000 倍液防治。叶螨类主要为红蜘蛛和锈蜘蛛,应从定植成活后开始防治。草莓育苗期间,及时浇水,避免干旱。要及时摘除老叶和黄叶,并将虫叶、病叶销毁。用 1.8％阿维菌素乳油 3000 倍液喷雾防治,隔 5 天 1 次,连用 2 次,要求药量要足,喷雾均匀。

5. 采收

草莓果实由绿色逐渐变白,最后成红色并具光泽,即为成熟。一般开花 30 天后成熟即可采收。因草莓成熟期不一致,最好能每天摘 1 次。最适采摘时间是在露水干后至高温之前或傍晚凉快时,否则易腐烂。收获期从 12 月上旬至翌年 4 月底。

（三）注意事项

（1）草莓喜光，要给予充足的光照，否则植株生长旺盛而开花稀少。

（2）果期浇水要注意保持浆果洁净，可在花后垫上牛皮纸，将下垂的果与土隔开。

第五节 向 日 葵

（一）品种选择

向日葵有油用型和食用型，即油葵和食用葵。如 HL8193、巨无霸、太阳、光辉、华丽、月光、莫内、香吉士、情人节、可可等品种。

（二）技术要点

1. 整地施肥

施足底肥，每公顷施入腐熟、发酵的有机肥 30～40 立方米（最好是灰土粪），施磷酸二铵 150～200 公斤和尿素 100～150 公斤。

2. 播种定植

向日葵生育期比较短，播期选择余地比较大，在 5 月上中旬播种。油用型品种应当适当晚播；食用型品种应当适当早播，以防止贪青晚熟而减产。

油葵最适宜的播种期为 3 月中旬至 4 月中旬，食用葵播种期为 4 月中下旬。可通过调节播种期来调节向日葵的开花期，使开花后 20 天能躲过高温、多雨、干热风的天气，达到授粉良好，提高结实率的目的。

3. 田间管理

要合理密植，以利于通风透光，原则是高秆大粒品种，宜稀；

矮秆及小粒品种,宜密。食用葵每亩 2000 株左右,油葵每亩 3000 株左右。最适宜的播种量,每穴不少于 3 粒。一对真叶时间苗、两对真叶时定苗可使产量最高,随着间苗、定苗时间的推后产量也随之递减。单株留苗产量最高。

当幼苗长到两对真叶时进行定苗。出苗到现蕾期,进行2～3 次中耕除草,最后一次应深耕培土,防止倒伏,但应该注意的是不能伤根。

最适宜的浇水期:现蕾、开花、灌浆各一次,可使产量最高,而且含油率也最高。

最适宜的追肥期:生育期以 117 天为例,出苗至现蕾 55 天,现蕾至开花 17 天,开花至成熟 45 天。追肥既要适时,又要合理,向日葵现蕾至开花期,每公顷追施尿素 150 公斤,沟施或穴施,盛花期喷施 0.2%～0.4%的磷酸二氢钾,看长势而定,追 1～2 次。

在现蕾至开花期,向日葵常有分杈发生,一旦发现,立即除杈,以减少水分和养分的消耗,保证主茎花盘对养分和水分的需求。

在向日葵花盘形成阶段,开花期和灌浆期,应适时、适量地科学灌水,尤其遇到干旱,应及时灌溉,满足向日葵在生长发育阶段对水分的需要。

向日葵是异花授粉作物,靠昆虫、蜜蜂传粉结实,尽管如此,还是需要进行人工辅助授粉,授粉时间为每天 10:00 左右(9:00～11:00),一般可授粉 2～3 次。

4. 病虫害防治

向日葵菌核病(图 8-7):用菌核净、乙烯菌核利和速克灵,稀释倍数为 500 倍,防治效果可达 80%左右。其次是甲基托布津、多菌灵或甲基托布津和多菌灵 1:1 混合剂,稀释倍数也是 500 倍,防治效果可达 50%以上。可用 50%菌核净 500 倍液、50%速克灵或 50%乙烯菌核利 800～1000 倍液。盛花期后连喷2～3次,间隔7天,效果显著。可在向日葵开花结束(花盘中心小花已经开完)和开花10天时喷2次药,可以达到较好效果,增加喷药次数可提高防治效果。一次用药为1.5公斤/公顷,喷在花盘的正面和背面。

向日葵螟(图8-8):于向日葵始花期、盛花期,每亩用赤眼蜂卡6张分2次放蜂防治葵螟卵。在向日葵开花后喷洒美曲膦酯。杀幼虫药剂应坚持以使用生物农药、特异性农药为主,化学农药为辅的原则,可采用生物药剂,如杀虫菌1号(其他名称:苏云金杆菌、BT乳剂、杀虫素、苏特灵)、青虫菌、白僵菌、绿僵菌、杀螟杆菌等制剂喷洒花盘防治幼虫,也可用灭幼脲3号、农梦特(伏虫隆)、除虫脲(敌灭灵、伏虫脲、氟脲杀)、抑太保(定虫隆)、卡死克、米满等特异农药喷洒花盘防治葵螟幼虫;备选化学农药有安打、菜喜、万灵(灭多威)等。

图8-7　向日葵菌核病

图8-8　向日葵螟

5. 采收

当花瓣全部干枯萎蔫后,葵盘颜色稍变深时采摘;也可用手在葵盘中间取一粒葵子,剥开,如果仁满稍硬即可采收。

(三)注意事项

(1)向日葵不宜连作,也不宜在低洼易涝地块种植,对前茬选择并不严格,除甜菜和深根系牧草外,其他作物均可作为向日葵的前茬。向日葵的适应性较强,在土层深厚、腐殖质含量高、

pH 值为 6～8 的沙壤土或壤质土壤中种植为好。

（2）采收时因为边缘处成熟早,中间成熟晚,衡量是否成熟要以中间的为准。

第六节 黄 秋 葵

（一）品种选择

如台湾的"南洋"、"五福"、"永福"、"翠娇",及日本的"东京五角"等品种。

（二）技术要点

1. 整地施肥

前茬作物收获后,及时深翻晒土 10～15 天,耙平做深沟高畦,露地栽培多采用高畦双行种植,畦宽 0.9～1.2 米,畦高 25～30 厘米,沟宽 30 厘米,行株距 70 厘米×45 厘米。整地时备足基肥,每亩施用农家肥 1500～2000 公斤、复合肥 30～40 公斤,肥料与土壤应充分混合。

2. 播种施肥

黄秋葵多采用种子直播,每亩用种量约 200 克。早播应采用大棚、小拱棚或地膜覆盖栽培。以露地栽培为主,也可在保护地栽培。黄秋葵种皮较硬,播前须浸种 24 小时,每隔 5～6 小时清洗换水 1 次,以提高种子质量。如放在 25～30 摄氏度的环境条件下催芽,3～4 天出芽后即可播种,约 10 天可以出苗。

3. 田间管理

（1）间苗

直播田出苗后要及时间苗,做到早间苗,迟定苗。破心时进行第一次间苗,间去病、弱、小苗;2～3 片真叶时进行第二次间苗,选留壮苗;3～4 片真叶时定苗,每穴留苗 2～3 株。

（2）施肥

黄秋葵植株高大，结果多，肥水充足是获得高产的关键。除施足基肥外，在生长期还应进行多次追肥。出苗后及时追施齐苗肥，每亩施尿素 6～8 公斤；第二次施提苗肥，在定苗或定植后开沟撒施，每亩施复合肥 15～20 公斤；苗高 30 厘米，进入结果期时，重施追肥，每亩施复合肥 25～30 公斤；生长中后期可酌情多次少施追肥，防止植株早衰。

（3）浇水

定苗后一般是 7～10 天浇 1 次水。炎夏季节正值黄秋葵收获盛期，地表温度高，应在 9：00 点以前，日落后浇水，避免高温下浇水伤根。雨季注意排水，防止死苗。

（4）中耕除草和培土

幼苗出土或定植后，要避免杂草与幼苗争肥争水，及时中耕除草。每 7～10 天中耕 1 次，开花结果后浇水、追肥后均应中耕。要及时培土，防止植株倒伏。夏季暴雨多风地区，最好选用 1 米左右的竹竿、树枝插于植株附近，防止倒伏。

（5）植株调整

植株生长前期，应及时摘除侧枝，有利于主茎早结果和提高产量。生长前期营养过剩，生长过旺，也可以采取扭叶柄的方法，将叶柄扭成弯曲状下垂，控制生长；生长中后期，及时摘除已采收嫩果以下的各节老叶，既能改善通风透光条件，减少养分消耗，又可防止病虫害蔓延；采收种果者及时摘心，可促使种苗老熟，以利籽粒饱满，提高种子质量。

4. 病虫害防治

黄秋葵病虫害较少，偶尔有蚜虫、螟虫、蚂蚁和地老虎危害。防治蚜虫、螟虫和蚂蚁，可用 2.5% 敌杀死 3000 倍液；防治地老虎，可在根际周围灌 80% 敌服 1500 倍液或 90% 美曲膦酯 500 倍液，毒杀幼虫。连阴雨季节，枝叶出现较多病斑，可在天转晴后，及时在植株基部附近撒石灰，防止病害蔓延。

5. 适时采收

黄秋葵从第 4～8 节开始节节开花结果,在温度适宜的条件下,花谢后 2～4 天可采收嫩果,一般嫩果长到 6～8 厘米长、约 12 克重时即可采收上市。采收过早产量低;采收过迟易纤维化,品质降低,不宜食用。采收宜在早晨或傍晚进行,采收时在果柄处剪下,以免伤害枝干。黄秋葵茎、叶、果实上都有刚毛或刺,采收时应戴上手套,否则皮肤被刺,奇痒难忍。一般每亩产量 1200～2000 公斤。收获前期一般 2～3 天采收 1 次,收获盛期一般每天或隔天采收 1 次,收获中后期一般 10 天采收 1 次。开花结果后,植株生长加快,每隔 3～4 天采收 1 次。

(三) 注意事项

黄秋葵是异花授粉作物,留种地要建立安全隔离区。在大田中选择具有本品种特征的优良单株作种株,供给充足的肥水,促进生长,选取植株中上部果实作为留种果,其他果实在嫩果期摘下上市。当果实开始变成褐色,即可采收。待种果完全晒干,剥开果皮取出种子,每个种果有 90～100 粒种子,种子晒 2 天后贮藏,第 2 年可保持 95% 左右的发芽率。

第七节　紫背天葵

(一) 品种选择

紫背天葵(又名观音菜、血皮菜)富含具有造血功能的铁元素、维生素 A 原,可增强机体免疫力,延缓衰老,是集菜用和药用为一体的高档保健型蔬菜,具有很好的市场前景。

(二) 技术要点

1. 生产季节安排

露地栽培:于 11 月中上旬剪取插穗,利用塑料大棚沙基质扦插育苗,早春 3 月移栽至露地,5 月初开始采收,可收获至

10 月。

塑料大棚栽培：于当年 9 月上旬进行大田直接扦插育苗，并搭建塑料大棚，随着温度降低，需在大棚间架设小棚，以薄膜和草帘覆盖保温，10 月上旬开始采收，可一直收获到翌年 4 月。

通过合理安排，可做到露地菜与大棚菜的良好衔接。

2. 重施基肥、提苗肥、追肥

一般每亩施腐熟有机肥 1000～1500 公斤、复合肥 10～30 公斤。

3. 摘心、采收促分枝

株高 15 厘米时可摘心，应在浇水施肥后进行，稍加蹲苗，使主茎变粗，尽快分出侧枝。以后随着嫩茎叶的采收，植株萌发更多新侧枝。当定植 20～30 天以后开始采收，采收嫩梢为产品，采收标准为梢长 10～15 厘米，第一次采收时基部留下至少 2～3 节，用来萌发新的嫩梢。在适宜的条件下，15～20 天采收 1 次，采摘的次数越多，分枝越旺盛。

4. 露地栽培

露地栽培，换茬是关键。在采收的中后期，植株长势渐弱，易遭害虫危害，且嫩茎叶感官品质有所下降，其叶背紫红色褪色严重。为了更新植株长势，维持较高的品质，有必要在生产中期在大田直接扦插育苗进行更新换茬。即直接将剪好的插穗扦插于大田壤土中，注意保湿、排水、遮阴，成活率达 90％以上。

5. 病虫害防治

多年栽培及大规模示范栽培过程中有食叶类害虫危害，常规防治。

（三）注意事项

越冬保苗需要利用扦插苗越冬，或者老兜越冬。

第八节　益　气　参

（一）品种选择

益气参又名土人参,为马齿苋科一年生或多年生草本植物,叶对生,果实为蒴果,含 8 颗种子。益气参喜温湿气候,喜肥怕涝,较为耐旱,可耐 35 摄氏度高温,不耐低温,温度低于 5 摄氏度时,植株无法正常生长,甚至死亡。益气参的根、茎、叶均可食用,所含氨基酸种类高达 13 种。

露地栽培益气参包括食用嫩茎叶型和苗用型。

（二）技术要点

食用嫩茎叶型益气参采用育苗移栽法,于 5 月 4 日播种,4 片真叶时移栽,株行距为 20 厘米×30 厘米,株高 20 厘米左右时采收嫩茎叶,采收标准为 10 厘米左右。采收前施提苗肥人粪尿 2 次,采收后进行速效肥追施。

苗用型益气参采用条播育苗,播种日期为 5 月 4 日,行距为 10 厘米,出苗后进行间苗,施提苗肥 2 次(人粪尿),株高 10 厘米左右、叶片数约为 10 片时进行整株采收。采收完毕后立即进行整地和施基肥,重复进行播种和采收。

1. 播种育苗

播种前,将种子置于阳光下晒 3 小时,然后于 50～55 摄氏度温水中浸种 3 小时,将种子取出沥干,再用湿润纱布包好,保持 35 摄氏度保湿催芽,其间每天用 20～30 摄氏度的温水淘洗种子 1 次,待大部分种子露白时便可进行播种。

益气参种子细小,播种时可拌入草木灰或河边细沙,采用划沟条播,沟距 10～15 厘米,沟内均匀撒上种子,每亩种子约需 100 克。播种后覆盖一层薄土,浇足水。此后,注意保持苗床湿润。播种后 5～7 天,小苗即可出齐。

2. 田间管理

益气参出苗后,2叶1心时进行间苗,3～4叶时第二次间苗至株距5～8厘米。益气参喜肥,以有机肥作为基肥,可以追施速效肥促进植株生长。

苗期注意中耕除草,改善土壤的水分、养分、温度、热量状况。

3. 病虫害管理

益气参少有病虫危害,可以不使用农药,达到生产无污染的绿色蔬菜的目的。

4. 采收与接茬

益气参播种后30～40天、株高15厘米左右时进行整株采收,每亩产量2000～2500公斤,采收完毕后整地,重新进行播种和生产,此操作可持续至11月中旬。

【第九章】
果树种植

第一节 柑 橘

(一)品种介绍

(1)鄂柑2号:属宽皮柑橘品种。树势较强,树形较开张,单性结实,果实无核,单果重125克左右,大小均匀,皮薄可食率高。该品种9月下旬开始着色,10月上旬成熟,适于在长江流域及湖北宽皮柑橘主区种植。

(2)宫川:圆形,顶部宽广,蒂部略窄,果面光滑,果色橙红,皮较薄,单果重125~140克。品质优良,细嫩化渣,无核,含可溶性固形物11%左右,果实10月上中旬成熟。宫川温州蜜柑丰产、优质,是我国主栽和发展的早熟温州蜜柑之一。

(3)鄂柑1号:果大或中大,果形端正,平均单果重143克,橙红色,有光泽;果肉橙色,肉质脆嫩,味浓爽口,品质极优;可溶性固形物12%~14%,果实于11月下旬至12月上旬成熟。

(4)大浦5号:该品种成熟期早,产量高,肉质柔软,较化渣,风味较浓,果形扁圆,单果重80~140克。

(二)建园

(1)园地选择:柑橘对土壤的适应范围较广,红黄土壤、沙滩和海涂地均可栽植,它们对土层深度的要求为中等,即 1 米左右,土壤酸碱度以 pH 值在 5.5～6.5 之间为宜,要求土壤透气性良好,地下水位在 1 米以下。

(2)栽植时间:春季 3～4 月,秋季 9～10 月。

(3)栽植密度:按每亩栽植的永久植株数计,一般以 60～111 株为宜,株行距(2～3)米×(3～3.5)米。具体密度依品种、砧穗组合、立地条件和管理水平而定。

(4)整地:挖 30 厘米深的穴,施 20 厘米厚的腐熟有机肥填埋穴底,再分层填入表土和客土,回填后要高出垄面 20 厘米左右。

(5)定植:柑橘苗最好经拌磷肥的黄泥浆沾根。在定植墩的中心挖 30 厘米左右深的穴,将苗木的根系和枝叶适度修剪后放入穴中央,舒展根系,扶正,一边填入细土,一边轻轻提苗,压实,使根系与土壤密接,并在根系范围浇足定根水。栽植深度以根茎露出地面 5 厘米为宜。未筑墩的,定植穴填土应高于畦面 20 厘米左右。

(三)土水肥管理

1. 土壤管理

(1)深翻扩穴:秋梢停止生长后,从树冠外围滴水线处开始,逐年向外扩展 40～50 厘米,深度 40～60 厘米(山地改土位置在梯田内侧及株间)。回填时表土放底层,心土放上层,穴内灌足水分。

(2)间作或生草:柑橘园应实行生草栽培,幼树阶段以套种豆科作物或禾本科牧草为宜,春季与梅雨季节生草,出梅后及时收割,根盘覆盖。

(3)覆盖与培土:高温和干旱季节,采用秸秆覆盖或割草覆盖树盘,厚度在 15～20 厘米,覆盖物与根茎保持 10 厘米左右的距离。冬季进行培土,培入塘泥、河泥等。

（4）中耕：可在夏、秋季和采果后进行，每年 2～3 次，深度 8～15 厘米，坡地宜深，平地宜浅。中耕结合除草进行根盘覆盖，保持土壤疏松。雨季不宜中耕。

2．水分管理

柑橘园要建立排灌设施，柑橘树在春梢萌动及开花期（3～5 月）、果实膨大期（7～10 月）及采后对水分敏感，如遇干旱应及时浇灌，雨季或积水时要及时排水。果实采收前如遇多雨天气时，可通过薄膜覆盖控水，降低土壤含水量。

3．施肥

（1）肥料种类与质量

肥料种类与质量应充分满足柑橘对各种营养元素的需求，有机肥施用量占总施肥量的 50％～70％，合理施用无机肥。

（2）施肥方法

① 土壤施肥：可采用环状沟施、条沟施和土面撒施等方法。环状沟施，即在树冠滴水线处挖沟（穴），深度 20～40 厘米。如采用条沟施，则东西、南北对称轮换位置施肥。土面撒施的肥料以颗粒缓释肥为主，速溶性化肥应浅沟（穴）施。

② 幼树施肥：勤施薄肥，以氮肥为主，配合施用磷、钾肥。在春、夏、秋梢抽生期施肥 4～6 次，顶芽自剪至新梢转绿前增加根外追肥。8 月下旬至 10 月停止施肥，11 月施越冬肥。1～3 年生幼树单株年施纯氮 200 克左右，氮：磷：钾的比例以 1：0.3：0.5 左右为宜。

③ 结果树施肥：基肥一般在 3 月下旬施，以有机肥为主，腐熟禽畜肥 3000 公斤/亩、复合肥 20 公斤/亩、过磷酸钙 30 公斤/亩，混合后深翻入土；稳（壮）果肥一般在 8 月中旬施，硫酸钾 10 公斤/亩穴施。

（四）整形修剪

1．整形

柑橘一般采用自然开心形，定干 20～40 厘米，选留 3～4 个主枝错落有致的分布。主枝分枝角度为 30 度～50 度,各主枝上配置副主枝 2～3 个,一般在第三主枝形成后,即将中央干剪除或扭向一边作结果枝组。

2. 修剪

(1)幼树修剪:以轻剪为主,选定类中央干延长枝和各主枝、副主枝延长枝后,对其进行中度或重度短截,并以短截程度和剪口芽方向调节各主枝间生长势的平衡。轻剪其余枝条,避免过多的疏剪和重度短截。除适当疏删过密枝梢外,内膛枝和树冠中下部较弱的枝梢一般应保留。

(2)初果期修剪:继续选择和短截处理各级骨干枝的延长枝,抹除夏梢,以促发健壮秋梢。过长的营养枝留 8～10 片叶及时摘心,回缩或短截结果后的枝组。剪除所有晚秋梢。秋季时生长势旺盛的树采取环割、断根、控水等促花措施。

(3)盛果期修剪:及时回缩结果枝组、落花落果枝组和衰退枝组,剪除枯枝、病虫枝。对骨干枝过多的树冠、郁闭严重的树,可用大枝修剪法,锯去中间直立性骨干大枝,开出"天窗",将光线引入内堂。对当年抽生的夏、秋梢营养枝,通过短截或疏删其中部分枝梢,调节翌年产量,防止大小年结果。对无枝叶组,在重疏删基础上,对大部分或全部枝梢作短截处理。一般树高控制在 3 米以下。

(4)衰老更新期:应减少花量,以恢复树势。在回缩衰弱枝组的基础上,疏删密弱枝群,短截所有夏、秋梢营养枝和有叶结果枝。极衰弱的树在萌芽前对侧枝或主枝进行回缩处理。衰老树经更新修剪后促发的夏、秋梢,应采取截强、留中、去弱的方法处理。

(五)花果管理

(1)控花

冬季修剪以短截、回缩为主;花量较大时,适当剪去花枝。

强枝适当多留花,弱枝少留或不留;有叶花多留,无叶花少留或不留;抹除畸形花、病虫花等。

（2）疏果

以人工疏果为主,分两次进行。第一次在首次生理落果后,只疏除小果、病虫果、畸形果、密弱果;第二次在定果后（7 月下旬至 9 月）,根据叶果比进行疏果,适宜叶果比为（30～35）：1。

（六）病虫害防治

严格执行《绿色食品　农药使用准则》（NY/T 393—2013）的规定。加强果园管理,实施翻土、修剪、清洁果园、排水、控梢等农业措施,减少病虫源,加强栽培管理,增强树势,提高树体自身抗病虫能力,提高采果质量,减少果实创伤,降低果实腐烂率。

1. 物理防治

（1）应用趋光性防治害虫:用黑光灯和频振式杀虫灯诱杀或驱赶吸果夜蛾、金龟子、卷叶蛾等害虫。

（2）应用趋化性防治害虫:拟小黄卷叶蛾等害虫对糖、酒、醋液有趋性,可利用其趋性,在糖、酒、醋液中加入农药诱杀。

（3）应用趋色性防治害虫:可用黄板诱集蚜虫、蓟马等害虫。

（4）人工捕捉天牛、蚱蝉、金龟子等害虫。

2. 化学防治

各物候期化学防治药剂使用情况:在 4 月中旬的花前期,春季清园后用 250 倍绿颖（99％矿物油乳液）喷雾,主要防治介壳虫,同时对其他病害、虫害也可起到预防作用;在 5 月底至 6 月中旬的坐果期,用螨危 5000 倍液喷雾,主要防治螨类害虫,如柑橘全爪螨、锈螨、红蜘蛛等;在果实膨大期,一般在 7 月中旬,用大生 M-45 可湿性粉剂 600 倍液喷雾,防治疮痂病、树脂病等。

（七）采收

在柑橘转色 2/3 以上方可进行采摘,以确保果实充分成熟。

采摘要分期分批,先熟先采。采收时要求使用平头橘剪,2次剪蒂,采摘后放入专用竹筐,竹筐内事先放入松软材料避免碰伤果实,做到轻拿轻放,避免过度堆压及日晒雨淋。

第二节　葡　　萄

(一)葡萄品种介绍

(1)夏黑:属于欧美杂交种,巨峰系。由于其独特的口感风味外加无核,又具有早熟特性,近几年很受种植户追捧,为南方种植明星品种,经济价值在葡萄中也排位前列。果穗多为圆锥形,部分为双歧肩圆锥形,平均穗重 0.5 公斤。果粒着生紧密,需要疏果,果粒近圆形,平均粒重 3.5 克,如进行过膨大处理可达 5～10 克。颜色呈紫黑色至蓝黑色,容易着色,成熟一致。果皮厚而脆,果粉厚。甜度高,一般在 15～18 度,也有部分达到20 度以上,有浓郁的草莓香味。可溶性固形物含量 20%～22%,挂果时间长,耐储存和运输,是优质的种植品种。

(2)美人指:为欧亚种,二倍体,最初由日本培育,1994 年开始引入我国,因果实像美女染了红指甲的手指而得名,是一个很有特点的晚熟品种,但抗病性差,对病虫害防控技术要求较高。果粒细长,尖端呈鲜红色,基部较暗,果穗为长圆锥形,无副穗。一般穗重 0.48 公斤,最重可达 1.75 公斤,果粒一般重 11.5 克,最重可达 20 克。皮薄但有韧性,不易裂果;品质脆、味甜爽口,可溶性固形物含量 16%～19%,甚至更高,品质佳。

(3)红地球:通常叫红提,属于欧亚种。该品种特点是大粒、优质、丰产、极耐运输等。果穗呈长椭圆形,粒重最大可达22 克,果粒硬而脆,酸甜适口。可溶性固形物含量 16.3%,品质极佳,且不易脱粒,耐运输。每粒果含种子 3～4 粒。

(4)维多利亚:在我国引进后表现良好,经济效益高,种植户喜爱种植。果串大,平均串重 0.63 公斤,果粒大,呈长椭圆形,粒型美观,平均果粒重 9.5 克,平均横径 2.31 厘米,纵径 3.2 厘米,最大果粒重可达 15 克。果皮呈绿黄色,果肉硬而脆,可溶性固形物含量 16%,含酸量 0.37%;果肉易与种子分离,一般每粒果实含 2 粒种子。

（5）里扎马特:欧亚种,原产于前苏联。果穗呈圆锥形,特大,平均穗重 850 克,最大穗重达 2500 克。果粒呈长椭圆形,平均粒重 12 克,最大粒重 20 克左右。但有时果粒不太整齐,果皮薄,成熟后呈鲜红色到紫红色,外观艳丽。果皮与果肉难分离,肉质脆,细腻,清香味甜,品质佳,比巨峰早熟 5～7 天,在浙江金华地区 7 月上中旬成熟,果实不耐储藏和运输。树势极旺,管理不善易出现大小年和果实着色不良现象。抗病性中等,成熟期雨水多时易裂果。

（6）比昂扣:又名白罗莎里奥,原产于日本,平均果穗重 864 克,单粒重 8～12 克,最大单粒重 16.5 克。果实呈椭圆形,果皮呈绿黄色,外形美观,皮薄韧性大,无涩味,汁多味浓甜,糖度达 19%～22%,有果香味,品质极佳,不掉粒,运输性能好。浙江金华地区果实 8 月中旬开始成熟,成熟后挂树时间长,可延至 10 月中下旬采收。坐果率高,丰产性较好。露地栽培抗病能力较弱,适合大棚或避雨栽培。

（7）巨玫瑰:欧美杂交种,果穗重 514 克,平均粒重 9 克,果粒呈紫红色,果肉软多汁,甜酸适口,具有浓郁纯正的玫瑰香味,含糖量 17%～22%。7 月中下旬成熟,是一种品质极佳、香气浓、丰产、抗病的优良品种,唯肉软不耐运,适于采摘园栽培。

（8）藤稔:又名乒乓葡萄,欧美杂交种,平均穗重 600～700 克,果粒呈短椭圆形或圆形,巨大,平均粒重 15～20 克,含糖量 15%,果粒大小均匀。果皮呈紫黑色,果面有果粉,光泽度好。果皮薄易剥皮,果肉肥厚,植株生长势较强,较丰产,抗病性强,易于栽培。在浙江金华地区果实 7 月中旬成熟,比巨峰早 7 天左右,坐果率好。用作砧木的嫁接苗可增强树势。

（二）葡萄栽植方式

1. 育苗后移植

扦插、压条和嫁接是葡萄常用的育苗方法。其中以扦插法最简单，使用最普遍。现将近年葡萄育苗的一些新方法介绍如下：

（1）阳畦小塑料袋扦插铺膜覆盖法。春季土温 10～15 摄氏度进行扦插时，将鸡粪、锯木屑、河沙、菜园土按配比混合作培养土，装入底部有小孔的小塑料袋，使培养土高 15 厘米左右，而后将三芽一段的葡萄枝条用清水浸泡一夜，轻轻插入培养土中，上端留一芽在塑料袋外面。接着将塑料袋埋入土中，浇足水后，上面加盖薄膜，至成苗为止。与露天扦插育苗相比，此法具有如下好处：成苗早，较露天扦插提早将近 1 个月；成活率高，达 95％以上，而露天扦插成活率一般仅为 80％左右；节省浇水的劳力，占地少。

（2）绿枝扦插。6 月份从当年的新梢或副梢上，截取半木质化的 2～3 节长的枝条，进行绿枝扦插。除插条的顶端保留 1 片绿叶（叶片较大可剪去一半）、其他节留 1 段叶柄外，其扦插与管理均与硬枝扦插相同。

（3）水催根。6 月，剪取当年生蔓（下端带 1～2 节两年生蔓），插入盛有大半瓶水的罐头瓶中。取牛皮纸或塑料薄膜剪成瓶口大小的圆形，并剪一刀至圆心，然后把葡萄蔓夹在剪口中间，再用胶布之类的贴好。将插了葡萄蔓的瓶移入较暖和的房间或厨房，15 天左右出根后便可移到肥沃疏松的土壤中。一般一年能催根 2～3 次，每次 15 天左右，一个罐头瓶能插 8～10 株苗，利用层架，一个房间可培育 2000～3000 瓶，可育苗 1.6 万～2 万株。

（4）当年扦插育苗、当年压枝以苗繁苗。这是提高葡萄繁殖系数的一项新技术。扦插后加强肥水管理，使苗肥苗壮。当苗长到 50 厘米时,摘心壮株,促使副梢生长,每株保留 3～5 个副梢。7 月中旬,待副梢长 10 厘米左右,进行压枝,将主梢压入土中 5～10 厘米,副梢直立在地面上生长。"白露"后至"秋分"前,再对副梢进行摘心,集中养分养苗,至此一枝副梢就长成了一棵健壮的葡萄苗。也就是说,一条插条当年就可以培育 3～5 条根系发达、枝条充实、芽眼饱满的葡萄苗,而且繁殖系数比一般育苗法提高 4～5 倍。

(5)绿枝嫁接结合压条。此法当年便可获得大批良种的自根苗和插条,这种方法是中国农科院郑州果树研究所研制成功的。研究人员将葡萄的绿枝嫁接在葡萄平茬老藤的萌蘖上,借助于老藤的强大根系促进良种接穗的新梢旺盛生长,然后秋季将新梢进行水平压条,长根后,当年即可起苗。这样一株成年葡萄一年提供的自根苗和插条可栽植 6～8 亩。起苗后,平茬老藤上保留一小段良种主梢,仍可供次年压条育苗或上架挂果。

(6)绿枝空中压条。此法简便,易于掌握,新苗移植时不需缓苗,可大大提高成活率。认真管理,次年即可结果。具体做法是:当年葡萄新梢迅速生长时期,从基部开始数新梢第 4 节茎部达半木质化时,使用 0.08 毫米厚、30 厘米×30 厘米的聚乙烯薄膜包扎中性湿土(或其他填充物),两端用细线绳捆扎紧,新梢前端保持向上(可用细绳绑在葡萄架或母株上),1 个新梢包扎 1 节,也可包扎 2 节或多节。随后使用注射器每隔 7～10 天向包扎袋内补充水分。1 个月后,当透过薄膜袋发现生长出新生幼根后,即可将包扎袋自下端从母株上剪下来,马上移入花盆盆栽或直接栽于葡萄园。

2. 盆内嫁接后移栽

选择适应性强的葡萄品种的插条,于 3～4 月在花盆内扦插,萌发成苗后作砧木用。6 月份将优良品种的接穗在花盆内进行嫁接,嫁接成活后,培养 1～2 个新梢作为主蔓,长至 16～17 厘米高时摘心。8 月中旬扣盆为地栽葡萄。

3. 葡萄直插建园

葡萄直插建园就是用良种葡萄插条直接插在地里建园的新办法。北京市团河农场近年来以条代苗定插 1000 余亩的实践证明,此项技术是达到一年壮苗、两年结果、三年丰产和解决葡萄苗木不足问题的新途径。与插条育苗移栽相比,葡萄直插建园好处多。一是建园快,结果早,第二年就可进入盛果期,用心管理,每亩产量可达 1500 公斤以上;二是不伤根,长势壮;三是既建园,又育苗。可将行内多余的葡萄幼苗移栽成园或出圃,提高效益。每亩按 6000 株计算,栽苗应付成本费为 180 元;而用直插建园法还可以出售幼苗 1000 株左右,增加收入 420 元。具体栽培技术如下:

(1)扦插前准备。在秋季进行深翻,冬季灌熟化土壤的基础上,翌年 3 月底至 4 月上旬全园再翻耕一次,然后整平床面,按行距 2.75 米、宽 1.2 米、深 0.2 米设栽植沟。在栽植沟中间开定植坑,定植坑深 60 厘米、直径 60 厘米或宽 60 厘米、深 60 厘米。栽前每亩施牛羊粪 800 公斤和过磷酸钙 120 公斤,混入数倍的表土,均匀施入坑或沟内,灌足底水。选择节间较短,髓部小,芽眼充实饱满,色泽正常,生育健壮,无病虫,粗度在 0.7~1.0 厘米之间的一年生主梢枝,剪留 4~6 芽,剪口要求上平下斜。插前用 50 毫克/升萘乙酸浸泡生根部位 24 小时,再用 5 波美度石硫合剂浸泡 1~2 分钟消毒。扦插方法有穴插和条插两种。穴插,每穴 5 条,株距 15 厘米,每亩 805 根;条插,株距 18~20 厘米,每亩 1300~1400 条。要求插条在地上部露一芽。

(2)扦插后管理。除制订全面栽培技术措施外,还应在管理上采取促成活、促生育、保健壮成熟,防草荒、防病虫、防旱涝、防人为操作等措施。成苗后的管理与插育苗后移栽相同。

(三)葡萄的整形与修剪

整形与修剪,目的在于调节生长和结果之间的矛盾,在架面上合理配置枝蔓,可使管理方便、树势健壮、寿命延长,并为连年高产创造条件。葡萄的整形与修剪因品种不同而异,比如"巨峰"树势极强,修剪宜轻剪长留,在开花前对结果枝进行摘心并掐去一部分穗尖,有利于缓和树势,减轻落花落果,提高坐果率。对树势中等强度的"葡萄园皇后",则宜中短梢修剪。

1. 整形方式

整形方式主要有两种,一是多主蔓整形,适于冬季埋土防寒的地区,定植当年发芽长至 5～6 叶片时进行打顶,选留 3～4 个粗壮主蔓;二是主干形整形,定植当年发芽后只留 1 个新梢,培养直立生长的主干。

2. 冬季修剪

葡萄冬季修剪,一般在秋季落叶后 1 个月左右到翌年萌发前 20 天左右进行。过早、过晚修剪都会造成树体严重损伤,使养分损失,导致株体生长衰弱。根据树势强弱和结果母枝的长短,葡萄冬季修剪的原则是:强蔓长留,弱蔓短留;上部长留,下部短留。大体可分为以下三种:

(1)长蔓修剪:一般多采用双蔓更新的方法。即在结果母蔓下选留一条蔓作为更新母蔓,更新母蔓保留 2～3 个健康芽,结果母蔓保留 6～12 个芽,促使其抽出新梢,当年能开花结果,更新母蔓上抽出的 2 个新梢(若抽出 3 个应除掉 1 个),如上面有花序要摘除,以减少养分消耗,促使枝条组织充实。到下一年冬季修剪时,将当年的结果母蔓全部剪除,更新母蔓上部的新梢仍然保留 6～12 个芽,作为结果母蔓,下部的新梢再保留 2～3个芽,作为更新母蔓。选留更新母蔓时,要注意尽量选距离主干近一些的,以控制结果部位逐年上升的速度。

(2)短蔓修剪:先培养一个主蔓,让主蔓上抽出多条结果主蔓,冬季修剪时,各结果母蔓均留 2～3 个芽。待春季抽条后,选上部 1 个枝条作为结果枝,下部 1 个枝条作为更新枝,不让其结果。到冬季修剪时,再将结果枝全部剪除,更新枝留 2～3 个芽。

（3）中蔓修剪：中蔓修剪和更新方法基本上和短蔓修剪相同，不同之处是结果母蔓保留芽数较多，一般留4～5个芽。

此外，修剪时要剪除密集枝、纤弱枝、病虫害枝和干枯枝。

3. 生长期间植株的管理

（1）抹芽。为了最经济、最有效地利用养分，应使新梢疏密均匀，将不必要的嫩梢尽早抹除。

（2）绑梢和去卷须。当新梢长至25～30厘米时，应及时绑梢，采用十字绑法可防止新梢被擦伤。在绑梢同时摘除卷须，以避免不必要的养分消耗。

（3）新梢的摘心和副梢的处理。新梢摘心，可抑制枝蔓徒长。对摘心后产生的大量副梢，应加以抑制。果穗以下的副梢可以从基部除去，果穗以上的副梢留2叶摘心，主梢顶端的副梢留几片叶子。对结果枝摘心，可限制营养生长，促进花序营养积累，提高坐果率。一般可在开花前1周，在最上部果穗上留5～9片叶摘心为宜。

（4）花序、果穗的修整。1个结果枝上常有1～3个花序，以留1个发育良好的花序为宜，然后对花序进行适当的修整。对于坐果率低、果穗疏散的品种，如玫瑰香、巨峰等应在开花前2～3天剪去副穗并掐去穗尖一部分，以提高坐果率。对于坐果率高的白马拉加葡萄、意大利葡萄等品种，往往果粒相互拥挤，易造成裂果和果粒成熟不一致。对这些品种应该在花后10～20天用尖头小剪子进行疏粒，以增大果粒、提高品质。在日本，对巨峰葡萄进行疏穗疏粒，每个果穗一般留35粒左右，果粒重量可达15～18克。

（四）肥水管理

葡萄是多年生植物，每年生长、结果，需要从土壤中吸收大量的营养物质。为使树势保持健壮生长和不断提高产品的产量、品质，必须注意合理施肥。根据我国一些葡萄丰产园的测定,每增产 100 斤浆果,需施氮 0.25～0.75 公斤、磷 0.2～0.75 公斤、钾 0.13～0.63 公斤。各地可因地制宜,通过生产实践和科学实验来确定适宜的施肥量。

按施肥时期可分为基肥和追肥。基肥宜在果实采收后至新梢充分成熟的 9 月底至 10 月初进行。基肥以迟效肥料,如腐熟的人粪尿或厩肥、禽粪、绿肥与磷肥(过磷酸钙)混合施用。追肥一般在花前 10 余天追施速效性氮肥,如饼肥等。7 月初追肥以钾肥为主,如草木灰、鸡粪等。施肥方法可在距植株约 1 米处挖环状沟施入,基肥深度约 40 厘米,追肥宜浅些,以免伤根过多。施肥后需浇水。

葡萄根外追肥,对提高产量和质量有显著效果,而且方法简便。花前、幼果期和浆果成熟期喷 1%～3% 的过磷酸钙溶液,有增加产量和提高品质之效;花前喷 0.05%～0.1% 的硼酸溶液,能提高坐果率;坐果期与果实生长期喷 0.02% 的钾盐溶液或 3% 草木灰浸出液(喷施前 1 天浸泡),能提高浆果含糖量和产量。根外喷施肥料,如遇干旱,要适当降低浓度,以免发生烧叶;在没有施用过的地区,宜先少量试用,取得经验后再逐步推广。

葡萄比较耐旱,但如能适期灌溉,产量可显著增加。树液流动至开花前,要注意保持土壤湿润,此时如能结合追肥进行灌溉,便可为开花坐果创造良好的肥水条件。但开花期水分过多,会引起大量落花落果,除非土壤过于干燥,否则花期不宜浇水。坐果后至果实着色前,正值高温时期,此时叶面蒸腾量大,需要大量水分,可根据天气情况每隔 7～10 天浇一次水。果粒着色、开始变软后,果实含糖量降低且不耐贮藏、容易裂果。休眠期间,土壤过干不利越冬,过湿易造成芽眼霉烂,一般在采收后结合秋季施肥灌一次透水。在北方产区还要在防寒前灌一次封冻水,这是葡萄防寒的重要措施。

（五）采收与贮藏

鲜食葡萄必须适时采收,才能保证质量。采收期偏早,糖度低,酸度高,着色不良,香气淡,风味差;但充分成熟了的果实,如迟迟不收,便有裂果脱粒的危险,而且影响树势恢复。采收葡萄的时间最好在早晨露水干后和下午日落之后,此时果汁内温度较低,不但香气浓,而且比较耐贮藏。

采收后,如能贮藏一部分到元旦或春节上市,可获得较高的卖价。一般成熟度越高的葡萄越耐贮藏,因此,可在树上留一小部分果穗延期采收。采下的果穗在穗轴的剪口上封蜡,减少水分蒸发,剔去破粒、小果和病粒,然后放在阴凉处1~2天进行预冷散热,以备贮藏。将缸洗净擦干,内铺三层纸,放葡萄,上放井字木格,再放一层葡萄,再放一井字木格、一层葡萄,直至装满,缸口盖纸。将缸移至阴凉屋内,天气渐冷后,缸口加盖,盖上覆草,缸四周用草围住,使屋内温度保持在0~2摄氏度之间。贮藏至翌年2~3月,果实仍新鲜如初。

（六）主要病虫害及其防治

1. 葡萄主要病害及防治

（1）葡萄黑痘病。主要危害葡萄绿色的幼嫩部分,嫩梢、叶柄、卷须受害时有暗色长圆形病斑,严重时病斑相连而干枯。果实着色后不再被害。黑痘病常发生在高温高湿环境,南方多雨地方易发此病。防治方法:及时剪除病枝、病叶、病果并深埋,冬季修剪时剪除病枝并烧毁或深埋,减少病源;萌芽前芽膨大时喷5波美度石硫合剂;生长期间(开花前和开花后各一次)喷波尔多液,按硫酸铜1公斤、生石灰0.5公斤、水80~100公斤的比例配成。

（2）葡萄霜霉病。以危害叶片为主,其主要特征为病部表面均匀长出灰白色像霜一样的霉层。多雨、多雾、多露天气最适发病。防治方法:雨季防治,从7月份起喷200倍波尔多液2~

3 次。

（3）葡萄炭疽病。以危害果实为主，一般在 7 月中旬果实含糖量上升至果实成熟是病害发生和流行盛期。防治方法：及时剪除病枝，消灭病源；6 月中旬以后每隔半月喷一次 600～800 倍退菌特液。

（4）葡萄白粉病。危害葡萄所有绿色部分，如果实、叶片、新梢等，发病部位表面形成灰白色粉层。高温闷热天气容易发病，管理粗放、架面郁闭亦能促进病毒发展。防治方法：加强管理，保持架面通风透光；销毁剪下的病枝和病叶；萌芽前喷 5 波美度石硫合剂，5 月中旬喷一次 0.2～0.3 波美度石硫合剂。

（5）葡萄水罐子病。又名葡萄水红粒，是一种生理病害，由结果过多，营养不足所致。此病常在果穗尖端部发生，感病较轻时病果含糖量低，酸度高，果肉组织变软；严重时果色变淡，甜、香味全无，果肉呈水状，继而皱缩。防治方法：通过适当留枝、疏穗或掐穗尖调节结果量；加强施肥，增加树体营养，适当施钾肥，可减少此病发生。

2．葡萄主要虫害及防治

（1）葡萄二星叶蝉，又名葡萄二点浮尘子，头顶上有两个明显的圆形黑斑，成虫体长 3.5 毫米，全身呈淡黄白色，幼虫体长约 2 毫米。整个葡萄生长期均有可能遭受此虫害，被害叶片出现许多小白点，严重时叶色苍白，致使叶片早落。喷 50％敌敌畏或 90％美曲膦酯或 40％乐果 800～1000 倍液有效。

（2）葡萄红蜘蛛。防治方法：冬季剥去枝上老皮烧毁，以消灭越冬成虫；喷石硫合剂，萌芽时喷 3 波美度，生长季节喷0.2～0.3 波美度即可。

（3）坚蚧，又名坚介壳虫，可喷 50％敌敌畏 1000 倍液防治。

波尔多液、石硫合剂是葡萄防治病虫害常用药物，两者不能混合使用，喷石硫合剂后须间隔 10～15 天后再喷波尔多液，而喷波尔多液后再喷石硫合剂，其中须间隔 30 天。

第三节　杨　　梅

（一）品种介绍

（1）东魁杨梅：平均单果重量为 25 克，最大的果重达 50 多克。该品种果实大，品质优，外观饱满，甜酸可口，果肉的可溶性固形物在 12%～13% 之间。

（2）特大果型杨梅新品种——东方明珠：从优良的东魁杨梅中选育出的最新品种，平均单果重 25 克，最大达 57.5 克，比普通东魁果大 15%，果实近圆形，呈紫红色，肉厚汁多，酸甜可口，品质上等，耐贮运，抗逆性强，大小年不明显。

（3）荸荠种：为当前我国分布最广、种植面积最大的品种，也是当前国内最佳的鲜果兼加工优良品种。6 月下旬成熟，果实紫黑色，果形较小，核小，但品质特佳，肉与核易分离，可食率 95%，含可溶性固形物 12%。着果牢固，采前落果现象少。该品种丰产、稳定、优质，适于鲜食与榨汁、罐藏加工，适应性广，据报道有抗癌作用。

（二）杨梅种植前的整地与土壤改良

（1）修筑等高梯田

梯田是改坡地为台地的一种果园水土保持措施，适用于 5 度～30 度的坡地果园。梯田台面的宽度按坡度大小而定，坡度 5 度～15 度，台面宽 10～15 米，台壁高 1.5～2 米；坡度 15 度～30 度，台面宽 3～9 米，台壁高 2～3 米。梯壁可采用石块、草皮和砖砌成。在修筑梯田时，应使台面保持 1～2 度向内倾斜，台面内侧要开排水沟，沟宽 30～40 厘米深 15 厘米，整条排水沟向一端倾斜，把水引向总排水沟；台面外侧做小土埂，宽 30 厘米，高 10～15 厘米。总排水沟一般都利用天然水沟，依山势及自然水流路径，再加人工修筑而成。为了避免果园上部林地及未开垦地的山洪冲入果园,应在果园的最上方近等高方向挖一条深而宽的拦水沟,深 30～60 厘米,宽 60～100 厘米,拦水沟应与排水沟相连。

（2）修鱼鳞坑

山地陡坡,地形复杂,修水平梯田和等高撩壕都比较难时,可以修鱼鳞坑以保持水土,在等高线上确定定植点,以定植点为中心,从上部取土,修成外高内低半月形的小台田,台田的外缘用石块或土堆砌。种植杨梅的鱼鳞坑常采用的规格为 5 米×4 米,每个鱼鳞坑直径 2 米,其中种植穴直径 1 米,深 80 厘米,表土和心土要分开,以便填土时分层利用。定植穴挖好后要施足基肥,每穴施厩肥 25 公斤(或菜饼 3 公斤)和焦泥灰 10～15 公斤,再加过磷酸钙 0.5 公斤,于定植时和土一起拌匀施入。定植时要避免根系与肥料接触,特别是过磷酸钙。鱼鳞坑周围的杂草和树木不宜立即除去,待苗成活后再把高大的树砍去。

（3）植被覆盖

植被覆盖可防止土壤冲刷,提高土壤有机质含量。在梯田上可以种植绿肥植物或小灌木,每年将割下来的绿肥植物或小灌木枝叶直接覆盖在杨梅树下。在梯田上树盘以外的空白地上间作一些矮秆作物或牧草,以防止雨水对梯田面的冲刷。采用等高撩壕或修鱼鳞坑栽植的园地,在空白处也要种植一些矮秆作物,以提高抗雨水冲刷能力。

（4）土壤改良

定植前和定植后,结合深耕多施农家肥,可以增加土壤孔隙度,改善土壤结构,提高土壤持水能力,减少地表径流。把改善土壤结构和改造地形及植被覆盖结合起来,对防止果园水土流失效果显著。

（三）杨梅种植技术

（1）定植时间

2 月正是春栽杨梅小苗的时候,冰冻期过后,杨梅开始萌芽前,选择阴天或小雨天定植为好。

（2）苗木规格

2 年生壮苗,高度 1 米以上。选择粗壮、带数个分枝、无伤根的优质苗木进行定植。起苗后先往苗木根系上打一些黄泥浆,然后用尼龙薄膜将根系包裹好进行调运。起苗至定植的时间最长不要超过 10 天。

（3）定植方法

为提高苗木成活率,定植时宜深不宜浅,特别是秋旱比较重的地方。应把砧木上的老接穗全部埋入土下,接穗上新长出的枝叶也至少要有 3～5 片埋入土中,以使接穗部分发根。

定植前,应剪去全部叶片,留下叶柄,并去掉接穗上的尼龙薄膜。如果有掘伤的根系,应用整枝剪剪平伤口。同时,应注意做好定干工作,接口以上中心干高度以 25 厘米为宜。

定植时,先在肥料上盖一层 15～20 厘米厚的表土,这是与根直接接触的土壤。放下苗木,理顺根系,分次填入表土,四周压实,最上面用心土覆盖至高于地面 20～30 厘米。覆盖好心土后立即浇足定根水,浇的水必须是清水,再盖一层松土,最后用柴草覆盖遮阴。

定植后,即杨梅定植成活后,一般不宜追肥。即使所栽土质特别差,需要追施淡粪水时,也必须离茎基 50 厘米以上。杨梅怕高温干旱,夏秋干旱时浇清水抗旱,特别是定植后的第 1 年。

（四）幼林抚育

1. 培土施肥

幼树以速效肥料为主,年施肥 2～3 次。成年树全年施肥 2 次,一是采后肥,每株施焦泥灰 25～30 公斤;二是春肥,时间为 2～3 月,每株施硫酸钾 1.0 公斤加尿素 0.2 公斤。此外,果实生长期追施 0.2%～0.3% 磷酸二氢钾或高美施 600 倍液叶面肥 1～2 次。

2. 整形修剪

为实现优质丰产,前期以促为主,使其提早形成树冠,树冠形成后,则要有效控制生长,促进花芽形成,从而结果后实现立体结果、连年丰产。幼树一般培养"一干三主枝"自然开心形树冠。定植后于主干 30～40 厘米处短截,以后选留 3～4 个生长壮实、分布均匀的枝条为主枝,并在各主枝上分别培养 2～3 个副主枝,使之分布合理,层次清楚,在 3～4 年内基本形成树冠骨架。结果后宜轻剪长放,以疏删为主,缓和树势,开张侧枝。留枝上部宜稀,下部宜密,以便于立体结果。修剪以春季 2 月份为主,夏季(采果后)为辅。剪除病虫枝、枯枝、衰弱枝,疏删密生枝,回缩更新下垂枝、衰弱的结果枝组。

3. 控梢促花

树高达 2.0～2.5 米时,采用控梢方法促进花芽形成,达到早结果丰产的目的。可采用拉枝的方式开张树冠,缓和树势。同时在 10 月上旬至 12 月下旬选用多效唑控梢促花,或在 7～9 月间,夏梢、秋梢生长长度达 10 厘米时采用树冠喷施多效唑,抑制夏秋梢生长,促进花芽形成。

如地块土层深厚肥沃,若任其自然生长,则会出现营养过旺,致使树体营养大多被枝叶生长所消耗,从而导致花芽形成少或难以形成,树体进入结果期迟或产量低等现象。要防止这些现象发生,可采取以下措施:

(1) 控制氮肥用量,适当增施磷、钾肥用量。6 月底至 7 月初施采果肥时,可每株施用草木灰 10～15 公斤和过磷酸钙 0.5 公斤,或复合肥 1～1.5 公斤。

(2) 断根处理。夏末秋初,在树冠滴水线附近开深 30～40 厘米的沟断根,可抑制枝条生长,促进结果。

(3) 环割。大型枝梢于 4 月(谢花末期至第一次生理落果前)进行螺纹状环割(只将皮层切断而不剥去)。

(4) 树盘土施多效唑。10 月上旬至翌年 3 月中旬,大树每株施 100 克左右、小树每株施 50 克左右多效唑。方法是将树冠以内的土壤扒开(其深度以见细根为度),将多效唑与少量细土混合后,均匀地撒在树盘下,盖土即可。多效唑施后要隔 4～5 年才能再施第 2 次。

(五)病虫害防治

杨梅病虫害较少,主要虫害有柏牡蛎蚧、长白蚧、卷叶蛾和袋蛾类害虫,主要病害有急性根腐病、干枯病、褐斑病、癌肿病等,应按照病虫害发生情况及时进行防治。

(1)加强栽培管理

改善通风透光条件,增施有机肥和各种钾肥,增强树势,提高树体抗病能力,及时中耕除草,将嫁接口周围土壤翻开。

(2)及时清园

通过修剪,去除病虫枝、枯枝,并集中烧毁,减少病虫侵染,也可选用松碱合剂、石硫合剂防治。

(3)药剂防治

5～6 月间和 7～8 月间,喷洒 40%速扑杀乳油 1500 倍液或 35%快克乳油 800～1000 倍液防治杨梅蚧类若虫;5 月下旬至 7 月下旬,喷洒 20%杀灭菊酯乳油 2000～2500 倍液防治袋蛾类害虫;5 月上旬至 7 月中旬,喷洒 50%多菌灵可湿性粉剂 800 倍液、65%代森锰锌可湿性粉剂 600 倍液或 70%甲基托布津 800 倍液防治杨梅褐斑病;在 3 月和 7 月初分 2 次施入绿亨一号加福美双(1：9)600 倍液并混合少量辛硫磷等杀虫剂防治杨梅急性根腐病、干枯病。

(六)杨梅采后管理

杨梅植株的营养状况直接影响其产量、品质和树势。为使翌年杨梅高产丰收,克服隔年结果现象,使杨梅树发好秋梢,杨梅植株采果后要及时做好以下管理措施:

（1）科学施肥

当年抽发的杨梅秋梢是翌年杨梅植株的有效结果母枝,故采果后15～20天内应施好秋梢肥,施肥量视树势强弱和结果量而定,一般株产50公斤以上的树体,株施有机肥40～50公斤、磷肥1公斤混合尿素0.5公斤,施肥后土面盖上20～25公斤稻草。一般采用沟施法,在树冠滴水线处挖30～40厘米深的沟以便施肥,切莫把肥料施入树盘内,以免失效。

（2）合理修剪

在对杨梅树施肥的同时,可结合对树枝进行合理修剪,去掉病虫枝、弱枝、枯枝、荫蔽枝,适当开天窗,以使树冠通风透光,多发秋梢,提高秋梢质量,减少大小年结果的幅度。

（3）清扫落叶

杨梅树采果后,应立即做好清园工作,将果树落叶清扫并深埋入土。这样,一则可以松土保湿养树,二则可以减轻病虫害。

第四节 桃 树

（一）主要品种

（1）雨花露:由中国农业科学院江苏分院采用百花水密与上海水密杂交育成。果较大,平均果重125克。果实柔软多汁,风味甜,品质上等,半离核。在本地6月中下旬成熟。

（2）朝霞:由中国农业科学院江苏分院采用百花水密与初笑美杂交育成。果大,平均果重150克。品质中上等,坐果率高,丰产性能较好,为目前鲜食与罐藏兼用优良品种。

（3）红冠桃:果实圆形,果顶尖圆。大果型,平均单果重300克,最大果重570克。果皮全面浓红色,内膛遮荫果也着全红色。果皮不易剥离。果肉红色,肉质硬脆,纤维少,风味甜、香气浓,粘核。品质上等、不落果。果实耐贮运,常温下货架期15天,0摄氏度条件下可贮存90天以上。

（4）锦绣：实椭圆形或尖圆形，单果重150～220克；果皮橙黄色，果肉黄色；肉质细嫩，汁多，味甜，有香气，品质上等。

（二）土肥管理

1. 土壤管理

（1）深翻：在土壤黏重的桃园，为了改良土壤，在行间进行深翻，深60厘米左右，结合施有机肥料。砂石地桃园也进行深翻，掏砂石换土，结合施有机肥料。深翻对连年丰产起着良好作用。

（2）秋耕：在落叶前后结合施有机肥进行，深20～30厘米。

（3）间作：桃园间作物可用豆类、瓜类、草莓、花生等，也可以种绿肥，如毛叶苕子、苜蓿。无论种何种作物，都要留足树盘，及时进行施肥灌水及中耕除草等工作。

2. 肥水管理

（1）桃树对主要营养元素的要求

桃树对三要素的需要以氮、钾为主，对磷需要量较少。

① 氮：桃树新梢生长量大，果实大，对氮素较敏感，幼树各初结果树氮素过多易引起新梢徒长和延迟结果，加重生理落果，要适当控制氮肥施量。随树龄增大及产量增加，需氮量也增加。氮素不足时，新梢生长量小，枝条细而短，影响花芽分化，同时果实小，色泽差，品质低，枝与芽抗寒力下降。

② 钾：桃需钾多，钾充足时果个大，含糖量高，缺钾时，果实小、畸形、早熟、叶卷而成灰绿色。

③ 磷：桃需磷量比氮、钾少，主要作用是使传粉受精良好，增加果实含糖量和促花芽形成。缺磷时果实晦暗，肉质松软，味酸，果实有时有斑点或裂皮。

（2）施肥量

桃树的适宜施肥量和氮、磷、钾的比例，应根据品种、树龄、树势、产量、土壤肥力、肥料性质、气候条件等因素而综合分析决定。一般每生产100斤果,需施入基肥50~100公斤、纯氮0.4公斤、磷0.3公斤、钾0.5公斤。

(3)施肥时期和方法

① 基肥:桃以秋施为好,于落叶前后结合秋翻施入。施肥方法以放射沟或条沟施为宜,深40厘米左右。

② 追肥:一般桃园全年追肥2~3次,以速效氮肥为主,配合磷、钾肥。高产园追肥次数多达5次以上。追肥方法有沟施、环状沟施和穴施等。

萌芽前追肥:春天土壤化冻后萌芽前1~2周施入。促进根系和新梢生长,保证开花受精良好,提高坐果率,以速效氮肥为主。

开花后追肥:在谢花后1~2周施入,可促进新梢生长和果实生长,减少落果,以速效氮肥为主。

硬核期追肥:一般在6月上中旬施入。此次追肥能促进胚和核发育、发芽分化、果实膨大和为下提结果打下基础,应以氮、磷、钾配合施用。

果实膨大追肥:对中、晚熟品种,以氮肥为主配合钾肥,以促进果实膨大,提高质量。

采收后追肥:采收后施补肥,可以补充树体消耗,加强秋季营养积累,提高越冬能力,以磷、钾为主配合氮肥。

同时全年应保证萌芽水、封冻水,结合追肥后浇水,高温季节根据果树需要随时进行浇水。同时在雨季应注意排涝。

(三)整形修剪

1. 目前常用的几种树形

(1)自然开心形:主干上三主枝错落,三主枝按30度~45度开张角延伸。每主枝上有2~3个侧枝,开张角60度~70度。本形主枝少,侧枝强,骨干革命枝间距大,光照好,枝组寿命长,修剪量轻;结果面积大,丰产。

(2)改良杯状形:由杯状形改进而来,仍同杯状形一样,三主枝基部邻接。以后大体按二叉式分枝,主枝按 45 度～55 度角度开张延伸。树形基本完成时主枝头剪口间的距离达 80～100 厘米。

2. 修剪方法

(1)短截:将枝条剪短称短截。多年生枝的短截叫回缩。对剪截附近的枝芽有局部促进作用。

(2)疏剪:将枝条从基部完全疏除叫疏剪,有利于花芽分化、花果生长和发育。常用于过密枝、过弱枝疏除,可在平衡树势、调整枝量时应用。

(3)摘心:生长期剪去新梢顶部的幼嫩部分叫摘心,能促进发芽充实,有利于花芽形成。常用于竞争枝和徒长枝的控制上。

(4)拿枝、扭梢:拿枝在新梢木质化初期,可加大角度、缓和生长,以利结果。常用于幼树或初结果树的强树利用改造。扭梢先将枝条稍微扭伤、拉平,以缓和生长,利于结果,多用于辅养枝上。

(5)环刻或目伤:环刻是生长期在枝条基部刻伤,以阻截上部光合成营养的输出,提高营养贮藏水平,促进花芽分化,常用于辅养枝。目伤在萌芽前进行,在芽的上部刻伤,以促进芽萌发,常用于枝条秃带。

3. 冬季修剪

(1)结果枝的修剪

根据品种特性、树龄和树势修剪。幼树期:树势生长旺,果枝长留,长果枝和徒长枝可留 30～40 厘米,或缓放不剪,待结果下垂后再回缩,应尽量多留副长度,一般长果枝剪 4～5 节花芽,中果枝剪留 3～4 节花芽,短果枝剪留 2～3 节花芽,花束状果枝只疏不截,徒长性果枝密时疏,在培养枝组时留 20～30 厘米短剪。衰老期,树势衰弱,果枝留长要缩短。

（2）结果枝的更新修剪

盛果期的树在结果后需及时更新。更新方法有两种：①单枝更新，对果枝短截适当加重，使之既能结果又能长出新梢，作为下年结果用。②双枝更新：在同一母枝上选留基部相邻的两个结果枝，一枝轻短截作为结果枝用，另一枝重短截预备下季结果用。

（3）徒长枝的修剪

不能利用的徒长枝应去除。生长在空间广阔处的徒长枝应培养成枝组，冬修时，剪留 20～30 厘米，徒长枝也可以养成主枝、侧枝，作更新骨干枝用。

（4）枝组的修剪

修剪时要培养与利用相结合。树冠外围的大型枝组，对其延长枝的剪截程度要比侧枝重些，注意剪口芽与延长枝的方向，使其每年弯曲生长。对树冠内大、中型枝组能力下降而基部复壮，过弱的小枝可以疏除。

4. 夏季修剪

（1）抹芽、疏枝

当新梢长到 5 厘米左右时，抹去无用的芽和新梢。一般在 5 月上中旬，此时疏枝的目的是为了节约养分。6～7 月疏枝的目的是改善光照。

（2）扭梢

控制其旺长，促进花芽分化。时间在 5 月中旬至 6 月上旬。

（3）摘心

早期摘心在 5 月上中旬，促进分枝占有余下的空间。后期摘心在 7～8 月份，目的是抑制生长，促进花芽分化。

（4）缩剪果枝

此时，对冬剪所留过长的果枝，上间未坐果的缩剪到果部位，无果的果枝缩剪成预备枝。

（四）花果管理

1. 疏花疏果

坐果多，影响树体生长发育，树势衰弱，果实个小，品质降低，并影响花芽分化的数量和质量。因此，在综合管理的前提下，合理疏花疏果成为桃高产、稳产、优质的重要措施之一。

（1）疏花：人工疏花，一般在蕾期和花期进行。疏花方法，先疏结果枝基部花，留中、上部花，中、上部则疏双花，留单花。预备枝上的花全部疏掉。

（2）疏果：通常在第二次落果后坐果相对稳定时进行，在硬核开始时完成。坐果过多时，于谢花后1周进行第一次疏果，约留最后应留果量的3倍。早熟品种可以适当早疏，晚熟品种可以适当晚疏。留果量应根据历年产量，当年的生长势，坐果情况而定。一般长果枝上大型果留1个、中型果留2个、小型果留4个；中果枝上大型果留1个、中型果留1个、小型果留2个；短枝上大型果不留或留2个；预备枝上不留果。

疏果方法：人工疏果时，先疏掉萎黄果、小果、畸形果、并生果、病虫果、果枝基部果。疏果顺序按由上而下、由内向外的顺序进行。

2. 套袋

（1）套袋时期：在疏果3～4周后进行，在主要蛀果害虫进果以前完成。套袋前应进行喷药。

（2）撕袋时期：鲜食用果于采前3～4天，将袋撕开以促进上色。

（五）主要病虫害及其防治

桃对病虫害虽有较强的抗性，但在花前果后仍时有发生，危害花蕾幼果，造成落花落果现象，必须及时防治。桃植株对药剂颇为敏感，一些渗透性和内吸性强的有机磷药剂不宜使用，因为容易发生药害。

（1）鸟羽蛾：又称红丝虫、吊丝虫，危害花及小果。在 6～7 月繁殖迅速，严重时可使花蕾及小果全部落光。防治方法可用 90% 的美曲膦酯 800 倍液、鱼藤精等，在开花前喷药，数天喷 1 次，至幼果转蒂下垂时才停止。

（2）黑点褐卷叶蛾：俗称蛀心虫，以幼虫蛀入果心蛀食果肉，致使落果或使果实失去食用价值。防治方法是要注意清除病果，摘除深埋受害果实；用黑光灯诱杀成虫或用 90% 的美曲膦酯喷杀。

（3）炭疽病：该病在果园多发生于果实成熟期。贮藏期发病多因伤口诱致，属真菌性病害，受害果实表面有暗褐色圆斑，果肉内部组织腐烂，有酒味。病原菌在烂果内越冬，通过风雨传播，从果实的伤口入侵。防治方法主要是做好清园工作，清除并深埋病果落果；采收装运过程中尽量减少果实的机械伤；在病园中喷洒倍量式 150 倍波尔多液，每隔 10～15 天喷 1 次，连续喷 3～4 次。

（4）赤斑病：主要危害叶片，属真菌性病害，受害叶片初时有极细的小黄点，后扩大成病斑，病斑中部呈暗赤褐色，边缘呈赤红色。造成大量落叶，严重影响果实的产量及品质。防治方法与防治炭疽病相同。

值得注意的是，桃果皮薄而且与果肉合一，食时连皮，故施药时要特别注意，禁止使用剧毒及残效期长的农药；按规定可施用的农药，也不要在果实成熟期施用；应抓好清园工作，最大限度减少虫源、病源。防治上多采用农业措施，多使用植物性农药。

第五节　柿　　树

（一）品种介绍

（1）阳丰甜柿：系完全甜柿，果实扁圆形，平均果重 230 克，最大果重 400 克,成熟时果面呈橙红色,果顶呈浓红色,外观艳丽迷人。果肉呈橙红色,肉质脆硬,味甜,甘美爽口;存放后肉质致密,味浓甜。糖度 16 度,可溶性固形物占 18.4%,品质特佳。单独栽培时无核,配置授粉树后产量增加,但果实种子数增多。

(2)次郎甜柿:系完全甜柿,平均单果重 175 克,最大果重 260 克。果实扁方形,果顶略凹陷,果面光洁,完全成熟后呈橙红色,外观美丽。果肉呈淡黄色,肉质脆硬,甘甜爽口,品质上等。完全成熟时含糖量为 17.2%,特别是经过晚秋霜打的柿果,脆甜如冰糖一般爽口。

(3)磨盘柿:果实扁圆,腰部具有一圈明显缢痕,将果实分为上下两部分,形似磨盘,体大皮薄,无核,汁多,平均单果重 230 克左右,最大可达 500 克左右,直径 7 厘米,果顶平或微凸,脐部微凹,果皮呈橙黄色至橙红色,细腻无皱缩,果肉呈淡黄色,适合生吃。脱涩硬柿,清脆爽甜;脱涩软柿,果汁清亮透明,味甜如蜜,耐贮运,一般可存放至第二年 2~3 月份。

(二)栽植技术

1. 园地选择

柿树适应性强,对地势要求不严格,不论山地、平地或沙荒地,均能生长。但最好选择土层深厚、肥力中等、pH 值为 6.5~7.5、排水良好的壤土或沙壤土作为建园地点。

2. 品种选择

根据市场供需情况、自然条件、栽培习惯确定 2~3 个主栽品种。应以丰产、优质、耐贮运、易加工的晚熟品种为主,适当发展中早熟品种。条件适宜地区可适当发展甜柿品种,应注意配置授粉树。

3. 栽植时期

柿树根系活动要求较高,开始生长较晚,在华北地区,柿树成苗以地上部芽体膨大时栽植较宜成活。秋季栽植时,必须做好防寒工作。在干旱少雨地区,都采用地苗栽植法,即先栽砧木苗,成活后再嫁接柿树。栽植君迁子苗时,在春秋季均可,但一般都在立冬前后,土壤未冻结以前进行。栽植后截干,埋土防寒。翌年春季,君迁子芽体膨大时扒开防寒土堆。

4. 栽植密度

为了提高柿树对土地、光能及空间的利用率,达到早果丰产的目的,应适当密植。栽培密度应根据品种特性、土壤肥力及管理水平而定。一般在肥沃地块应较瘠薄地块稀,阳坡密、阴坡稀,管理水平高的园地可适当加密,也可采用计划密植,即先密后稀。

5. 栽植方式

栽植穴的长宽深应不小于 80 厘米,每穴施腐熟的农家肥 50～75 公斤。将表土与底肥充分混合均匀,施入下部至地表 20 厘米处,然后填入一部分表土,灌水沉实后栽植。栽植时首先应将苗木根系进行修剪,把大的伤口剪齐。栽植深度为苗木根颈部与地面相平,使根系自然舒展,苗木直立。栽后压实、灌水,水渗后封穴,每株覆 1 米见方的地膜。

（三）栽培管理

1. 土壤管理

土壤管理是柿树优质丰产的基础,可改善土壤结构,减少水土流失,增厚土层,改良土壤的理化性质,提高土壤肥力,为柿树根系生长创造良好的条件。

（1）深翻改土

从定植后第二年开始,每年在树的一侧沿定植穴向外挖宽 60 厘米、深 40～60 厘米、长 120 厘米的长方形沟,结合施肥将熟土填入沟内,4 年内完成扩穴。

（2）土壤管理

早春土壤化冻后,及时松土,增温保墒。生长季节中耕、除草,在树盘内扣压草皮土或压草。成龄柿园全园或树盘内可覆压切碎秸秆、杂草,上面覆土少许。

2．施肥

种植无公害柿树时,禁止使用未经无害化处理的城市垃圾或含有重金属、橡胶和有害物质的垃圾;限制使用含氯化肥和含氯复合肥。

（1）基肥

基肥以有机肥为主,以化肥为辅。常用作基肥的肥料有堆肥、厩肥、绿肥等。基肥一般在秋季采收前后或春季土壤化冻后至树体萌芽期施入,但以果实采收后至土壤解冻前施入为好。

（2）追肥

追肥以速效性肥料为主,如速效氮肥、磷肥、钾肥等。幼树一般1年追肥1次,在枝条速长期进行。盛果期追肥时期为新梢生长期、幼果膨大期和果实着色期。新梢生长期以氮肥为主,幼果膨大期氮磷钾肥配合,果实着色期以磷钾肥为主。盛果期树年施入量为每公顷纯氮300公斤、磷150公斤、钾300公斤。追肥方法可用放射状沟施、穴施和地面撒施等。

3．灌水

所灌水应无污染,水质符合有关的规定。柿树灌水可在萌芽前、新梢生长期、果实膨大期和解冻前分4次进行,华北地区春季干旱,少雨多风,故应在萌芽前和开花前各灌一次透水。同时,每次施肥后均应灌水。常用的灌水方法有树盘灌溉、渗灌、穴贮肥水、沟灌和滴灌等。7～8月份还要注意排水防涝。

灌水量应根据树体大小和土壤湿度而定,以能浸透根系分布层为宜。柿树比其他树种耐旱,根据试验,使土壤湿度保持在田间持水量的50％～70％,就可以保证柿树正常的生理活动,并且生长结果良好。灌水后若能覆膜或覆草,更有利于保持土壤水分,防止水分过早蒸发。

（四）整形修剪

柿树是以壮树、壮枝、壮芽结果为主的果树,但多年来若放任生长,则会造成树冠高大,外围枝条繁生,通风透光不良,内膛枝光秃,结果部位外移,结果面积缩小,产量很低。为了培养牢固的树体骨架,调整树势,提早结果,改善通风透光条件,减少病虫危害,延长经济寿命,达到立体效果、提高品质的目的,必须对树势进行整形修剪。主要树形有:自由纺锤形、疏散分层形、多主枝开心形等。简单介绍一下多主枝开心形的整形修剪技术要点:

（1）定干:定干高度 100～120 厘米,整形带内有 4～5 个饱满芽。

（2）第一年的修剪:当新梢长到 60 厘米以上时,将枝条角度拉直 45 度～50 度。休眠期将主干延长枝于 30 厘米处短截,选留角度好、方位适宜、长势均衡的枝条在 40 厘米处短截作为主枝来培养,另外选择长势中庸的直立枝条于 30 厘米处短截。

（3）第二年的修剪:生长几季控制竞争枝的生长,疏除过密新梢,调整所留主枝生长势。休眠期对原有主枝于 40 厘米处短截,疏除竞争枝和细弱枝,插空选留第五、六主枝,并于 60 厘米处短截;疏除中心主干、直立向上的过旺枝条、水平枝和细弱枝,主枝层内间距保持在 30 厘米左右。

（4）第三、四年的修剪:发芽前后在第四、五主枝的适当部位刻芽,提高萌芽率,减少单枝生长量;在第一、二、三主枝的适当部位刻芽,促进斜生新梢,作为第一侧枝培养。休眠期主要调整树体结构,维持各骨干枝的生长平衡;生长过旺的主侧枝可利用中庸枝带头,并长留缓放;生长娇弱的主侧枝继续利用壮枝带头,并于 40～50 厘米处短截;直立向上的徒长枝、细弱枝全部疏除,远离树干的甩放枝要及时回缩至壮芽、壮枝处,培养成紧凑的结果枝组。

（五）花果管理

柿树成花容易，但坐果率较低，这是影响产量的主要因素之一。因此，为了提高柿树的产量，必须做好保花保果的措施。

（1）落花落果的原因

柿树落花落果有两种情况：一是外界因素引起的，如病虫危害、风灾等；另一种则是柿树本身生理失调引起的，称为"生理落果"，主要发生在 6 月上中旬。造成生理落果的原因主要有以下几个方面：品种、营养不良、修剪不当、土壤水分不足或变幅太大、授粉不良等。

（2）保花保果的措施

针对上述造成落花落果的主要原因，可以采取以下保花保果措施：加强土肥水管理、合理修剪、花期环剥、叶面喷肥、配置授粉树等。

（六）主要病虫害及其防治

1. 主要虫害及防治

（1）柿绵蚧：主要寄主为柿、黑枣。以若虫及雌成虫吸食柿叶、枝及果实汁液。在河北、河南、山东、山西、陕西 1 年发生 4 代，广西 5～6 代，以初龄幼虫在 2～5 年生枝的皮缝中、柿蒂上越冬。主要靠接穗和苗木来传播。

防治方法：应抓紧前期越冬代出蛰及第一代若虫孵化期的防治。每年 2 月中旬以后，刮除树干老翘粗皮，摘除残留的柿蒂，并集中烧毁；利用黑缘红瓢虫等防治；萌芽前全树喷布 5 波美度石硫合剂，消灭越冬幼虫；5 月上中旬及孵化盛期，喷 50% 的敌敌畏 1000 倍液或毒死蜱。

（2）柿斑叶蝉：又名柿血斑小叶蝉、柿水浮尘子、血斑浮尘子。寄主有柿、枣、桃、李、葡萄、桑等。以成虫、若虫在叶背刺吸汁液，叶面呈现许多小白点，严重时全叶苍白，早期落叶、树势衰弱。

防治方法:在若虫盛发期即 4 月中旬至 5 月中旬,喷施敌敌畏、辛硫磷等药剂防治。

2. 主要病害及防治

柿圆斑病为常发病,主要危害叶片,也能危害柿蒂,造成早期落叶,柿果提前变红。叶片染病后,初生圆形小斑点,叶面呈浅褐色,边缘不明显,后病斑转为深褐色,中部稍浅,外围边缘呈黑色,病斑周围出现黄绿色晕环,病斑直径 1～7 毫米,一般 2～3 毫米。后期病斑上长出黑色小粒点,严重者仅 5～8 天病叶即变红脱落,留下柿果,后柿果亦逐渐转红、变软、大量脱落。柿蒂染病,病斑呈圆形褐色,病斑小,发病时间较叶片晚。

防治方法:清洁柿园,秋末冬初及时清除柿园的大量落叶,集中深埋或烧毁,以减少初次浸染源。加强栽培管理,增施基肥,干旱柿园及时灌水。及时喷药预防,一般在 6 月中上旬,柿树落花后,子囊孢子大量飞散前喷洒 1∶5∶500 倍式波尔多液或70％代森锰锌可湿性粉剂 800～1000 倍液、65％的代森锌可湿性粉剂 500 倍液、50％的多菌灵可湿性粉剂 600～800 倍液。如果能够掌握子囊孢子的飞散时期,集中喷一次药即可,但在重病区第一次喷药后间隔半个月再喷一次,则效果更好。

(七) 采收及商品化处理

1. 采收

(1) 采收时期

柿树的采收期依各品种的成熟期及用途不同而有区别,应在果实达到最适宜的成熟度时采收,即当果实达到该品种固有的色泽和硬度时为采收适期,过早或过晚都会影响果实质量。

(2) 采收方法

不同地区、不同的树冠大小,采收方法不同,有用夹竿折的,有用捞钩折的,有用手摘的,但大体分两种:折枝法、摘果法。

2. 果实脱涩

柿树涩度主要由可溶性单宁含量决定。单宁细胞数量的多少和大小因品种而异,品种间脱涩难易程度不同。此外,果实成熟期、温度等也是影响脱涩的重要因素。脱涩就是将可溶性单宁变为不溶性单宁,而不是将单宁除去或减少。常用的脱涩方法有以下几种:温水脱涩、冷水脱涩、石灰水脱涩、二氧化碳脱涩、松针脱涩、混果脱涩、自然脱涩、乙烯利脱涩等。下面简单介绍石灰水脱涩和乙烯利脱涩。

(1) 石灰水脱涩

每50公斤柿果,用石灰水1.5~2.5公斤。先用少量的水把石灰溶化,再加水稀释,水量要淹没柿饼。每天轻轻搅拌一次,3~4天即可脱涩。如能提高水温,则能缩短脱涩时间。用这种方法处理,脱涩后的柿果肉质易脆。对于刚着色、不太成熟的果实效果特别好。但是脱涩后果实表面附有一层石灰,不太美观;处理不当,也会引起裂果。

(2) 乙烯利脱涩

将柿果放置室内,用250~500毫克/升乙烯利喷洒,3~5天即可脱涩;也可在采收前向树上喷洒250毫克/升乙烯利,3天后采收,脱涩效果也很好。这种方法简单有效、成本低廉、规模大小均可,能控制采收时间,调节市场供应。脱涩后柿果色泽艳丽,无药害。但柿果很快变软,在树上喷洒要及时采收。

3. 柿果贮藏

主要有室内堆藏、露天架藏、自然冷冻贮藏、速冻贮藏、气体贮藏等。下面简单介绍室内贮藏、露天贮藏。

(1) 室内贮藏

选择阴凉、干燥、通气好的窑洞或无人居住的房屋(楼棚),清扫干净,铺一层厚15~20厘米的谷草;将选好的柿果轻轻堆放在草上,高2~3层(小果类可适当增加)。此法在北方可贮至春节前后,过后容易变软、相互挤压损伤而变质。

（2）露天贮藏

选择阴凉、温度变化不大的地方,用木柱打架。一般架高1米,过低影响空气流通,柿果容易变黑或发霉,过高操作不便。架面大小依贮量多少而定。架上铺箔或玉米秆,上面再铺一层10～15厘米的谷草,把柿果轻轻压放在草上,厚度不要超过30厘米,太厚了不通气,柿果容易变软或压破。柿果放好后,再用谷草覆盖保温,使温度变化不致过大。上面设置防雨篷,以免雨雪渗入,引起腐烂。雨篷和草要有一定的距离,以利通气。

4. 柿饼加工

柿饼是我国的传统加工品,销路广,加工工序一般有原料处理、干燥和出霜等3个过程。原料处理包括:选择优良品种、适时采收、刮皮。干燥方法有:日晒法、人工干燥。

5. 分级包装

柿饼制成后,先按相关标准进行分级。将大小、形状、色泽一致的柿饼用符合食品卫生要求的塑料袋或小塑料袋包装盒进行包装,外用小包装纸盒,再置于外包装容器内。外包装容器应当坚实、牢固、干燥、洁净、无异味,可选用双楞纸板箱或单楞钙塑板箱。

第六节　果　　桑

桑葚"既是食品又是药品",营养丰富,酸甜可口,具有生津止渴、祛病强身等多种功效。每当春夏之交桑葚成熟之时,正是水果淡季,鲜美的桑果谁不喜食?桑葚能加工成果汁饮料、果冻、果酱、桑葚酒等特色产品;桑叶可用来养蚕、做药、做饲料等,用途广泛,市场需求量大,前景十分广阔。果桑栽培技术要点如下:

1. 立地条件

果桑的适应性强,关中、陕南、陕北都能种植,无论是栽植在黄绵土、沙壤土还是壤土上,都能健康生长,水肥、光照越好,产量越高,一般耕地,田边地旁,均可利用。

2. 品种选择

以鲜食桑葚为主,宜栽无籽大十和红果2号。前者果味佳,成熟早;后者产量高,较耐寒。以加工桑果汁等为目的,宜选用红果1号、红果2果,红果1号耐寒,特高产。注意,无论栽哪个品种,都必须配置5%～10%的雄株作授粉树。

3. 栽植密度

无籽大十品种枝条较软,树形松散,采用行距150厘米、株距120厘米(每亩370株)的形式;其他品种枝条直立,树形紧凑,采用130厘米×100厘米或130厘米×130厘米的形式。

4. 栽培要点

(1)秋末桑树落叶后至第二年开春发芽前为栽桑时期。整平土地,按计划行距挖50厘米深的沟槽,施入有机肥(每株10公斤以上)和磷肥。

(2)把购回的桑苗大小分开,将结果树与授粉树合理搭配布局,然后逐株等距栽植,栽后浇足水。陕北地区冬前栽植的,要对苗干进行埋土防冻处理。

(3)开春桑树发芽前,距地面40厘米高平剪。6月初,对生长健壮的枝条留15～20厘米平剪,促发侧芽。当年加强水肥和防虫管理,使其快速成长。

(4)第二年春就有桑葚,5～6月采果后,要对桑树进行定形修剪,每株选留3～4个粗壮枝,基部留长15～20厘米平剪,使之成为支干。支干上萌发新枝,即为下年结果枝。

(5)第三年以后,每年采果结束,都将全部枝条从基部剪掉,使其重发新枝。及时疏去过密的细枝、弱枝,集中营养长好枝。

(6)每年追肥2～3次。秋冬施1次有机肥,施栏肥(或者饼肥、鸡粪)800～1000公斤。开花结果期(3月底至4月初),为使幼果迅速膨胀,每亩需施进口肥15～20公斤。此后,选用0.3%磷酸二氢钾等进行根外施肥,对提高桑果含糖量和色泽有好处。6月初剪条后施1次复合化肥。

每年开春覆盖地膜,既能使桑葚提早成熟,又能有效防治桑葚菌核病和葚樱蚊为害,是保证桑果持续优质高产的重要技术措施。

5. 桑叶利用

第三年以后可合理利用桑叶。

(1)养蚕。春蚕5月20日前后收蚁,小蚕期采用授粉树上的桑叶饲养,大蚕期就可采结果树上的叶。秋蚕9月初收蚁,采叶时要摘叶留柄勿伤桑芽,枝条梢端留5片以上叶养树。

(2)做药。霜桑叶是一味中药,霜后采收。

【第十章】
畜禽养殖

第一节　猪

（一）养猪场地条件

1. 选址

养猪要注重猪舍的选址和建设。应尽量选择在偏远地区、土地充裕、地势高而干燥、背风、向阳、水源充足、水质良好、排水顺畅、污染治理和综合利用方便的地方建场。猪场建设要根据养殖规模的大小和饲养方式来确定，猪栏的结构模式要有利于提高土地利用率。养殖区应充分考虑周围环境对粪污的容纳能力，应尽量把养殖污染物资源化、无害化，形成与当地种植业相结合的生态种养模式。

选址应远离学校、公路等公共场合，以及屠宰场、牲畜市场或畜产品加工厂。场地周围种植隔离林，或建围墙。春季可在猪舍周围栽种瓜藤之类，到了夏秋可以遮阴降温。冬季猪舍要安装塑料暖棚等保温设施，保持猪生长所需温度，促进其发育生长。

2. 建筑布局

一个规划完善的猪场一般可分为四个功能区，即生产区、生产管理区、隔离区和生活区。生产区和生活区分开，生产区内料道、粪道分开，根据当地主风向和流水向的特点，生活区建在生产区上风前沿，生产区内从上至下各类猪舍排列依次为：公猪舍、母猪舍、哺乳猪舍、仔猪舍、育肥舍、病猪隔离舍。兽医室及病猪隔离舍、解剖室、粪便场在生产区的最下风向低处。饲料加工调制间在种猪舍与肥猪舍之间。

3. 猪舍环境要求

（1）猪舍需保持适宜的温度和湿度

不同体重的猪要求的最适宜温度不一样，体重 11～45 公斤的猪，最适宜温度为 21 摄氏度；体重 45～90 公斤的猪，舍温 18 摄氏度最适宜；体重 135～160 公斤的猪，舍温 16 摄氏度最适宜。当温度过高时，可采用搭凉棚、淋浴、多喂凉水和青绿多汁饲料等措施，提高猪的日增重。当温度过低时，应采取保温措施提高温度，如可采取推广应用塑料暖棚猪舍或在栏内厚垫草的方法。

（2）适宜的光照条件和通风

光照时间和光照强度要适宜。肉猪一年四季都必须通风，但是，在冬季要处埋好通风与保暖的矛盾，不能只注意保暖而忽视通风，造成猪舍空气卫生状况不良，使猪的增重降低和饲料消耗增加。

（3）注意猪场绿化

及时清除和妥善处理粪尿、污物等，使猪舍通风良好，并做好猪舍清洗和消毒工作。

（二）品种选择

肉猪养殖通常选二元杂交猪或三元杂交猪，也可选用长白或大约克公猪与当地母猪或苏太猪母猪进行杂交，产生的仔猪生命力强、采食面广、生长速度较快。

(三) 饲料

1. 科学合理地使用配合饲料

25公斤以下的仔猪以喂优质、全价、营养全面、适口性好、易消化的全价乳猪料为好;25公斤以上根据不同生长阶段的需要,配制多种原料的全价饲料,要做到原料易得,配方合理,营养全面,生物安全有保障,利用率高不浪费。

2. 饲料配比

饲草饲料搭配要多样化,比例要合理,精、青饲料相结合,其比例一般为1∶(1.5～2),25公斤以下的猪按照1∶1;25公斤以上的猪按照1∶1.5;经产母猪1∶2以上。精、青结合营养全面,有粗纤维、维生素、矿物质多,成本低。养猪一般不要求喂单一精料,单一精料营养不全,成本高,猪生长缓慢。

(四) 育肥方式

猪的育肥方式有两种,即直线育肥与吊架子育肥。调架子育肥已不常用,这里介绍直线育肥。所谓直线育肥,即对断奶后的仔猪到出栏止,根据各阶段生长的营养需要配置相应的全价配方饲料,从而达到快速生长的目的。通过直线育肥的方式可以大大缩短养殖期,提高出栏率,从而提高经济效益。这种育肥方式改变了传统养猪法的饲养周期长、瘦肉率低、养殖成本高的局面,使劳动力价值提高,资源利用率增高,养殖成本降低。采用直线育肥方式应掌握以下几点:

1. 选择饲料

不同生长期应该饲喂不同类型的饲料,直线育肥分三个阶段,双月仔猪至30公斤为第一阶段,仔猪浓缩料的比例为25%,即精料25%、玉米60%、麦麸15%;30～80公斤为第二阶段,用20%蛋白含量为40%～42%的精料配比,即精料20%、玉米55%、麦麸25%;80～120公斤为第三阶段,用15%蛋白含量为 38％～40％ 的精料配比,即精料 15％、玉米 55％、麦麸 30％。

2. 精心喂养

饲料配好后干喂,喂干料的好处是冬天不冻,夏天不酸,猪吃后能分泌大量的唾液,有利于饲料的消化吸收;也可喂湿料(料水比例为 1：1),冬天加水拌料后放 4 小时喂,夏天放 2 小时喂,好处是采食量增加,水溶性维生素容易吸收,在猪采食量减少时可采用此法。第一阶段按猪体重的 5％～6％ 喂料;第二阶段按 4％～5％ 喂料;第三阶段按 3％～4％ 喂料。采用自由采食和限喂均可,每天喂 8～9 成饱,每天喂 4 次,第一次是早晨 7 时,第二次是上午 11 时,第三次是 16 时,第四次是 21 时。

3. 充足饮水

最好采用自动饮水器,让猪自由饮水,喂料后立即给水,让猪喝足,夏天喝凉水防暑,冬天应饮温水(35～45 摄氏度),以减少猪的体能消耗。

4. 喂添加剂

第一阶段可喂含硒的微量元素添加剂,促进骨骼生长,同时添加防水肿药物;第二阶段添加长效霉素粉,防球虫和肠炎,采食量降低可添加健胃散;第三阶段添加富含氨基酸的添加剂,促进饲料合成蛋白,满足增膘的需要。

5. 保持温度

冬季低温会影响猪的生长发育和育肥效果,利用暖棚或提高猪舍温度可改善饲养环境,提高养殖效益。如果是暖棚,棚上要盖草帘,留气孔防潮,勤换垫草,及时清除粪尿,做好有害气体的排放,每天中午排放 60 分钟左右。

(五) 养殖密度

养猪要实时调整密度。冬天一般 0.8 平方米猪舍可养 1 头猪,夏天 1.0～1.2 平方米猪舍可养 1 头猪,这样不仅可充分利用猪舍,而且猪多、抢食、增重快,从而缩短养殖周期,减少养殖费用。

(六) 自繁自养

猪要走自繁自养之路,特别是规模猪场养殖。一般农户养猪,选购一代杂交仔猪进行养殖问题不大。规模场在走自繁自养之路时,首先应该在选用优良公、母猪,培育优良种用母猪群上下功夫,这个很重要,选留杂交一代仔母猪,经过精心培育建立一个优秀的种用母猪群,为生产优质的三元杂交商品肉猪奠定良好基础,以培养出优秀的三元杂交商品猪,只有这样才能有效防疫灭病,提高成活率,降低成本,提高养猪业从业者的经济效益等。

(七) 饲喂管理

采用科学的饲喂方法,能够合理地利用饲料,提高饲料转化率,使猪多长肉、快出栏。因此,养猪饲喂应抓好以下四点:

1. 生喂与熟喂

根据饲料的特性和猪的生产用途及生长阶段来决定生喂或者熟喂,以减少饲料营养损失,提高利用率,预防中毒和消化道疾病的发生为原则。豆科籽实、菜籽饼、棉籽饼、马铃薯和红苕等精料和含有毒物质的多汁饲料、含各种不明物质的泔水等应熟喂;玉米、小麦、高粱及各种青绿饲料均应生喂。

2. 稠喂与稀喂

一般要求饲料应采用生、干喂和生、湿拌料饲喂。经加工后的全价饲料以适量的清洁饮水搅拌成干湿拌料进行饲喂,以捏得拢、散得开为宜。在喂后要供足饮水。这样可以避免因稀喂的饲料中含水多,胃排空快,肠胃刺激小,消化液分泌少,从而降低饲料的消化和吸收。

3. 多餐

根据猪的生产用途、生长阶段、年龄、季节和饲料性质来决

定餐数。7 日龄仔猪诱食不限餐数;20 日龄起至断奶,每天可喂
6 次以上;断乳仔猪每天 4～5 次;带仔母猪和妊娠后期的母猪
每天 4 次;架子猪、大肉猪、公猪每天 3 次。炎夏昼长夜短可酌
情加喂 1～2 次;冬季昼短夜长则早晨第 1 顿要喂得早,晚上 1
次喂得迟,夜间加餐 1 次。

4.制订合理的饲喂制度

饲喂要"四定",即定时、定量、定温和定质。根据不同日龄
和用途的猪,按照饲养标准配制相应的日粮,要求原料易得、营
养全面平衡。

定时:有利于猪形成条件反射和良好习惯,有规律地分泌消
化液,促进营养物质的消化和吸收。

定量:按猪的营养情况和食欲情况,确定猪的日投饲料量,
一般以饲喂后槽内不剩食、猪不舔槽为宜。

定温:春、夏、秋季一般以常温饲喂,冬季应酌情用热水调制
饲料和喂温水,使其温度控制在 28 摄氏度左右。

定质:一般要求不要轻易更改饲料配方和降低营养标准。

养猪不仅是传统的养殖业,而且是畜牧养殖业的重点。猪
肉食品是其他动物食品不可替代的,加之粮食作物、蔬菜和水果
种植需要大量农肥,沼气的使用也必须养猪,因此,养猪就显得
更加重要。

（八）养猪的优良条件

养猪是一个系统工程,在选苗、配料、管理和防病等方面都
有讲究。要养好猪并不是很容易但也不是办不到的事。要把猪
养好,养出效益来,必须掌握科学养猪知识,并在实践中不断总
结和提高。为此,下面就主要介绍行之有效的喂养育肥的技术
要点,以帮助养猪户养好猪,进而获得好的经济效益。要使猪健
康、快速生长,投入和产出成正比,就要创造良好的条件,具体说
来就是做到"四良",即"良种、良料、良舍、良管"。

1. 选择优良品种

我国地域辽阔,地理、气候条件差异很大,猪的地方品种繁多,多达数十个。从肉质划分,有脂肪型、瘦肉型、肉脂兼用型猪。脂肪型猪一般是指国内的地方品种,瘦肉占胴体35%～45%,如金华猪、内江猪、两广小花猪;瘦肉型猪是指从国外引进的优良品种,瘦肉占胴体60%～65%,如长白猪、大白猪、杜洛克猪;肉脂兼用型猪指用进口的良种公猪作父本、地方良种母猪作母本杂交产下的后代,即杂交猪,这种猪抗病能力强、生长快、饲料利用率高、瘦肉多。在具体选苗时,要挑选个大、脚高,体格匀称,用手触摸耳根无发热,身上无红点,无拉稀,采食正常的健康猪。

2. 优质的饲料

要养好猪,首先要搞清猪的营养需要及其营养物质的功能,同时还要学会识别假冒伪劣和添加农业部明令禁止的违禁药品的饲料,充分准备新鲜、营养全面的优质饲料。

3. 优良圈舍

猪栏的建设,要选在相对高一点的地方,以便于排水排便,同时要考虑透光透气,防暑避寒。猪栏的大小按1头猪占地1.2平方米计算,食槽长度按每头40厘米设计。地面按拉便处较低,其他三角较高,保持一定斜度辅面,这样便于打扫卫生和冲洗干净。

4. 良好的饲养管理制度

建好栏、选好苗并准备好优质饲料后,就要进行优良的管理。一是三角管理,调教猪吃在一处,睡在一处,拉在一处;二是勤打扫卫生;三是准确供料;四是注意观察猪是否生病;五是定期驱虫和防疫。

(九)改进饲喂技术和方法

要使育肥猪健康、快速生长,除了要做到以上"四良"外,在喂养方法上还要进行"四改"，即熟改生喂、稀改干湿喂、单一饲料改混合喂、随意喂养改定时定量喂。

1. 熟改生喂

传统的饲喂方法是把饲料煮熟喂猪，饲料在煮熟的过程中，高温会破坏一部分营养成分，特别是维生素大部分会被破坏。如煮食不当，还可能引起亚硝酸盐中毒，导致猪死亡。饲料生喂，既能保证营养成分不被破坏，又能节省人力和燃料，还可防止亚硝酸盐中毒。除马铃薯、芋头、南瓜、木薯等含淀粉高的饲料煮熟饲喂有利消化外，其他饲料均可生喂。

2. 稀改干湿喂

养猪有干喂、稀喂和干湿喂法。干喂需猪分泌很多唾液和胃液浸湿饲料，干粉也容易引起咽喉炎和使猪呛鼻。稀喂看起来猪吃得很饱，但长势却很差，一是水多了冲淡胃液不利于消化；二是水太多增加内脏负担，排泄快，排泄量大，影响饲料消化吸收；三是水多营养不够，不能准确掌握喂量。干湿喂法，浓度一般像粥一样，喂料后胃液能很好地起到分解作用，促进饲料的消化、吸收，使猪生长快，经济回报高。

3. 单一饲料改混合喂

传统的喂法是有米糠喂米糠，有红薯喂红薯，有玉米喂玉米，概括起来就是有什么喂什么的单一喂养模式。单一喂养法营养不全面，猪长势慢，饲料利用低。改为混合喂养，就是合理搭配多种饲料，混合在一起喂。既充分利用已有的饲料，又补充一些其他饲料，营养全面了猪就会快速生长，有助于提高经济效益。

4. 随意喂养改定时定量喂

传统的喂养方法是什么时候有空什么时候喂猪，什么时候想喂就什么时候去喂。改为定时喂养后，使猪产生良好的条件反射利于生长，定量喂养既能减少浪费又能保证营养，促进快速生长。一般什么时候喂猪要确定相对稳定的时间,喂量要准确。

归纳起来,猪苗是前提,饲料是基础,管理是关键,防病是保障,只要有信心,喂养时仔细认真,严格坚持科学喂养,就会养出成绩,提高经济效益。

(十) 肉猪饲养管理技术

1. 合理安排去势、防疫和驱虫

(1) 去势

目前我国农村多在仔猪 35 日龄左右、体重 5～7 公斤时进行去势,此时体重小,手术较易施行。近年来提倡仔猪生后早期(7 日龄左右)去势,以利手术恢复。

(2) 防疫

主要是预防肉猪的五号病、猪瘟、猪丹毒、猪肺疫、仔猪副伤寒等传染病。目前普遍采用 20-55-70 日龄免疫程序,具体做法:仔猪出生后 20 日龄,接种猪瘟疫苗;55 日龄接种猪瘟疫苗、猪丹毒、猪肺疫和仔猪副伤寒疫苗;70 日龄接种仔猪副伤寒疫苗。口蹄疫疫苗一般于 30 日龄首次接种,其他疫苗可根据当地的疫病流行情况进行选择。

(3) 驱虫

生猪的寄生虫主要有蛔虫、姜片虫、疥螨和虱子等内外寄生虫。通常在 60 日龄时进行第一次驱虫,120 日龄左右进行第二次驱虫。常见的驱虫药有左旋咪唑、阿维菌素及中药复方制剂等。

2. 断奶后管理

刚断奶后的第一个月,幼猪生理上正处于骨骼、肌肉生长发育旺盛时期,但胃和大肠的消化机能还不完善,此时因断奶仔猪生活环境突然发生改变,所以应从营养和管理方面采取一些措施,以防止掉乳膘,或形成僵猪。一是饲料营养水平应采用肉猪早期阶段的标准,但要注意饲料变换的过渡。二是进行合理的分群。三是进行采食、排泄、卧睡"三角定位"调教,使其建立条件反射,有助于保持猪圈清洁、干燥,有利于猪生长。四是每日上下午各检查一次猪群健康状况,主要观察猪的采食、行为动态和粪尿是否正常,发现问题及时采取措施。

3. 饲养密度

在每头猪占地面积相同的情况下,肥育期以 10～16 头为宜,最多不超过 20 头。饲养密度大小因肉猪的体重和猪舍地面结构而不同,通常随猪体重增大,每栏饲养猪头数相应减少。

4. 饲料搭配

合理调制饲料,饲喂肉猪的配(混)合饲料,一般宜生喂,如大麦、玉米、米糠等,生喂营养价值高。猪的配(混)合料所调制成的物理状态会影响猪的肥育效果。通常,颗粒料喂猪效果很好,喂干粉料,猪的日增重比喂稀料大;饲喂湿拌料,日增重一般均优于干粉料。在肉猪的饲养实践中,饲喂哪一种物理形态的饲料,要根据饲料种类、设备及饲喂方法而定。若搭配青饲料饲喂,应洗净后生喂,以青料与配(混)合料分开饲喂效果好。

5. 饲喂方式

我国饲养肉猪普遍日喂 3 次,现有不少的猪场和农户已实行日喂 2 次,这是比较适宜的。每日喂 2 次的时间安排在清晨和傍晚。一般分为自由采食和限量饲喂 2 种,如果既追求日增重高,又要求胴体瘦肉多,可采用前期自由采食与后期限量饲喂相结合的饲喂方法,并供给充足而清洁的饮水。

(十一) 发酵舍养猪

发酵舍养猪的饲养管理模式与传统养猪模式没特殊之处,与传统养猪模式一样,应做好以下工作:

(1) 首先要打好疫苗,控制疾病的发生。

(2) 进入发酵舍前必须做好驱虫工作。

(3) 进入发酵舍的猪大小必须较为均衡,健康。

（4）保持适当的密度，养猪的头数过多，发酵床的发酵效果就会降低，一般 7～30 公斤的猪 0.8～1.2 平方米/头，30～100 公斤的猪 1.2～1.5 平方米/头。

（5）使用发酵床菌种之外厌氧发酵的生物饲料。

（6）注意通风管理，带走发酵舍中的水分，天气闷热时，开启风机强制通风，以达到防暑降温目的。

（7）日常检查猪群生长情况，把太小的猪挑出来，单独饲养。

发酵床垫料养护的注意事项：

（1）通风：室内应保证良好通风。

（2）通透性管理：应经常翻动垫料，翻动深度为 25 厘米左右，通常可以结合疏粪或补水翻匀垫料。

（3）垫料补充：通常垫料减少量达到 10% 后就要及时补充，补充的新料要与发酵床上的表层垫料混合均匀，并调节好水分。

（4）湿度控制：垫料合适的水分含量通常为 45%～60%，应经常检查，如水分过多应打开通风口，利用空气调节温度。床面不能太干燥，常规补水方式可以采用加湿喷雾补水，也可结合补菌时补水。

（5）喂料：猪的饲料喂量应控制在正常量的 80%～90%，可定时定量，亦可自由采食。

（6）温度控制：夏季翻撬频次降低（7～15 天 1 次），冬季频次增加（5～7 天 1 次）。夏季如室温过高，可采取强制通风、水帘降温、喷雾降温等措施。

（7）发酵条件：发酵条件（发酵床专用菌、通透性、营养物、湿度、酸碱度等）最优处者先发酵而且快发酵，发酵条件劣者后发酵而且慢发酵。

（8）消毒：利用发酵床养猪，猪本身很少得病，连感冒的机会都很少。但当遇到局部、地区性或全国性的疫病流行，或整个猪场需全面消毒处理时，则仍可进行正常消毒，正常消毒几乎不影响发酵床的工作。消毒液只是对表层部分的功能微生物有点影响,不会对整个发酵床数以亿万计的功能微生物造成什么威胁。

(9)防疫:应用发酵床养猪,正常的免疫程序不可减少,特别是规模化养猪场,但抗生素等药品的用量可逐步减少,减少量一般可达到50%以上。规模化猪场全部采用该项技术,正常运行半年以后,药品使用量还会锐减。加强环境保护,切实做好养殖场废渣的无害化处理,减少疫病的滋生。

(10)做好资源优化利用,废弃物转化再生利用,节约养殖成本,严肃认真对待可持续发展这一课题。

(十二)降低养猪成本

在目前的养猪业的生产形势下,为了提高养猪业的生产效益,要降低养猪的成本。那么,怎样降低养猪业的生产成本呢?可以从下面几方面进行考虑:

1. 选种选配

坚持选留饲养杂交一代优质肉猪。用良种公猪如杜洛克、皮特兰、迪卡、汉普夏、长白等,配当地土种母猪所生产的仔猪称为杂交一代猪,杂交一代生命力强,生长迅速,饲养效果好。因此,要普遍推广公猪良种化、母猪二元化、仔猪杂交一代化的"三化"新技术。

2. 科学合理的饲喂

坚持按照生长阶段,喂优质配合饲料。根据不同生长阶段的营养需要确定饲喂量和饲喂次数,饲料必须是按照营养需要进行配合制成的全价饲料,要求营养全面,转化利用率高。

3. 创造适宜的生存环境

适当提高猪的生活福利,可促进猪的生长。夏秋季节可在猪舍外栽植葫芦、大瓜、倭瓜、向日葵等藤蔓植物遮阳降温,冬季推广塑料暖棚饲养新技术,并定期进行驱虫和免疫注射。

4. 改变育肥方式

实时出栏,改吊架子育肥为直线育肥。传统的吊架子育肥是把猪的育肥期分为几个阶段,按各个不同阶段采用精粗饲料相结合的办法进行催肥。此法饲料单一,营养不全面,不能满足猪的生长需要,猪生长慢,饲养周期长,出栏率低。如果对断奶后的小猪到出栏前的肥猪采用直线育肥法,可有效地缩短育肥期,提高育肥率,根据猪的生理特性,一般在 5～6 月龄、体重达到 90～100 公斤时即可出栏,提高经济效益。

5. 供给充足的清洁水

最好采用自动供水系统,如果缺水就会影响猪的食欲、消化和正常生长,从而降低对饲料的利用率。

6. 广泛利用辅助饲料

利用青绿多汁饲料(草本类的饲草藤蔓等)、糟渣类饲料(啤酒糟、醋糟)、生物化饲料(经过微生物发酵处理过的鸡粪、兔粪等)以及其他农产品加工副产物等,经过处理兑在混合饲料中一起喂猪,猪爱吃,又上膘,增重快、出栏早,可降低饲养成本1％～3％。但应该注意的是,严禁使用餐饮业的泔水、地沟油养猪。

7. 自繁自养

自己饲养优良种公母猪,自己培育杂交仔猪,自己育商品猪,有利于防疫灭病,提高仔猪成活率,降低养猪成本。

8. 实时调节养殖密度

推行夏疏冬密的养殖方法,一般按照夏季每头猪占地面积 1 平方米、冬季 0.8 平方米的猪舍要求合理设置养殖密度,以使猪只饲养密度合理,节省猪舍,减少固定资产投入,提高猪的采食量,降低猪的活动量,使猪增重快,从而缩短饲养期。

9. 提高科技含量以提高产出效益

积极参加各种与养猪业有关的技术培训,努力提高科学技术水平。近几年来养猪业的科学技术发展异常迅猛,及时了解和掌握养猪业科学技术发展的最新动态是很有必要的。订阅权威性专业学术杂志以帮助自己全面系统地掌握养猪业理论知识,并将所学知识运用到实际生产中。

10. 及时了解并掌握市场信息

通过互联网、有线电视、广播和专业期刊等多种渠道了解和掌握市场信息对生产发展是非常有用的。

11. 疫病防控

改变过去那种有病才找兽医的观念,要做到无病早预防,严格控制猪瘟、伪狂犬、蓝耳病等传染病病原流入,严肃认真地做好病死畜禽和死因不明的畜禽的无害化处理,严禁携带外来病死动物加工而成的产品进场,严禁同业者在未做任何消毒处理的情况下入场参观访问。养猪场必须按规定修建标准的消毒设施,并随时保证消毒设施的正常运转,以减少病死率。养猪场内严禁饲养猫、狗等其他动物,减少疫病传播途径,提高成活率和出栏率。

12. 猪场安全

消防设施随时保持运转正常,供水系统完好无损,随时保持正常使用水压,管道畅通。建筑物定期进行安全评估。经常检查场舍周围防洪排涝设施是否运转正常。供电系统运转随时保持畅通,对线路老化的及时更换,降低火灾发生隐患。

(十三)仔猪购买注意事项

提高防疫检疫意识,搞好外购仔猪的饲养管理工作,是防止外界病原体侵入猪场,避免造成较大经济损失的关键。特别是对于那些缺乏自繁自养条件,需要经常从外地购买仔猪的养猪场(户),更应该把好外购仔猪管理流程的每一个环节。

1. 仔猪的选购

首先查验检疫标志,索要当地畜牧兽医行政管理机构经过合法程序出具办理的有效的检疫证明,了解近一个月内的免疫接种情况,尽量到规模比较大的、防疫监督工作做得比较好的、仔猪质量比较可靠的猪场选购仔猪。千万不要贪图一时便宜,购买来路不明、无免疫标志或无免疫证明或者免验证明过期无效的仔猪。选购仔猪的时候,认真观察仔猪的健康状况,挑选精神饱满、眼睛明亮有神、嘴巴短圆、背胸部宽阔、四肢强健、皮毛光亮的仔猪,严禁购进病猪。

2. 设立隔离区

外购仔猪到场后不能直接转入猪场生产区,而应先在隔离舍区隔离观察 15～30 天,若没有发现疫病,方可将其转入生产区。所以具有一定规模的养猪场都应在猪场内设立隔离舍区,隔离舍区要距猪场生产区 300 米以上。在购进仔猪到场之前,必须对隔离舍及舍内用具进行严格消毒,消毒用药可选用 20％的新鲜生石灰乳或 5％的漂白粉溶液。

3. 要合理饲喂

外购仔猪到场后,不要急于给仔猪饲喂精饲料,可先供给其清洁的饮水和新鲜适口的青绿饲料,待其休息 6～12 小时再饲喂少量精饲料,以后根据仔猪的吃食情况逐渐增加,直到增至正常饲喂量。

4. 进行预防接种

根据购猪时了解的免疫接种情况,并结合本地疫病流行情况以及本场具有代表性的传染性疾病的过往发病史制订该批猪的免疫程序。购进的仔猪在隔离舍区隔离饲养的一段时间内应落实专人负责,对仔猪进行严格的健康检查,发现问题及时处理。在 1 周后,未有异常情况发现,就可以开始按照预先制订的免疫程序依次给仔猪进行预防接种。

5. 驱虫和健胃

严格选用药物,一般要求采用高效、低毒、无残留的驱虫药,在给仔猪接种疫苗 7 天后,且仔猪健康无病的状态下,就可以对仔猪进行驱虫和健胃。投药前可让仔猪先处于半饥饿状态下1天,到晚上给仔猪口服驱虫药。如果采用注射给药方式,处于半饥饿状态也是比较好的。驱虫后的第3天早上用大黄苏打片给仔猪健胃。

6. 进入生产区

经过15～30天的隔离观察、严格检疫,确实没有发现问题,就可将仔猪转入生产区。在进入生产区之前,要对仔猪进行严格的体表消毒。带病的、体弱的及其他原因导致的不健康的猪一律不能转场进入生产区。

(十四) 杂料喂猪注意事项

猪是耐粗饲的动物,大部分粗饲料都能吃,但在饲喂时应注意以下几个问题:

(1) 酒糟含有酒精和醋酸,一般不适宜饲喂过量。因为大量饲喂,不仅易造成酒精积蓄中毒,而且由于酒精所含营养不平衡易引起便秘。一般正常用量为不超过日喂量的20％～30％,并要配合一些其他饲料,以弥补酒糟营养不全的缺陷。怀孕母猪和哺乳母猪不宜喂酒糟。

(2) 夏季喂猪要防止用酸败饲料喂猪,猪吃后轻者精神不振,不爱吃食,影响生长,重者还会中毒死亡,因此不能用酸败的饲料喂猪。夏季要注意饲料的保管方法,如存放在干燥通风的地方,现喂现拌,不宜长期保存的要尽快先用,以防酸败。

(3) 残汤剩饭喂猪,要符合卫生标准。用残汤剩饭喂猪在农村散养的情况下比较多见,但残汤剩饭不宜喂幼猪和种猪,可以适当用于喂育肥猪。喂前要清除杂物,经高温煮沸消毒待冷却后再饲喂,以防止中毒及胃肠炎等疾病的发生。

(4) 采用青菜类饲料喂猪要科学。青菜类饲料,猪都比较喜欢吃,但喂时要讲科学。生喂时不要过量,过量容易造成拉稀或引起胃肠道疾病。熟喂时要讲究方法,如甜菜叶在煮时要注意避免产生亚硝酸盐之类物质,以防食用后中毒。

(5)用饲料添加物喂猪要严格按照使用比例添加饲喂,随着饲料工业技术的成熟,以及饲料和饲料添加剂的开发利用,一些饲料添加剂代替了部分粮食饲料,如羽毛粉、骨粉、畜禽废弃物经高温处理后的加工产品等,在养猪生产中也起到了积极的作用。但总的来说,各种精饲料原料、饲料添加剂、全价饲料、专用饲料等,在使用时一定要严格遵循科学合理的原则来进行搭配,科学地饲喂。

第二节　牛

一、肉牛

(一)犊牛

1. 正确处理初生犊牛

清除口鼻中的黏液,并对脐带进行消毒,同时注意牛舍保温。

2. 早食初乳

肉牛犊一般采取自然哺乳法,在 1～1.5 小时内应及时喂初乳,再补充一些三合维生素(A、D、E),日哺乳量为体重的 11%,10 周龄为 8%,一般 6～7 月龄断奶。哺乳期内每天哺乳量应不少于 5 公斤,哺乳不足,可用"保姆"或羊奶、代乳粉等饲喂。

3. 及时补喂精饲料

(1) 20 日龄开始补料,1 月龄后每天精料 0.2～0.3 公斤。

(2)精饲料配比:玉米 40%、麸皮 20%、豆饼 20%、干甜菜渣 15%、预混料 5%。

(3)逐渐增加精饲料喂量,日喂奶量可适当减少。

(4)平均日增重在 0.7 公斤以上,6 月龄体重达 230～250

公斤,屠宰率为 52%～55%。

4. 喂给优质粗饲料

促使肠胃尽早发育,犊牛出生半月左右,补饲优质干草或青草;犊牛出生 20～30 天就可在食槽中撒少量青贮饲料,以后再逐渐增加;2 个月后每天可喂给 100～150 克,3 个月可喂到 1.5～2 公斤,4～6 月龄增至 4～5 公斤。

5. 供给清洁饮水

犊牛 15 天前注意水温与奶温相同,以后改为常温。

6. 做好防病工作

出生后前几周易发病,应按免疫程序做好免疫,定期消毒,加强护理。

7. 注意清洁卫生

注意清洁卫生,以减少发病率。

8. 定时运动和哺乳

5 周龄以上时拴系饲养,每天运动和哺乳 2～3 次,每次 1～2 小时,限制其运动和哺乳。

(二) 育成牛

1. 育成母牛的饲养管理

育成母牛的日粮类型应以青贮饲料为主,充分采食青草、青贮和干草。青饲季节可以不补精料,仅补矿物质即可。冬季根据青贮饲料质量补少量精料。生长发育好的母牛可在 18 月龄配种。怀孕后,按怀孕母牛的要求进行饲养管理。有放牧条件的,以放牧为主,如未吃饱,放牧回来后应补喂一些干草和多汁饲料。在管理上,既可系留饲养,也可圈栏饲养。应保持牛体干净,同时要加强运动,促进各组织器官发育。

2. 育成公牛的饲养管理

育成公牛比育成母牛生长发育快,因而所需营养物质较多,特别需要以精料形式提供能量,以促进其迅速生长和性欲的发生,否则会影响性成熟和生产优质精液。育成公牛除给予足够精料外,还应让其自由采食优质干草。以青草为主时,精、粗饲料干物质比为 55∶45;以干草为主时,精、粗饲料干物质比为60∶40,另外精料中粗蛋白含量以 12％为宜。管理上,每天要有 2～3 小时运动量,为便于管理,必须在 1 岁时穿鼻,进行调教,训练口令。要经常刷拭牛体,做到人牛亲和,防止发生恶癖。生长发育正常时,可在 18 月龄采精,每周 1 次为宜,到 2 岁时再转入正常采精,每周 2 次。

3. 精饲料补喂

精饲料量根据体重、日增重及饲草品质决定,一般 2～4 公斤,精饲料配方:玉米 60％、麸皮 15％、油饼类 20％、预混料 5％。

(三)母牛饲养管理

1. 怀孕母牛饲养管理

(1)母牛怀孕中后期胎儿生长发育很快,母体供给胎儿大量营养的同时,还需蓄积一定养分,以保证产后的产奶量,此期间母牛应保持中上等膘情。

(2)每头日喂 1.5 公斤,不要过量补给精饲料。

(3)冬季饮水温度不低于 10 摄氏度。

(4)怀孕后期防止挤撞、惊吓、猛跑。

(5)每天坚持一定的运动,避免过肥和运动不足而难产。

2. 哺乳母牛饲养管理

(1)母牛刚产犊后应喂些温盐水(10～20 克盐)和一把麸皮,防止牛产犊后腹部内压突然下降和血液集中到内脏产生"临时性贫血"。

(2)产后 15～20 天,母牛恢复正常,可回原群饲养。

(3)发生胎衣不下,产后瘫痪、食滞、乳腺炎和产褥热等病症应及时治疗。

（4）哺乳期母牛消耗大，日粮干物质量应占母牛体重的 2.5%，精饲料中粗蛋白含量为 11%～12%。一般每头母牛每天要补精饲料 2～3 公斤。

（四）成年肥育肉牛的饲养管理与育肥

一般采用强度育肥方式，做好以下工作：

（1）分组：按体重、性别分组编号，分槽饲养。

（2）减少肥育牛的活动。

（3）保证育肥场安静、干燥，清洁、卫生。

（4）坚持定时、定量、定人、定期刷拭、定期称重。

（5）要注意防寒、防暑工作。

（6）牛舍及舍内设备要经常检修，发现破损应及时更换修理，以免造成人、畜伤亡。

（7）日粮组成：青贮饲料 25 公斤，干草 4 公斤，精饲料按育肥牛情况而定，如牛体重大可按比例适当增加。精饲料配方：玉米 63%、豆饼 12%、麸皮 18%、预混料 5%、小苏打 2%。

二、奶牛

（一）犊牛

1. 初生犊牛的护理

（1）清理黏液

犊牛出生之后，立即用毛巾将口鼻部黏液擦干净。如果发现犊牛出生后不能马上呼吸，可用手握住犊牛的后肢将犊牛吊挂起来并拍打胸部，使犊牛吐出黏液。

（2）脐带消毒

一般情况下，犊牛的脐带会自然扯断。未断时，先把脐部用力揉搓 10 多次（1～2 分钟），再在距腹部 6～8 厘米处用消毒剪刀剪断，将脐带中的血液挤净，用 5%～10% 碘酊药液浸泡 2～3 分钟即可。断脐以自然脱落为好，不要采用结扎的方法。

（3）喂初乳

犊牛出生后 1 小时内应该让其吃上初乳,饲喂量为体重的 5％。第二次饲喂应在出生后 6～9 小时,每天即挤即喂。初乳可喂 5～7 天,日喂量不超过体重的 8％～10％,每日 3 次,温度为 36～38 摄氏度。不会在桶内喝奶的犊牛,畜主可用手指在桶内引导犊牛吸奶,经过 2～3 天训练,犊牛即可自己吸乳。

2. 犊牛常乳期的饲养管理

犊牛从饲喂初乳结束到完全断奶的阶段称为常乳期。犊牛常乳期的饲养管理要点如下：

（1）称重和编号

犊牛从出生开始应每月称体重和测量体尺（体斜长、体高、胸围）各一次,并详细记录。通过称重和体尺测量检查犊牛生长发育的情况。在犊牛称重的同时,还应进行编号。

（2）饲喂常乳

犊牛经过 5～7 天初乳期之后,开始哺喂常乳。初乳、常乳变更应注意逐渐过渡（4～5 天）,同时做到定质、定量、定温、定时饲喂。

（3）去角

犊牛在出生后 7～12 天去角,一般有两种方法,即苛性钠法、电烙法。苛性钠法：首先将犊牛角周围剪毛,在角根周围涂上一层凡士林,然后手持苛性钠棒（一端用纸包裹）在角根上轻轻烧磨。电烙法：将电烙去角器充分加热套在角根上,旋转、停留大约 10 秒钟即可。

（4）饮水

出生后 7 天可在饮水中加入适当的牛奶,诱导犊牛尽早饮水。最初饮 36～37 摄氏度的温开水,10～15 天饮常温水,1 月龄后自由饮水,水温不低于 15 摄氏度。

（5）早期补饲

干草：出生后 7～10 天训练犊牛采食优质干草,促进瘤胃发育,防止舔食异物。

精饲料:出生后 15～20 天喂精饲料,精饲料参考配方见表
10-1。首先将精饲料用温水调成糊状,加入少量牛奶、糖蜜或其
他适口性好的饲料,涂擦犊牛口鼻教其舔食,或直接将精饲料放
入奶桶底使其自然舔食。3～5 天以后,在犊牛旁边设置料盘,
将精饲料放入任其自由舔食。最初每头喂 10～20 克,30 日龄
应增至 0.5 公斤,60 日龄增至 1 公斤。

表 10-1　精饲料参考配方

成分	含量	成分	含量
玉米(%)	50～55	食盐(%)	1
豆粕(%)	25～30	矿物质元素(%)	1
麸皮(%)	10～15	磷酸氢钙(%)	1～2
糖蜜(%)	3～5	维生素 A(微克/千克)	1320
酵母粉(%)	2～3	维生素 D(微克/千克)	174

青绿多汁饲料:20 日龄时开始给犊牛补喂胡萝卜、甜菜等
青绿多汁饲料,以促进消化器官的发育。每天先喂 20 克,到 2
月龄时可增加到 1～1.5 公斤,3 月龄喂 2～3 公斤。青贮料可
在 2 月龄开始饲喂,每天可以喂给 100～150 克,3 月龄时应喂
1.5～2.0 公斤,4～6 月龄时应喂 4～5 公斤。

(6) 运动

出生后 10 天即可让犊牛在户外自由活动,几周后适当进行
驱赶运动(每日 1 小时左右),以增强体质。

(7) 卫生

哺乳用具每次使用后应及时清洗干净,并定期消毒。每次
喂完奶,用干净毛巾擦干口、鼻,防止互相乱舔而养成"舔癖",饲
养员要坚持每天刷拭牛体。饲草、饲料中不能含有铁钉、铁丝、
牛毛、粪便等杂物。犊牛从出生到断奶始终应在一个圈舍内饲
养,减少疾病传播,降低犊牛发病率。

（8）早期断奶

一般在 60 日龄采食精饲料量达 0.7～1.0 公斤时即可断奶，体格过小或体弱的犊牛可适当延长其哺乳期。

3. 断奶犊牛的饲养管理

这个阶段是指犊牛断奶到 6 月龄。

（1）分群

把年龄、体重相近的牛以每 10～15 头为一群，酌情调整粗精料的比例，可以使其生长发育一致，利于管理。

（2）运动

从幼龄期开始按摩乳房，每日 1 次，每次 5～10 分钟，每日至少运动 2 小时，冬季不间断，以增强食欲，加强消化机能。

（3）刷拭

每天刷拭 1～2 次，每次 10～15 分钟，刷拭时在舍外与阳光浴相结合，增强牛体血液循环和清洁卫生。

（4）称重和体尺测定

每月称重，对生长发育缓慢的犊牛要找出原因。定期测定体尺，根据体尺和体重来评定犊牛生长发育的好坏。

（5）饲养

犊牛断奶后的饲养以青绿多汁饲料为主，补给一定数量精饲料，精饲料参考配方见表 10-2。3 月龄犊牛每天给混合精料 1.0～1.5 公斤，每天饲喂 3 次，先喂精饲料后喂青绿多汁饲料，然后给优质干草，最后饮水。4 月龄以前精粗比例一般为 1∶（1～1.5），4 月龄以后调整为 1∶（1.5～2）。

表 10-2　精饲料参考配方

成分	含量（%）	成分	含量（%）
玉米	50～55	饲用酵母	3～5
豆粕	30～35	磷酸氢钙	1～2
麸皮	5～10	食盐	1

（二）育成牛

育成牛根据生长发育及生理特点划分为两个阶段进行饲养,第一阶段7~12月龄,第二阶段13~16月龄。

1.7~12月龄的饲养管理

此阶段精饲料比例占饲料干物质总量的30%~40%。每头日喂精饲料2~2.5公斤,青贮饲料10~15公斤,干草2~2.5公斤。日粮营养需要:干物质5.0~7.0公斤,粗蛋白600~650克,钙30~32克,磷20~22克。要控制日增重,日增重不能超过0.9公斤,发育正常时12月龄体重可达280~300公斤。

2.12月龄至初次配种育成牛的饲养管理

12月龄以后,优质青贮饲料基本上就能满足营养的需要。如粗饲料质量差时,要适当补喂少量精饲料,并注意钙、磷、食盐和微量元素的补充。日粮营养需要:干物质6.0~7.0公斤,粗蛋白640~720克,钙35~38克,磷24~25克。发育正常时初次配种育成牛的体重应达400公斤。

3.育成牛的管理

（1）分群

根据月龄、体格和体重相近的原则进行分群。对于大型奶牛场,群内的月龄差不宜超过3个月,体重差不宜超过50公斤;对于小型奶牛场,群内月龄差不宜超过5个月,体重差不宜超过100公斤。每群数量越少越好,最好为20~30头。

（2）修蹄

从10月龄开始,每年春、秋季节应各修蹄一次,以保证牛蹄的健康。

（3）按摩乳房

12月龄以后,可每天对育成母牛进行乳房按摩,每天一次。按摩时要用热毛巾轻轻揉擦,切忌用力擦拭乳头,以免擦去乳头周围的蜡状保护物,引起乳头龟裂或因病原菌从乳头孔处侵入,导致乳腺炎发生。

（4）适时配种

奶牛传统的初次配种时间为 16～18 月龄,现在随着饲养条件和管理水平的改善,育成母牛 13～14 月龄时的体重即可达到成年体重的 70%,可以进行配种。

（5）称重和测量体尺

每月称重,并测量 12 月龄、16 月龄的体尺,详细记录母牛档案,作为评判成年母牛生长发育状况的依据。一旦发现异常,应及时查明原因,并采取相应措施进行调整。

（三）青年牛

从怀孕后到分娩前的头胎牛。

1. 饲养

妊娠初期以粗饲料为主,视牛膘情日补精饲料 2～2.5 公斤。

怀孕 5 个月后日补精饲料 3～3.5 公斤,干草 2.5～3 公斤,青贮 15～20 公斤。日粮营养要求:干物质 7～9 公斤,粗蛋白 750～850 克,钙 45～47 克,磷 32～34 克。

分娩前 30 天,可在饲养标准的基础上适当增加精饲料,但饲喂量不得超过怀孕母牛体重的 1%。日粮中应注意增加维生素、钙、磷和其他常量元素、微量元素的含量,其中,粗蛋白 640～720 克,钙 35～38 克,磷 24～25 克。

2. 管理

（1）分群管理

在配种后 20～30 天和 90 天进行早期妊娠检查,确定奶牛是否妊娠。根据配种受孕情况,将怀孕天数接近的牛编入一群,分群饲养管理。妊娠 7 个月后转入干乳牛舍进行饲养,临产前 2 周转入产房饲养。

（2）乳房按摩

每天 1 或 2 次，每次 3～5 分钟，产前 15 天停止，但不能拭挤，也不能擦拭乳头，以免挤掉乳头塞或擦去乳头周围的蜡状保护物，而引起乳腺炎或乳头裂口。

（3）防止互相吮吸乳头，引起瞎乳

头胎由于管理及一些综合因素的影响，往往有个别牛会出现互相吮吸乳头的恶癖，所以在青年牛饲养管理中应仔细观察，发现吮吸乳头的牛要及时隔离或采取相应措施。

（4）做好保胎工作

青年牛由于是初次怀孕，不如经产牛温顺，所以管理要细致、耐心，不急轰、急赶牛，不乱打牛；不喂发霉变质饲料；冬天不喂结冰水，不喂冰冻料。

（5）保证足够运动量

对全舍饲的牛来说尤其要注意这一点，每天至少要保证有 1～2 小时的运动量。

（四）成年牛

1. 泌乳初期（母牛分娩到产后 15 天以内）

（1）精料

产后日粮应立即改喂阳离子型高钙日粮（钙占日粮干物质总量的 0.7%～1%），从第二天开始逐步增加精料，每天增加 0.5～1 公斤，直到第 7～8 天，使日采食干物质中精料含量逐渐达到 50%～55%。在加料过程中要密切注意奶牛的食欲和消化机能来确定增加量，期间精料给量不应超过 10 公斤。

（2）粗料

产后 2～3 天内以供给优质牧草为主，让牛自由采食，最低饲喂量 3 公斤/头/日，不喂多汁、青贮和糟粕类饲料，以免加重乳房水肿。3～4 天后逐渐增加青贮饲料喂量。产后 15 天，青贮料可喂至 20 公斤以上，干草 3～4 公斤，多汁饲料 3～4 公斤。

此时，奶牛体内钙、磷也同样处于负平衡状态，必须喂给钙、磷和维生素 D，每头母牛每天钙的喂量不低于 150 克，磷不低于 100 克。

（3）饮水

分娩后及时喂给 30～40 摄氏度麸皮盐水汤（麸皮 1 公斤、食盐 100 克、水 10 公斤），为促进子宫恢复和恶露排出可饮红糖水（1 公斤红糖兑 10 公斤水），母牛产后 1 周内饮 36～38 摄氏度温水，以后逐步降至常温。

（4）挤奶

产后 30 分钟就可以挤乳，产后第 1 次挤奶前首先须加强对乳房的清洗、热敷和按摩，废弃第 1～2 次挤出的奶。第 1 天挤奶量大约 2 公斤/次，以够犊牛吃即可；第 2 天挤出全乳量的 1/3；第 3 天挤出 1/2；第 4 天挤出 3/4；第 5 天全部挤净。

（5）乳房护理

分娩后，乳房水肿严重，在每次挤奶时都应加强热敷和按摩，并适当增加挤奶次数，每天最少挤奶 4 次，这样能促进乳房水肿更快消失。如果乳房消肿较慢，可用 40% 硫酸镁温水洗涤并按摩乳房，以加快水肿消失。

（6）胎衣检测

一般分娩后 4～8 小时胎衣即可自行脱落，脱落后应立即移走，以防奶牛吃掉，引起瓣胃阻塞。如果分娩后 12 小时胎衣仍未排出或排出不完整，则为胎衣不下，需请兽医处理。

（7）消毒

产后 4～5 天内，每天消毒后躯一次，重点是臀部、尾根和外阴部，要将恶露彻底洗净。如有恶露闭塞现象，应及时处理。

（8）日常观测

奶牛分娩后，要注意观察阴门、乳房、乳头等部位是否有损伤，以及有无瘫痪等疾病发生征兆。每天测 1～2 次体温，若体温有升高要及时查明原因并处理。同时要详细记录奶牛在分娩过程中是否出现难产、助产情况,胎衣排出情况,恶露排出情况以及分娩时奶牛的体况等信息。

2. 泌乳盛期

奶牛产后 16～100 天即为泌乳盛期。

(1) 提供优质的粗饲料

日粮中要提供质量好的粗饲料,其喂量以干物质计,至少为母牛体重的 1%,以便维持瘤胃的正常消化功能。冬季还可加喂多汁饲料,如胡萝卜、甜菜等,每日可喂 15 公斤。

(2) 提高产奶量

从母牛产后 15～20 天开始,除根据奶量按饲养标准满足需要外,每天再多给 1～1.5 公斤精饲料,作为提高产奶的预支饲料。加料后若母牛产奶量继续提高,食欲与消化良好,每10～15 天调整一次日粮。在泌乳盛期精饲料给量随奶量上升而增加,直到奶量不再增加为止。

(3) 增加能量供应

在泌乳盛期要喂给高能量饲料,如玉米、糖蜜等,每天喂给的全价精料以不超过 12～13 公斤为宜。喂给精料过多,易引发瘤胃酸中毒、消化障碍、皱胃移位、不发情等,这时应在口粮中添加碳酸氢钠 100～150 克、氧化镁 200～250 克,对瘤胃的 pH 值起到缓冲作用。为弥补能量的不足,避免精料使用过多的弊病,可以采用添加动、植物油脂的方法。奶牛日粮中脂肪的含量最多不能超过日粮干物质的 7%,因此,补充量一般为 3%～4%。

(4) 补充蛋白质

蛋白质按饲养标准给量即可,不可任意添加。高产牛以高能量、适蛋白(满足需要)的日粮饲养效果最佳,尤其应注意,喂给过瘤胃蛋白对增产特别有效。日粮中过瘤胃蛋白含量需占日粮总蛋白质的 48% 左右,目前已知如下饲料过瘤胃蛋白含量较高:血粉、羽毛粉、鱼粉、玉米、面筋粉以及啤酒糟、白酒糟等。

（5）满足矿物质需要

泌乳盛期必须满足奶牛对钙、磷等矿物质的需要，日粮中钙的含量应提高到占总干物质的 0.6%～0.8%，钙与磷的比例以（1.5～1）：1 为宜。

（6）乳房的护理

适当增加挤奶次数，加强乳房热敷按摩，每次挤奶要尽量不留残余乳。挤奶操作完应对乳头进行消毒，可用 3% 次氯酸钠浸乳头，以免乳房受感染。

（7）饲喂方式

精料和粗料交替饲喂，以保证高产牛有旺盛的食欲。在精料饲养模式下，要适当增加精料饲喂次数，即以少量多次的方法，以改善瘤胃微生物区系的活动环境，减少消化障碍以及酮血症、产后瘫痪等发病率。

（8）加强饮水管理

为促进母牛多饮水，冬季饮水温度不宜低于 16 摄氏度；夏季饮清凉水或冰水，以利防暑降温，保持食欲，稳定奶量。

（9）注意牛的发情表现

一般奶牛产后 30～45 天生殖器即已逐步恢复，此时开始注意对牛进行发情观察。发现牛发情应及时配种，尽可能把母牛产后空怀天数控制在 100 天以内。

（10）加强观察并做好记录

主要从体况、产奶量及繁殖性能等三个方面进行检查，如发现问题，应及时调整日粮。

3. 泌乳中期

泌乳中期一般为奶牛分娩后 101～200 天，这段时期是奶牛泌乳量逐渐下降、体况逐渐恢复的重要时期。

（1）根据奶牛体况和泌乳量确定精料喂量

随着产奶量的减少，逐步减少精料喂量，精料比例控制在 40%～45% 以内。对于瘦弱牛，要稍增加精料，以利于恢复体况；对于中等偏上体况的牛，适当减少精料，以防造成母牛过肥，影响产奶和繁殖。

（2）增加粗料喂量

逐渐减少精料的同时，尽可能增加粗饲料用量，满足奶牛的营养需要。

（3）调整日粮营养水平

奶牛日粮中干物质采食量占体重的 3％～3.3％。每公斤干物质含 2.1～2.25 个奶牛能量单位。另外，奶牛日粮干物质中应含钙 0.45％～0.7％，磷 0.35％～0.6％，粗蛋白 13％～14％，粗纤维 16～17.5％。

（4）加强日常管理

采取正确的挤奶方法，加强按摩乳房，坚持刷拭牛体，同时保证充足的运动和饮水量，延缓产奶量的下降速度。

4. 泌乳后期

泌乳后期一般为分娩后 201 天至停奶。这段时期是奶牛产奶量急剧下降，体况继续恢复的时期。

（1）饲养方式

该阶段奶牛食入营养主要用于维持产奶、胎儿生长需要，因此应以粗料为主，粗料和精料比例为 65：35。饲养上要做到饲喂定时和定量。

（2）日粮营养水平

日粮中干物质采食量占体重的 2.8％～3.2％，每公斤干物质含 2.1～2.2 个奶牛能量单位。干物质中含粗蛋白 13％～15％，钙 0.4％～0.65％，磷 0.3％～0.5％，粗纤维 18％～21％。

（3）日常管理

坚持每天刷拭，保持牛体清洁；定期接种疫苗和驱虫消毒；根据奶牛膘情调整饲料，防止奶牛过肥或过瘦；做好保胎工作，防止流产；根据直肠检查结果确定妊娠情况，并制订相应的干乳期的饲养方案。

第三节　兔

(一) 繁殖群

(1) 种公兔体重达到 3.5 公斤以上,时间 7 月龄,母兔体重 3 公斤以上,时间 6 月龄时才能够配种繁殖。

(2) 配种应该选择在 20:00～22:00 和 6:00～7:30 为最好。配种后妊娠检查应进行 2 次,第一次检查在配种后 10～12 天,检查是否怀孕;第 2 次检查在配种后 23～25 天,要检查胎儿数量,发现胎儿只有 1～2 只时,应减少精饲料的投喂量。

(3) 仔兔在出生后 3～4 小时必须吃上母乳。仔兔喂乳 1 天 1 次,在清晨日出前喂完。

(4) 未满月小兔禁止喂青草或青饲料。清晨喂奶时与母兔在一起,喂完奶后应该马上分开饲养,这样才能够保证小兔不偷吃母兔的青饲料,母兔也抢不到小兔的训饲料。

(5) 仔兔 18～20 日龄开始训食,训食必须使用仔兔专用饲料,注意饲料和笼舍的卫生。

(6) 产后 1～3 天,给母兔每天喂带有消炎药物的饲料,这样可以防止母兔发生子宫炎或乳腺炎。在平时还应该多观察泌乳期的母兔有无炎症。

(7) 在配种前 15 天开始喂催情饲料促使母兔发情,配种前普查一次,确定有无子宫炎,若有则应及时治疗,痊愈后再配种。

(二) 幼兔群 (40～90 日龄)

(1) 28 日龄在幼兔皮下注射巴波二联蜂胶灭活疫苗 1.5 毫升,35 日龄注射 1.0 毫升加强免疫;43 日龄注射兔瘟蜂胶灭活苗 1.5 毫升,55 日龄注射 1.0 毫升加强免疫。

(2) 断奶后 1 周小兔由于消化系统发育不全面,应限制饲料喂量,做到少喂、勤添,每天喂 4 次,喂到八分饱就可以了,每次喂量 15 克左右。

（3）此阶段小兔容易爆发球虫病、大肠杆菌病，要求饲养员加强卫生管理，发现问题及时处理。

（4）2 月龄的小兔应编耳号、称重，并做好各项记录。

（5）2 月龄小兔在编号、称重中，若发现毛色纯正，绒毛整齐密实，生长发育良好，体重在 2 公斤以上的公、母兔，应送入核心群进行培育。

（三）青年兔（90～180 日龄）

（1）4 月龄的兔子，性发育已经基本完成，为了防止早配、乱配现象的发生，必须单笼饲养。

（2）待第二次年龄性换毛结束时，就可以宰杀取皮（大约时间：美系，140～155 日龄；德法系，145～160 日龄）。

（3）青年兔每日喂颗粒饲料 150 克左右，青饲料 1 斤左右。早餐喂颗粒饲料，中餐喂青饲料，晚餐投喂量应占全日饲料总量的 58%。

（四）成年兔

（1）成年公、母兔应分开单笼饲养。

（2）为了提高母兔的配种受胎率，冬春季节日短夜长，在天黑后应该延长电灯光照时间 1～2 小时，同时在饲料中添加"绿康爽"。

（3）夏秋天热季节为了保护公兔精子品质，防止公兔精子死亡，应做好兔舍防暑降温工作，每 50 公斤饲料中增加维生素 C 粉末 5～10 克，增加兔子的抗热能力。

（4）全场每年组织有关技术人员对预备种用公、母兔进行评级，特级、一级的公、母兔应转入核心群进行特殊培养，二、三级种兔向外供种，四、五级兔作商品兔宰杀取皮。

獭兔饲料配方见表 10-3，仅供参考。

表 10-3　獭兔饲料配方（仅供参考）

生长阶段 原料含量（%）	仔兔	生长兔	种兔	哺乳兔
草粉	32	41	37	34
玉米	25	22	20	25
豆粕	19	16	20	20
麸皮	19	16	17	15
酵母粉	2.5	2.5	3	3
贝壳粉	1	1	1.5	1.5
食盐	0.5	0.5	0.5	0.5
预混料	1	1	1	1

注：特殊情况下可适当调整。

（五）兔场防疫制度

（1）进出兔场的人员和车辆必须经过消毒池和消毒室进行全面消毒，方可进入兔场。

（2）饲养人员进入兔舍前必须更换衣服、鞋帽，并对用过的衣服、鞋帽进行消毒处理，以供下次使用。

（3）饲养员和本场员工严禁到其他有疫病区，同时也禁止非本场人员、动物等未经消毒和未经负责人允许进入场舍。

（4）严禁饲养人员和饲养用具、工具相互变动使用，做到人员和工具、用具固定。

（5）不饲喂变质、发霉和带有泥沙、露水、冰、雪、霜冻的饲料和饲草。

（6）饲养员、技术员要定期搞好防疫工作。

（7）病兔污染的饲料、垫草、用具、笼舍等均需用火焰喷灯严格消毒处理，病兔的尸体一律深埋或焚毁处理。

（8）兔场每天清理的粪便必须倒入指定发酵处理坑内进行

发酵处理。

（9）进入本场的外来人员必须接受 600 倍的绿都杀百毒全身喷洒消毒和 5～10 分钟的紫外线消毒，如确有必要进入兔舍的人员，必须换上消毒服和鞋，在饲养员的指导下进入兔场。

（10）严格执行本场防疫、防病和消毒的各项制度，认真做好日常消毒工作。

（六）兔场免疫程序

（1）20 日龄注射驱虫药物绿伊佳驱虫。

（2）28 日龄注射巴氏杆菌波氏杆菌二联蜂胶灭活疫苗 1.5 毫升。

（3）35 日龄加强注射巴波二联蜂胶灭活疫苗 1 毫升。

（4）42 日龄注射兔瘟蜂胶灭活疫苗 1.5 毫升。

（5）47 日龄加强注射兔瘟蜂胶灭活疫苗 1 毫升。

注：每次注射疫苗前 1 天开始喂沈氏免疫增强剂，连喂 3 天，可大大提高疫苗的保护率。

第四节　鸡

一、养鸡的育雏技术

雏鸡从出壳到 60 日龄左右为育雏期。这一时期，鸡只体小娇嫩，受环境条件的影响较大，既怕冷又怕热，既怕过分干燥，又怕过分潮湿，而且胆小易惊，稍有异常响声，就会迅速聚集成堆。因此，这一阶段的饲养管理要特别细心。

1. 进育雏舍前的准备

首先，要清扫育雏舍内外，并对育雏舍进行维修、清洗和消毒。扫净舍内粪污、蛛网，封堵门窗缝隙，关闭进、出风口。同时，铲除舍外杂草，整平通路，防止舍外场地积水。

需要准备以下育雏用品、用具：

（1）饲料，以小颗粒破碎料（鸡花料）为最好，要在进育雏舍前2天把饲料备好。

（2）垫料，要求干燥、清洁、柔软、吸水性强、灰尘少、无异味，切忌霉烂。可选的垫料有切碎的稻草、麦秸、碎玉米芯、锯木屑、稻壳等。使用前要在太阳下暴晒以进行干燥和消毒处理。

（3）药品及添加剂，需要备用的药品主要有消毒药、抗菌药物、抗球虫药等；添加剂主要有速溶多维、电解多维、口服补液盐、维生素C、葡萄糖、益生素等。

（4）疫苗，育雏期间需要接种的疫苗主要有鸡新城疫疫苗、鸡传染性法氏囊炎疫苗、鸡传染性支气管炎疫苗、鸡痘疫苗、禽流感疫苗等。疫苗要按照说明书中的要求在合适条件下贮存和正确使用。

（5）其他需准备的用品，包括各种记录表格、干湿球温度计、连续注射器、普通注射器、胶头滴管、生理盐水、刺种针、台秤、喷雾器、手电筒等。

2．雏鸡选择

应从具有种鸡生产许可证，而且位于非疫区的养殖场选雏鸡，鸡白痢、鸡白血病的净化程度高。选购雏鸡时，要选择活泼好动，绒毛光亮、整齐，大小一致，初生重符合其品种要求，眼亮有神，反应敏感，两腿粗壮，腿脚结实，站立稳健，腹部平坦、柔软、卵黄吸收良好（不是大肚子鸡），羽毛整洁覆盖整个腹部，肚脐干燥，愈合良好，肛门附近干净，没有白色粪便黏着，叫声清脆响亮，握在手中感到饱满有劲，挣扎有力的雏鸡。

3．饲养管理

（1）饮水

雏鸡接运到育雏舍后首先要训练其饮水，即"开饮"，一般喂水先于喂料。水温以32摄氏度左右为宜。头2天饮用稀浓度的高锰酸钾溶液，有利于消炎、杀菌，预防雏鸡白痢。雏鸡饮水后能迅速排出胎粪刺激食欲。雏鸡饮水应坚持"不限量，不间断"的原则。

（2）开食

一般开饮后即可开食。把开食饲料撒于铺在垫料上的浅颜色的塑料布上，让雏鸡自由采食。雏鸡的消化力差，必须喂给容易消化、营养全面的饲料。喂料要定时定量，以喂八成饱为宜。每次喂料量以 15～20 分钟吃完为宜。雏鸡喂料要坚持"均匀饲喂，少喂勤添"的原则。

（3）温度

温度对育雏成败关系极大。育雏温度随着鸡龄的增加而降低，具体要求为：1 周龄内育雏温度为 33～35 摄氏度，以后每周降低 2～3 摄氏度，直到雏鸡可以适应自然温度则停止供温。当雏鸡群中出现有弱雏时，一般应将弱雏挑选出来集中饲养，并将育雏温度提高 1～2 摄氏度，配合使用保健产品，提高弱雏成活率。

（4）湿度

雏鸡对相对湿度的适应范围比较宽，第 1 周要求相对湿度为 60％～65％，第 2 周为 55％～60％，以后保持在 60％即可，最高不要超过 70％，最低不要低于 40％。

（5）通风

通风的目的是换气，排出舍内污浊的空气，换进新鲜空气，保证育雏舍内良好的空气质量，促进雏鸡生长发育。通风控制以工作人员进入育雏舍后不感觉有刺鼻的异味为度。

（6）光照

光照时间控制：育雏期前 3 天，采用 24 小时光照制度，便于雏鸡熟悉环境，找到采食、饮水位置，减少鼠害；4～7 日龄光照 22 小时；8～21 日龄，每天光照为 18 小时；22 日龄后光照降低到每天 14 小时。育雏期前 2 周的光照强度宜大些，可每平方米 4 瓦左右，便于雏鸡熟悉环境，以后可使光照降低到每平方米

1.5 瓦左右。

（7）密度

雏鸡地面平养饲养密度：0～2 周龄 30～35 只/平方米，3～4 周龄 20～25 只/平方米，5～6 周龄 15～20 只/平方米，7～8 周龄 5～10 只/平方米。饲养密度的控制，一般要求当所有鸡只都在鸡舍内的时候，地面至少有 1/3 的空闲是比较恰当的。网上育雏在地面垫料育雏的基础上，饲养密度可提高 25%。使用一次性育雏育成笼育雏时，不应超过设备厂规定的笼具的最大额定饲养数量。

（8）其他

防止应激反应和传染病发生。在喂料、喂水时尽量避免用具的强烈撞击，不要在鸡舍内大声喊叫，不要穿着鲜艳的衣服进入鸡舍。另外，须注意防老鼠、黄鼠狼、蛇等兽害侵袭雏鸡。

二、产蛋鸡管理技术

主要介绍土鸡放养管理技术。

（一）放养管理

1. 放牧场地处理

养鸡对放牧场地的基本要求，一是环境相对干燥，排水良好；二是放牧场地有丰富的天然饲料资源可供鸡群采食；三是有能为鸡群提供逃避天敌侵害和遮阴休息的场所；四是有清洁、充足的水源供鸡群饮用。在进行茶园生态养鸡的地方，茶园的行距不应太密，并且以鸡舍为中心，呈放射状地开辟出便于鸡群进入茶园活动的通道。

2. 鸡群适应性调教

最初应将鸡群关在鸡舍饲养 1 周，让鸡群熟悉鸡舍及周边环境，使鸡群建立认同群体和"家"的概念，并在进行生态放牧后能使鸡群顺利回舍采食、休息、产蛋，防止出现部分鸡生态放牧后野性增强而夜晚不归。鸡群在鸡舍饲养 1 周后,可在鸡舍外用尼龙网围出一定的面积,要求密度不超过 3 只/平方米,白天把鸡群放到舍外场地活动,晚上让鸡群回舍,这样饲养 1 周左右即可转入生态放牧。在进行生态放牧前,可进行信号训练,即在每次喂料时吹哨,使鸡群逐步建立"吹哨—回舍—采食"的条件反射,便于以后收拢鸡群和鸡群管理。

3. 饲养要求

(1)光照

放养鸡在 12 周龄以前早晚要补充照明,早晨 6 时开灯、晚上 8 时关灯,白天采用自然光照,每天光照时间 14 小时;13 周龄后采用自然光照。当鸡群达到 130 日龄以后,鸡体肥瘦适中,有 15% 左右的个体鸡冠变大、面部发红,这时可以逐渐增加光照时间。光照增加的幅度按照每周递增 20～30 分钟进行,直到每天光照时间达到 16 个小时后保持稳定。

(2)密度

一般情况下,棚舍内饲养密度要求为 10～12 只/平方米,舍外放养密度不超过 50 只/亩。鸡群密度过大往往会出现部分鸡的羽毛不完整等情况,并对放牧场地的生态造成破坏。

(3)供水

放养鸡要提供足够清洁的饮水,如果在放养场地内有天然的溪水(如有一些山沟),可以间隔一段距离用石头砌成小拦水坝,使水流变得缓慢,方便鸡群自主饮用。多数情况下使用真空饮水器或乳头式饮水器。

(4)围网

放养场地加围网是为了防止鸡只逃到场地外,围网的材料可以是镀塑金属网、钢板网或尼龙网。地方鸡飞翔能力较强,围网高度应达到 1.8～2 米。

(5)合理补料

补料是指给放养鸡补充精饲料。一般每只鸡每天补料量应根据季节不同和放牧场地天然饲料资源情况而定,其原则是依据天然饲料资源情况灵活掌握,一般冬季多补,其他季节少补,日补料量一般为 60～90 克,可每天早晚各补料一次。

4. 防御天敌

包括防范老鼠、黄鼠狼、野猫等兽害及鹰和鹞等飞禽,首先应了解该区域常见的野生动物类型,以便采取针对性措施。如饲养 1～2 条温驯的狗,每天围绕放养场地走动几次,能够有效防止野生动物的靠近;在鸡舍门窗上安上渔网或金属网,可防止兽害夜间危害鸡群。

5. 产蛋管理

鸡产蛋主要集中在上午,上午 9～12 时的产蛋量大约占当天产蛋总数的 85%,中午 12 时以后所产蛋数量很少。收集鸡蛋可以在 10 时、12 时、14 时和 17 时分 4 次进行,减少鸡蛋在产蛋窝内的停留时间,可使鲜蛋更加清洁卫生。设置足够的产蛋窝(至少保证 5 只鸡有 1 个产蛋窝),以便产蛋。

鸡群的适宜产蛋温度为 8～30 摄氏度,环境温度高于或低于这一范围将影响鸡群产蛋。因此,鸡舍要做到保温隔热、防寒保暖。产蛋期间应保持环境安静,防止各种应激反应发生。

及时淘汰低产鸡。当鸡群开产后,可对发育状况不良、鸡冠小而无光泽、精神状态较差的个体提前进行淘汰。

(二)鸡群保健

通常使用的无抗生素残留的保健产品有:

(1)复方中草药添加剂:要有选择性地使用,防止有的中草药添加剂中混入抗生素。

(2)牛至油:每吨料预防用 30～40 克,治疗用 80～90 克。牛至油与杆菌肽、牛至油与黄霉素配伍使用,效果更好。

(3)寡聚糖:在饲料中添加 0.1% 的寡聚糖(又称低聚糖),可提高肠道有益菌群的比例,以达到抑制肠道有害菌群的目的。

（4）糖萜素：每吨饲料加入 500 克，其效果优于一般抗生素添加剂。

（5）益生素：在饲料中添加 0.3％的益生素，可提高肠道有益菌群的比例，从而降低肠道有害菌群。以 0.2％的益生素加0.1％的寡聚糖配合使用，其防病效果优于使用单项益生素。

（6）大蒜素：每吨饲料添加 30 克纯品可预防常见病。

（7）复合酸制剂：可预防和治疗大肠杆菌和沙门氏杆菌。饲料中添加 3％可用于防病，添加 5％～8％可用于治疗。

（8）黄霉素、杆菌肽锌：为无残留和无休药期的抗菌药物。以杆菌肽锌 40 克/吨与 6 克/吨黄霉素配合使用效果较好。

三、鸡的饲料

（一）饲料原料

1. 能量饲料

能量饲料指干物质中粗纤维含量低于 18％，粗蛋白含量低于 20％的饲料。能量饲料在动物饲料中所占比例最大，一般为60％～70％。常见的能量饲料包括：谷实类（玉米、小麦、大麦、稻谷、糙米、碎米等）、糠麸类（麸皮、米糠等）、糟渣类（酒糟、醪糟、豆腐渣等）、油脂类（动物油脂、植物油脂等）。

2. 蛋白质饲料

蛋白质饲料指干物质中粗纤维含量低于 18％，粗蛋白含量等于或高于 20％的饲料。植物性蛋白饲料包括大豆饼（粕）、菜籽饼、棉籽饼（或棉仁饼）、花生饼等；动物性蛋白饲料包括鱼粉、肉粉、肉骨粉、蚕蛹、蚕蛹渣、羽毛粉、血粉等。

3. 矿物质饲料

矿物质饲料是含营养素比较专一的饲料，例如：碳酸钙、石灰石粉、蛋壳粉、贝壳粉等，都是只含钙的饲料，专为补充钙而添加的；食盐用于补充钠和氯的需要；骨粉、磷酸钙、磷酸氢钙等，主要补充饲料中磷的不足,同时钙也得到补充;沙砾在土鸡的饲养中虽不作为营养来源,但有助于肌胃的研磨,帮助消化吸收。

4. 青绿多汁饲料

青绿多汁饲料包括叶菜类、根茎类、瓜果类、水草类、树叶类以及栽培牧草和各种野草,这类饲料含水量高,容积大,喂量不宜过高,以免影响其他饲料的采食。青绿多汁饲料的用量一般占日饲料的30%左右。

5. 饲料添加剂

常见的营养性添加剂包括氨基酸、微量元素、维生素等;非营养性添加剂包括抗生素、抗氧化剂、防霉剂等。

常用的添加剂有碳酸氢钙、硫酸钙、天然沸石、天然增色剂(金盏菊、万寿菊、红辣椒、苜蓿、海藻粉、胡萝卜、玉米花粉、针叶粉、刺槐叶粉)、氨基酸、氯化胆碱等。

(二)配合饲料类型

1. 全价配合饲料

全价配合饲料指根据鸡的营养需要,将多种饲料原料和饲料添加剂按照一定比例配制而成的饲料,其中含有鸡需要的全部营养物质,而且含量、比例适当。

2. 浓缩料

浓缩料指主要由蛋白质、矿物质和饲料添加剂按照一定比例配制而成的饲料。用户买回这种饲料后,按厂家说明的比例加入一些谷实类(玉米、小麦)等能量饲料,便能满足鸡的各种营养需要。

3. 添加剂预混合饲料

添加剂预混合饲料指由两种(类)或两种(类)以上营养性饲料添加剂为主,与载体或者稀释剂按照一定比例配制而成的饲料,包括复合预混合饲料、微量元素预混合饲料、维生素预混合饲料。添加剂预混合饲料在配合饲料中添加量不超过3%～5%。

（三）饲料配方

1. 一般原则

根据鸡的类型、年龄和生产情况，参阅饲养标准，重点考虑日粮中粗蛋白质、代谢能的含量以及蛋白能量比例，然后再考虑磷、钙比例及含量，最后考虑矿物质及维生素的含量。

一般日粮中，各类饲料大致配合比例见表 10-4。

表 10-4　地方鸡配合饲料中各类饲料的大致比例

饲料种类	配比（％）
谷物饲料（3 种以上为好）	55～70
糠麸类	5～15
植物性蛋白质饲料	15～25
动物性蛋白质饲料	3～5
矿物质饲料	5～7
微量元素和维生素添加剂	1
另加青绿多汁饲料（2 种以上为好）	30～35

2. 肉用土鸡的饲料推荐配方

配方 1：玉米 60％、麸皮 7.5％、豆饼 24％、发酵豆粕 4.5％、预混料 4％。此配方含粗蛋白质 22.4％，代谢能 11.72 兆焦/千克，适于 1～4 周龄肉用雏鸡用。

配方 2：玉米 60％、麸皮 10％、豆饼 22％、菜粕 4％、预混料 4％。此配方含粗蛋白质 19.59％，代谢能 12.94 兆焦/千克，适于 4 周龄以上的肉用土鸡用。

3. 蛋鸡饲料推荐配方

使用 5％预混合饲料典型日粮配方见表 10-5。

表 10-5　使用 5％预混合饲料典型日粮配方

生长阶段	小鸡料	青年鸡料	产蛋鸡料	催肥期料
	6～10 周龄	11～20 周龄	产蛋高峰	出栏前 3 周
玉米(％)	63	69	62	64
麸皮(％)	4.5	6	2	5.5
豆粕(％)	27.5	20	25	22
石粉(％)	—	—	6	3.5
预混料(％)	5	5	5	5
合计(％)	100	100	100	100

四、养鸡的疫病防控

（1）实施"全进全出"的生产经营制度。规模不大的农户应做到几群鸡同一批次、同一日龄，"全进全出"；养殖规模较大时，尽可能减少养鸡批次，一年淘汰更新以不超过三个批次为宜。可以多群鸡同一批次、同一日龄，做到以批次"全进全出"。

（2）搞好消毒与卫生管理。接运雏鸡的工具使用前后要消毒，纸质用品用后要焚烧。每养一批鸡后，要对禽舍及环境彻底消毒。鸡舍清洁、消毒按照清扫-清洗-干燥-消毒-清洗-干燥-熏蒸的程序进行。消毒剂使用 2～3 种产品。用火焰喷射器对鸡舍和鸡舍周边的运动场、墙壁等不易燃烧的场所、设施实施高温消毒。平时要保持饲养环境、饲喂器具清洁卫生。

（3）让鸡群饮用深井水、自来水，保持饮水卫生。不能使用自来水和深井水时，要对饮水进行消毒。不同水源消毒时，每立方米水源的漂白粉使用量：深井水 2～4 克，浅井水 4～8 克，泉水 4～8 克，清河水 6～8 克，浑河水 8～12 克。

（4）采购或配制的饲料一次不要太多，以 1 周内喂完为宜，防止饲料霉变。配制的饲料在贮存时，下部应铺垫防湿板，并采取防鼠措施。

（5）减少鸡群应激反应。饲养中应尽可能避免鸡群产生应激反应，如长途运输、天气突变、免疫接种、转群等易引起鸡群产生应激反应，宜在饲料或饮水中加入抗应激添加剂和防病添加剂，提高鸡群的抗病力。

（6）病、死禽及污物进行无害化处理。粪便、垫料可集中堆积发酵处理；病死鸡应进行无害化焚烧、深埋。鸡粪简易的无害化处理方式，即将清除的鸡粪中掺入10%的锯末或稻草，堆积好后用10厘米稻草覆盖，其上再用10厘米厚泥土封闭1～3个月。

（7）控制场区环境中的老鼠、野鸟、蚊蝇，防止传播疾病。经常开展灭鼠、灭蝇活动。控制野生鸟类在鸡舍及其周围栖息，防止其携带病原传染家禽。

（8）严把种苗引进关，防止引种带入病原。不从疫区引进种苗；不购来源、产地不明的种苗；相对固定引种单位。

（9）进行驱虫。放牧养鸡的鸡群易感染寄生虫，在鸡群100日龄左右用阿苯达唑每公斤体重30毫克拌料驱虫1次，或用伊维菌素每公斤体重300微克拌料饲喂1次。

（10）搞好免疫接种。针对本地区鸡的疫病流行情况，建立可靠的免疫程序，对于重点防控的传染病，在免疫接种后3周进行抗体监测，提高免疫效果。具体参考免疫程序见表10-6。

表 10-6　免疫程度

免疫日龄	疫苗	方法	剂量	备注
1	马立克氏病活疫苗（CVI988 株）	皮下注射	0.2毫升	
7	新城疫疫苗、传支活疫苗	滴眼/滴鼻	1 羽份	
	新城疫疫苗	皮下注射	0.3毫升	2 周后检测 HI 抗体

续表 10-6

免疫日龄	疫苗	方法	剂量	备注
10	法氏囊活疫苗	饮水	1 羽份	
17	法氏囊活疫苗（二次）	饮水	1 羽份	2 周后检测 AGP 抗体
20	禽流感 H5/H9 灭活疫苗	皮下注射	0.3 毫升	
	鸡痘活疫苗	翼膜刺种	1 羽份	
28	新支灵疫苗	滴眼	1 羽份	
60	新城疫疫苗	胸肌注射	0.5 毫升	
98	禽流感 H5/H9 疫苗（二次）	皮下注射	0.5 毫升	2 周后检测 HI 抗体
120	新支减三联疫苗	胸肌注射	1 羽份	
120日龄后	每 3 个月新城疫弱毒苗饮水免疫 1 次，每 4 个月禽流感皮下注射免疫 1 次			

第五节　鸭

一、主要养殖品种

（1）樱桃谷鸭

快大型白羽肉鸭，具有生长快、瘦肉率高、饲料转化率高等优点。一般饲养 28～42 天，42 日龄体重 3 公斤左右，料重比 2∶1 左右。

（2）杂交麻鸭

地方麻鸭与快大型白羽肉鸭的杂交鸭，湖北称作"大白莎"，羽毛为麻色，体型、生长速度和料重比优于麻鸭，市场价格高于快大型白羽肉鸭。

（3）绍兴鸭

优良的蛋鸭品种,具有开产早、产蛋量大、青壳率高、饲料转化率高等特点,主要有青壳 2 号、国绍 1 号。

（4）金定鸭

优良的蛋鸭品种,开产稍晚,耐热抗寒,具有产蛋量大、蛋大、蛋壳呈青色、饲料转化率高等特点。

（5）荆江麻鸭

我省地方蛋鸭品种,适应性广,善于放牧,抗暑耐寒能力强,具有开产早、产蛋量大、青壳率高等特点。

二、饲养管理

（一）雏鸭的饲养管理

1. 育雏阶段

蛋鸭的育雏阶段为 0～4 周,肉鸭的育雏阶段为 0～2 周。

2. 进育雏舍前的准备工作

检修育雏舍,准备好升温、喂食、饮水等育雏工具,与育雏舍一并彻底清洗消毒,舍内消毒可铺撒生石灰,然后用三氯异氰尿酸钠熏蒸,工具消毒可用消毒液浸泡。准备好饲料、药品,地面饲养还需准备干燥清洁的垫料,如干稻草、刨花。进育雏舍前将育雏舍温度升至 30 摄氏度左右。

3. 雏鸭选择

选择出壳早、脐部收缩良好、眼亮有神、活泼健壮的雏鸭。

4. 育雏方式

育雏可采用地面育雏、网上育雏等方式。地面育雏是在育雏舍地面铺上干燥清洁的垫料,雏鸭直接在垫料上饲养。注意事项:设置饮水岛、将洒漏水通过地沟导出舍外;及时加铺干燥垫料,尽量保持舍内干燥、干净。网上育雏是在舍内距离地面

50～80 厘米处铺设塑料网片,雏鸭在网上饲养,粪便落入网下。注意事项:最好采用可拆装漏粪板,便于清粪;采用小孔网片,避免损伤雏鸭腿部致跛。

5. **育雏密度**

地面育雏方式,1 周龄为 20～30 只/平方米,2 周龄为 15～20 只/平方米,3 周龄为 10～15 只/平方米。网上育雏密度较地面育雏可适当增加 30%。

6. **饮水喂食**

鸭苗运回后,及时开饮,饮水中添加电解多维或葡萄糖,也可添加 0.01% 的高锰酸钾,开饮后 2 小时再开食。开食方法:将雏鸭开口料撒在开食盘中,自由采食。3～5 天后可改喂雏鸭颗粒料,饲料加到料桶中,自由采食。蛋鸭在育雏结束后改喂青年鸭料,肉鸭在 2 周龄后改喂肉鸭料。换料注意逐步替换,切记不喂霉变饲料。

7. **环境控制**

(1) 温度:育雏期间,特别注意舍内保暖。前 3 天舍内温度维持 30～32 摄氏度,以后每天可降 0.5～1 摄氏度,直至第 3 周与外界气温接近时脱温。舍内温度以雏鸭分布均匀、不打堆为宜。发现打堆,要及时分开。

(2) 湿度:育雏初期,保持正常空气湿度即可;后期因排泄量加大,此时应加大通风,保持地面干燥,降低舍内湿度。

(3) 光照:0～3 日龄连续光照,4～7 日龄每昼夜光照 20～23 小时,第 2 周龄可缩短至 18 小时,第 3 周龄采用自然光照。舍内通宵弱光照明。

(4) 卫生:保持舍内干净卫生,经常通风换气,保持舍内空气新鲜。

(5) 消毒:每周带禽喷雾消毒一次,消毒液可采用百毒杀、碘制剂(聚维酮碘)。

（二）肉鸭的饲养管理（2 周龄至上市）

肉鸭的养殖模式主要有地面平养和网上养殖。地面平养一般配备有运动场和池塘,舍内以 5～6 只/平方米为宜,池塘以 100～200 只/亩为宜;网上养殖以 6～7 只/平方米为宜。自由采食或每天早晚各喂一次,每次以不剩料为宜。全舍内养殖时,饮水可采用长流水的水槽,保持饮水清洁,洒漏水导出舍外。自然光照,夜间弱光照明。采用"全进全出"方式,每一批喂完后,舍内彻底清扫、冲洗、消毒,消毒可用生石灰、烧碱。每周对禽舍及周边带鸭消毒一次。每天观察鸭群健康状况,重点留意鸭群采食量减少,粪便变稀,呈绿色、白色和带血,鸭精神沉郁等异常情况,发现异常及时与技术人员沟通。

（三）蛋鸭的饲养管理

1. 育成期饲养管理（5 周龄至开产前）

（1）后备鸭挑选:蛋鸭至 60 日龄时进行初筛,100 日龄时复筛,剔除生长发育不良鸭和残次鸭。

（2）养殖密度:地面平养配套池塘圈养 8～14 只/平方米,池塘面积以 150～200 只/亩为宜;网上养殖可适当加大密度。

（3）饲喂:6 周龄后限制喂料量,每天喂料 1 次,饲料均匀撒开,让每只鸭均能采食到。如果自由采食,可降低饲料营养标准,或在全价料中添加酒糟、米糠、麸皮等,多喂青、粗饲料。限制饲喂至 100～120 日龄。限制饲喂的目的是控制体重,避免过肥降低产蛋率,同时节约饲养成本。

（4）光照:光照维持在接近 14 小时即可。春夏秋可采用自然光照,冬季需补充 2～4 小时光照。舍内通宵弱光照明。

2. 产蛋期的饲养管理

（1）养殖密度:地面平养配套池塘圈养 7～8 只/平方米,全舍内网上养殖 5～6 只/平方米。

（2）温度:舍内温度以 5～30 摄氏度为宜,温度过高或过低均会影响鸭产蛋率。网上养殖时,特别注意冬季舍内保温、增温,网下不能有贼风。夏季高温时,可增加鸭戏水次数,加大舍内通风。

(3)光照:产蛋期光照非常重要。蛋鸭产蛋期光照时间从17～19周龄起逐渐延长,22周龄达到16小时。自然光照不足时,早晚人工补充光照,光照强度每平方米6～7勒克斯(每18平方米安装一盏25瓦白炽灯即可,灯泡距离地面2米)。产蛋期光照只可逐渐延长,且不可忽照忽停、忽早忽晚、忽强忽暗。

(4)饲喂:饲料采用全价饲料,自由采食,保证营养充足,保证饲料卫生。注意每批饲料存放不超过15天。

(5)捡蛋:蛋鸭产蛋主要集中在午夜以后到黎明以前,捡蛋宜在凌晨3点开始,但不能晚于5点,否则破损率增高。

第六节　常用药物

一、药物概述

药物是指用于治疗、预防或诊断动物疾病的物质。养殖实践中常见的消毒剂、疫苗以及抗菌、抗病毒、抗寄生虫等药品是众多药物中的一部分,按照作用部位的不同,可分为作用于消化、呼吸、泌尿生殖、神经、内分泌等系统的药物。

二、常用的抗微生物药物概述

抗微生物药物是指对病原微生物具有抑制或杀灭作用,主要用于全身感染的药物,包括抗生素和化学合成抗菌药。

(一)抗生素

1. β-内酰胺类抗生素

青霉素类包括天然青霉素、半合成青霉素、头孢菌素类等,大多数对革兰氏阳性菌有较好的抗菌效果,也有部分品种对革兰氏阴性菌有抗菌作用。此类药物的水溶液的性质不稳定,对胃酸敏感,故不适合口服(氨苄西林、阿莫西林除外)。这类药物与克拉维酸或舒巴坦联用,可增强抗菌效果。

2. 氨基糖苷类抗生素

氨基糖苷类抗生素包括链霉素、卡那霉素、庆大霉素、阿米卡星、新霉素、大观霉素等,主要是针对革兰氏阴性菌起作用。这类药物应用范围广泛,特别是与青霉素类组合成"双抗"的应用形式更是常见。另外,阿米卡星对耐药菌的作用较好,大观霉素与林可霉素合用是兽医经典组合,新霉素是肠道感染口服用药的主要选择。

3. 四环素类抗生素

四环素类抗生素包括土霉素、四环素、多西环素、金霉素四种,它们的抗菌谱在抗生素中是最广的,对多种细菌、立克次氏体、大型病毒等都有效,但毒副作用也大,现在应用较少。

4. 氯霉素类抗生素

氯霉素类抗生素的最新代表就是氟苯尼考,抗菌谱广,对多种细菌有效。临床上多将其注射液作为治疗细菌性疾病的首选,以预混剂的形式添加在饲料中,预防细菌性疾病。

5. 大环内酯类抗生素

大环内酯类抗生素包括红霉素、泰乐菌素、替米考星、螺旋霉素等品种。这类药物主要对革兰氏阳性菌、革兰氏阴性菌、支原体、衣原体、立克次氏体、螺旋体等有良好作用,通常作为口服药使用。

6. 林可胺类抗生素

临床只有林可霉素一种。内服吸收不完全,肌注吸收良好,代谢物仍有活性。对革兰氏阳性菌、厌氧菌、支原体都有抑制作用,主要用于严重的感染。

7. 多肽类抗生素

多肽类抗生素包括多粘菌素 E、杆菌肽、恩拉霉素等品种，临床上多将其作为饲料添加剂使用，极少用于治疗。

8. 其他抗生素

其他抗生素包括支原净、黄霉素、维吉尼霉素、那西肽、阿美拉霉素等品种，主要用途是作为饲料添加剂使用。通过口服支原净治疗呼吸道慢性感染。

（二）化学合成抗菌药

现存最多的为磺胺类和氟喹诺酮类，因其效果及成本优势，有与抗生素平分秋色的趋势。

1. 磺胺类药物

磺胺类药物包括磺胺二甲氧嘧啶、磺胺对甲氧嘧啶、磺胺间甲氧嘧啶、磺胺嘧啶、磺胺甲噁唑、磺胺地索辛等品种，它们的共同特点是抗菌谱广、性质稳定、使用方便、价格低廉，少数品种能通过血脑屏障和抗原虫作用，多数品种既可口服又可注射。代谢产物几乎都从肾脏排出，剂量过大或使用时间过长则会形成结晶。临床应用时一般与磺胺增效剂合用，可提高疗效。蛋鸡产蛋期禁用磺胺药。

2. 氟喹诺酮类

氟喹诺酮类是抗菌药物中变化最快的种类，近年来发展起来的新品种较多，在实际应用中大多作为治疗用药，并且应用效果好。该类药物的特点是：(1)抗菌谱广；(2)杀菌力强；(3)不易产生耐药性；(4)内服和肌注都可；(5)幼畜不可用。对动物消化道、呼吸道、泌尿生殖道、皮肤软组织感染及支原体感染均有良效，对不明原因的一般性感染也可试用。

3. 简单化合物类

简单化合物类包括乙酰甲喹痢菌净、喹烯酮、甲硝唑、地美硝唑等，化学结构简单，抗菌效果好，成本低廉，但有严重的环境污染存在或存在"三致"作用,这些产品处于淘汰与禁用的边缘。

三、合理应用抗微生物药的一些建议

首先,只有明确动物的发病原因及症状并做出正确诊断,才能合理选择药物。有条件时进行药敏试验,根据病情选用药效可靠、安全、方便、价廉易得的药物制剂,做到不乱用或滥用药物。如病情严重复杂需进行联合用药方能控制病情,直至治愈。使用抗微生物药时应注意以下几点:

(1)严格掌握适应症,弄清致病微生物的种类及其对药物的敏感性,有条件时应做药敏试验,这样既可对症下药,又可节省用药,减少开支。

(2)注意用量及疗程,一般开始用药时剂量宜稍大,急性传染病和严重感染时剂量也宜稍大;而肝肾功能不良时,按所用抗生素对肝肾的影响程度酌情减少用药量。给药途径也应适当选择,严重感染时多采用注射给药,一般感染和消毒感染以内服为宜。

(3)防止细菌产生耐药性,不要滥用抗生素,不宜长时间使用一种抗生素,可将有效的各种抗生素交替使用。

(4)防止影响免疫反应,在进行各种预防菌苗接种前后数天内,不宜使用抗生素。

(5)防止产生配伍禁忌,抗生素之间以及抗生素与其他药物联合使用时,有时会产生配伍禁忌,引起不良反应,应设法避免。

(6)严格按照药物休药期使用,执行兽药的休药期规定是为了避免供人食用的动物组织或产品中残留药物超量,为了保证人在食用其组织或产品后不会危害身体健康,在药物使用中必须严格执行休药期规定。

(7)加强饲养管理是永远要遵循的根本法则,任何药物都无法替代饲养和管理的作用。

【第十一章】
水产养殖

第一节 鳜 鱼

一、池塘主养技术

（一）池塘条件

鳜鱼养殖池塘要求比常规鱼养殖池塘要高，主要要求水源水质好，面积和水深适宜，淤泥较少等。良好的鳜鱼养殖池塘应具备以下几方面的条件：

1. 水源和水质

池塘水源方便，水质良好，溶氧量较高（大于5毫克/升），无污染，注排水方便。

2. 面积和水深

鳜鱼主养池面积一般为5～10亩，面积过大，饵料鱼密度低，不利于鳜鱼捕食，增加了鳜鱼体能消耗，饵料系数变大；面积过小，池塘水质变化快，不利于管理。池塘深度要求2.5～3.0米，水深2.0～2.5米。

3. 池形和周围环境

池形最好为东西向的长方形，这样既便于拉网操作，又能接受较长时间的光照。池塘周围不宜有高大树木和高秆作物，以免阻挡阳光照射和风力吹动，影响浮游植物的光合作用和气流对水面的作用，从而影响池塘溶氧量的提高。

4. 池塘底质的改良

鳜鱼主养池要求淤泥较少，淤泥厚度在 20 厘米以内。每年冬季或鱼种放养前必须干池清除过多的淤泥，并让池底暴晒和冰冻，改良底质。鱼种投放前，最好用生石灰清塘，一方面杀灭潜藏和繁生于淤泥中的有害致病菌，另一方面有利于提高池水的碱性和硬度，增加缓冲能力。

5. 池塘配套设施

随着鳜鱼养殖技术的不断完善和提高，鳜鱼养殖产量和产品品质不断提升，养鳜池塘必须配备专用的电路，保证电力充足，供应及时。为了方便转运鳜鱼饵料鱼，需配备活鱼转运车。为了改善池塘溶氧和水质，每 3～5 亩池塘需配备 1 台 1.5 千瓦的增氧机。鳜鱼主养池应配备水质监测系统，为科学调控池塘水质提供依据。

（二）池塘主养模式

为达到池塘鳜鱼多季均衡上市的目的，池塘鳜鱼主养模式分三种。

1. 鳜早苗快速养成早秋上市养殖模式

鳜早苗快速养成早秋上市养殖模式是指将武汉地区 4 月底至 5 月初早批繁育的鳜鱼苗，通过强化培育，供应充足的饵料鱼，在 4～5 个月内将鳜鱼快速养成商品鳜，于 9 月底至 10 月上旬上市销售，以获取高效益。主要技术要点如下：

（1）放养前池塘消毒

在鱼苗放养前 7～12 天，用生石灰或漂白粉带水全池泼洒进行清塘消毒，彻底杀灭池塘中的杂鱼、小虾及其他有害生物。

（2）鳜苗放养前基础饵料鱼的投放

鳜苗放养前 10～15 天培肥水质,选择鲮、鲢、草鱼等其中的一种夏花作为鳜下塘时的基础饵料鱼,密度取 60 万～100 万尾/亩。

（3）鳜苗下塘前池塘水的处理

加注新水至水深 1.0 米以上,使用氯制剂消毒池水,杀死水中有害细菌和寄生虫。

（4）鳜苗放养

将在鳜鱼苗种培育池中养至 4.0～10.0 厘米的苗拉起,按不同规格、不同密度分别放入鳜鱼主养池。一般 4.0～5.0 厘米规格,密度 1200～1300 尾/亩;6～7 厘米规格,密度 1100～1200尾/亩;9.0～10.0 厘米规格,密度 800～900 尾/亩。

（5）饵料鱼配套养殖及投喂

按鳜鱼主养池面积与饵料鱼配套养殖面积的比例[1:（2～4）]确定饵料鱼养殖面积。饵料鱼品种 5～6 月可以用本地鲢、鲫、草鱼作为饵料鱼,其他时间段均以广东麦鲮作为配套饵料鱼,麦鲮养殖密度按 50 万～100 万尾/亩进行高密度养殖。随着鳜鱼的生长需要逐渐稀疏,一般为一次放足多次投捕。6～9月份生长旺季,每隔 3～5 天拉网投喂一次,具体见饵料鱼投喂适口规格表 11-1。

表 11-1　不同规格鳜鱼适口饵料鱼规格（厘米）

鳜鱼全长	3.0～7.0	8.0～14.0	15.0～20.0	21.0～25.0	26.0～35.0
饵料鱼全长	2.0～4.0	4.5～7.0	7.5～10.0	10.0～13.0	13.0～16.0

饵料鱼投喂量,按月分别计算大致比例,具体见表 11-2。

表 11-2　不同月份鳜鱼饵料鱼投喂量比例

月份	6	7	8	9	10
投喂量占比（%）	5～10	20～25	35～40	25～30	0～5

（6）水质管理

鳜鱼主养池水质要求"肥、活、嫩、爽"，水体溶氧量在 5 毫克/升以上，pH 值在 7.5～8.0 之间，非离子氨浓度低于 0.02 毫克/升，硫化氢浓度低于 0.01 毫克/升，亚硝酸盐氮浓度低于 0.1 毫克/升。每 3～5 亩安装 1 台 1.5 千瓦的增氧机，晴天 14：00～15：00 开机 1～2 小时；气压低、天气闷热时在零点后开机至次日凌晨。每隔 10～15 天，用生石灰 15～25 公斤/亩兑水全池泼洒，或用微生态制剂调节水质，保证池塘水质良好。

（7）鱼病综合防治

以防为主，防治结合。放养前，池塘应暴晒、除野、消毒；鳜苗下塘前需洗澡消毒；鱼种阶段，定期抽样进行镜检，重点防治车轮虫、斜管虫、指环虫、锚头蚤等寄生虫疾病；8～9 月份开始重点预防细菌性烂腮、细菌性出血，综合防控病毒性疾病。

该模式产量指标一般设定为 400～500 公斤/亩，由于销售时间要求与市场紧密衔接，价格波动较大，产值为 25000～30000 元/亩，效益为 6000～10000 元/亩。

2. 鳜鱼中期苗养成冬春上市养殖模式

鳜鱼中期苗养成冬春上市养殖模式是指将武汉地区 5 月底至 6 月初繁育的中期苗，通过饵料鱼配套投喂，在 6～7 个月内将鳜鱼养成商品鳜，于 12 月底至翌年初春上市销售。其主要技术要点基本同第一种养殖模式，主要不同点就是饵料鱼配套投喂量 6～9 月比例略低，而且 10～12 月还要考虑饵料鱼配套。

该模式产量指标设定为 500～600 公斤/亩，由于销售时主要集中在冬春季，市场价格相对较低，产值为 20000～24000 元/

亩,效益为 3000～6000 元/亩。

3. 鳜晚苗年底养成大规格翌年夏季上市养殖模式

鳜晚苗年底养成大规格翌年夏季上市养殖模式是指将武汉地区 6 月底至 7 月中旬繁育的晚批苗,通过饵料鱼配套投喂,在 10～12 个月内将鳜鱼养成商品鳜,于翌年夏季上市销售,以获得高效益。主要技术要点基本同第一种养殖模式,最大不同点就是鳜鱼养殖时间长,饵料鱼配套除 6～11 月采用麦鲮配套外,其他时间段还要采用秋白鲢、鲤、鲫等配套养殖,饵料鱼配套养殖难度加大,鱼病害防治难度大。

该模式产量指标一般设定为 500～600 公斤/亩,由于销售时主要集中在春夏高温季节,此时市场价格属于一年中的最高价,产值为 30000～35000 元/亩,效益为 8000～12000 元/亩。

(三)池塘混养模式

武汉地区目前比较常见的池塘混养模式有三种。

1. 池塘河蟹、鳜鱼混养

20 世纪 90 年代末期,江苏率先在河蟹养殖塘内混养鳜鱼并获得成功,这种混养模式现已在全国各地得到推广。其原理是:河蟹养殖池塘水草茂盛、水质好、溶氧量高,适宜鳜鱼生长,但两者栖息水层及食性不同,可以营造两者互利共生的生态环境。池塘管理以满足河蟹要求为前提,鳜鱼以池中丰富的野杂鱼虾为食,一方面缓解了野杂鱼与河蟹争食争氧争空间的矛盾,促进了河蟹的生长,提高了河蟹成活率和养成规格;另一方面廉价的野杂鱼得以转化为商品价值高的鳜鱼,达到双丰收,从而整体提高了蟹塘经济效益。

蟹池混养鳜鱼应做到:

(1)选好鳜鱼苗种

应从本地正规鳜鱼苗种厂家选购品种纯、生长快、体质好、规格整齐的纯正翘嘴鳜。

（2）把握好混养鳜鱼的规格数量

蟹池中混养的鳜鱼苗种应在 6 月上旬前结束放养，规格要求在 5 厘米以上，一般为 5～10 厘米。混养鳜鱼数量主要根据饵料鱼丰歉和适口性而定，一般每亩放养量控制在 10～30 尾，采用特别增投饵料鱼方式，可适当将鳜苗放养量增大到 50 尾/亩。

（3）重视蟹池鳜鱼养殖管理

池塘布设微孔增氧设施，使池塘保持较高溶氧量；应对蟹池饵料鱼数量进行抽检调查分析，如野杂鱼数量较少，则应先在蟹池中投放少量（4～5 尾/亩）鲫鱼亲本或鲢、鳊、鳙夏花；要谨慎使用药物，防止药物致鳜鱼死亡。

2. 池塘鳜鱼、鲹、常规鱼种混养

池塘鳜鱼、鲹、常规鱼种混养模式指在生产常规大规格鱼种的同时，增投当年麦鲹夏花、鳜鱼种，通过培肥水质，投喂饵料，促进规格鱼种和麦鲹的生长，池中鳜鱼以适口麦鲹为食，并不断减少池中饵料鱼数量，持续性降低池塘负荷，从而使池塘初级生产力得以最大程度的释放，低值的麦鲹及小型野杂鱼转化为商品价值高的鳜鱼，最终收获大规格鱼种、商品鳜及未消耗完的麦鲹，从而实现池塘的增产增收。该模式适合那些面积大（30 亩以上），开挖回型沟能够进行种草养鱼的粗养池。主要技术要点包括：

（1）放养种类

主要以鳙鱼夏花、麦鲹夏花、鳜鱼苗种为主，少量搭养鳊、鲫、鲴等夏花鱼种。

（2）放养时间、规格及密度

5 月初淹青后，花鲢夏花（规格为 1.5～2.0 厘米）按 1 万尾/亩投放；5 月中旬投放第一批麦鲹夏花（规格为 1.5～2.0 厘米），密度 5 万～10 万尾/亩；5 月下旬至 6 月上旬开始投放鳜鱼苗种，规格为 5.0～6.0 厘米，密度 150～200 尾/亩，同时投放第二批麦鲹夏花，密度 10 万～15 万尾/亩。

（3）养殖与管理

鳙、鲮的产量是决定该养殖模式成败的关键。鳙、鲮由于密度较大,其生长较鳜鱼缓慢,保证了鳜鱼的正常摄食;但若鳙、鲮生长过缓,影响饵料鱼整体产量,则鳜鱼亩产也不会很高。所以要加强饵料鱼鱼种的饲养管理,定期根据池塘内麦鲮的规格适当调整投喂量及次数,使其和鳜鱼同步快速生长。高温的6~9月份,由于池塘鱼类密度大,要保证投饵与施肥,池塘水质保持"肥、活、嫩、爽",每5~10亩安装1台增氧机,定期用生石灰、微生态制剂调节水质。由于鳙、鲮疾病较少,池塘病毒预防以鳜鱼防病治病为主。

（4）养殖周期与起捕

该模式由于鳜鱼养殖密度不大,加之饵料鱼供应持续充足,因此鳜鱼生长较快。养殖至9月中旬,早批鳜鱼苗即达上市规格。一般从9月中下旬开始,鳜鱼便可陆续用丝网起捕上市,至11月下旬,池塘鳜鱼基本上可以销售完。池塘干塘时间应以麦鲮临界温度为准,在水温下降至5摄氏度以下,麦鲮开始死亡,7摄氏度以下土鲮开始死亡。因此,应在冬季大寒潮来临之前,干塘起捕池塘内剩余的鳙、鲮以及其他鱼种。

（5）产量与效益

该模式鳜鱼产量一般为50~100公斤/亩,鳙鱼种产量为100~150公斤/亩,剩余麦鲮产量为50~100公斤/亩,产值为3500~6000元/亩,效益为2500~3500元/亩。

3. 池塘套养模式

成鳜的套养主要有成鱼池套养和亲鱼池套养两种方式。鳜鱼苗放养量一般为3~5厘米的鳜鱼40~50尾或8~10厘米的鳜鱼15~20尾。具体放养量可视塘内野杂鱼的多少而增减,以既充分利用野杂鱼又无须增加投饵为前提。由于鳜鱼对溶氧要求比家鱼高,因此要控制混养塘水质,定期注入新水,定时开启增氧机。另外鳜鱼对某些杀虫药物较敏感,施药时应特别慎重,采用此方法套养鳜鱼,鳜鱼产量一般为10~15公斤/亩,增收效益 200～300 元/亩。

（四）捕捞和运输

鳜鱼的捕捞、运输和销售是鳜鱼养殖生产中的重要环节，直接影响养殖的最终效果。

1. 捕捞

池塘养殖鳜鱼主要采用成鱼拖网、丝刺网和干塘等方式进行捕捞。捕捞前一般用撒网或丝刺网检查池塘中鳜鱼生长规格及达标鳜鱼比例，只有在达标商品鳜比例超过 80％的前提下，才能考虑用拖网全池拉网起捕。随着拉网起捕数量越来越少，再采用降低池塘水位的方法，直至最后干塘起捕。干塘起捕鳜鱼时，应带水操作。商品鳜鱼销售采用活鱼销售方式，死鳜鱼的商品价值大大低于活鳜鱼，因此，在捕捞操作时应十分细心，防止鳜鱼受伤或因操作不当而死亡。

2. 运输

鳜鱼的运输，应视规格、数量和距离远近，采用经济实用的运输工具和运输手段。

鳜鱼苗的运输，用塑料袋注水充氧运输较好。一般采用 30厘米×60 厘米规格的氧气袋，规格为 1.5～2.0 厘米的鳜鱼苗装 300～400 尾，规格为 3.0～4.0 厘米的装 200～300 尾，5 厘米以上鳜鱼苗不要用塑料袋充氧运输，以免鳍条刺穿氧气袋。用氧气袋运输时，应避免高温，防止阳光直射，以免影响成活率。1 龄鳜鱼种运输，短距离可用广口容器装水运输，中长距离应用活水车装运。商品鳜鱼运输应配备双套增氧设备，高温天气带冰降温，确保运输成活率。

二、饲养管理要点

（一）水质调控

"养鱼先养水"。鳜鱼养殖的核心重在水质调节，保持良好水色及充足溶氧量是鳜鱼水质调控的目标。水质调控要点为：

（1）鳜鱼下塘前，要培好水色，以嫩绿色为宜，养殖中后期池塘应始终保持"肥、活、嫩、爽"的状态。

（2）每3~5亩安装1台1.5千瓦的增氧机，并适时开启增氧机，保持池水溶氧5毫克/升以上，晴天15：00~17：00时开机1~2小时；阴雨连绵、气压低的闷热天气提前开机，并注意通宵开机。一般池塘溶氧最低的时间是5：00~6：00，时刻避免发生鳜鱼浮头死鱼事故。

（3）鳜鱼主养池透明度保持在25~30厘米之间，透明度太低会影响光合作用。若水质过肥、藻类生长过盛时，全池可泼洒"四季安"；水质过瘦、发黑时，可全池泼洒"双氧氯"，培肥水质，促进藻类生长，加速水体的物质循环。

（4）水色呈墨绿色时，即晴天水色变化不明显时，第1天可泼洒"四季安"，第2天遍洒"双氧氯"以改善水质。

（5）高温季节每隔半月投放"水鲜"或"改水素"等调水素，转化池塘过多有机物质，降低氨氮、亚硝酸盐氮、硫化氢等有害物质，减少应激因子，增强鱼体抵抗力。

（6）寡水（不反光的水）极易发生病毒病，可先全池洒"双氧氯"，第2天再施"水鲜"，药性消失后使用无机肥培肥水质。

（7）通过观察鳜鱼粪便的形状、颜色差异掌握鳜鱼生长状况。如粪便黏着度高、呈长条状、灰白色且疏松，则表明鳜鱼生长状态良好；如粪便呈颗粒状、不均匀、颜色过浅或过浓时，则表明鳜鱼生长状况不佳，多由水质不良引起，建议视具体情况使用"水鲜"或"水宝"等改良水质。

（8）如发现中毒症（即表现为吐食、粪便稀短），则可全池泼洒水质改良剂，消除水体有害因子，缓解应激状态。

（9）如池塘饵料鱼多，鳜鱼摄食状态不佳，则说明池塘水质不佳或鳜鱼已患病，须取样进行镜检观察，对症下药。

（二）投饲管理

鳜鱼养殖成本70%由饵料鱼决定，而且鳜鱼饵料鱼要求鲜活、规格大小适口,因此,鳜鱼养殖过程中饵料鱼配套难度大,直接关系到养鳜成败。

1. 饵料鱼配套

须根据鳜鱼养殖规模的大小,预先对全年各个阶段所需饵料鱼的数量和规格制订周密、细致的生产计划和具体实施方案,以保证饵料鱼数量充足、体质健壮、规格适口、供应及时。简单估算全年所需饵料鱼重量的方法为:计划出售时商品鳜的个体重量减去放养时鳜鱼种的个体重量,得出每尾鳜鱼在饲养过程中新增加的个体重,然后乘以放养时鳜鱼种的总尾数,乘以鳜鱼种饲养的成活率(60%～80%),再乘以饵料系数(4～5),即可得出全年所需饵料鱼的重量。

2. 饵料鱼投喂技术

(1)投饵量

投饵量的多少随着水温的变化而变化。一般规律是春少、夏多、秋渐减。在不同的季节,鳜鱼的摄食率是不同的,6～7月摄食率为20%～30%,8～9月摄食率为25%～20%,10～11月摄食率为10%～5%。在冬季的低温期,鳜鱼不停食,仍要少量摄食。

(2)饵料鱼规格

合理的饵料鱼规格,既要求便于鳜鱼的猎捕和吞食,又要求饵料鱼不能太大或太小。太大,鳜鱼不能吞食;太小,不仅不经济,而且还会导致鳜鱼频繁捕食,消耗更多的体能。因此,在饵料鱼生产环节,尽量做到规格适口。

(3)饵料鱼投喂频率

一般6～9月份鳜鱼生长旺季,每3～5天拉网投喂1次,10月份以后可降至10～15天拉网1次。

(4)饵料鱼消毒

饵料鱼在投放前1～2天,可对饵料鱼塘进行杀虫杀菌消毒处理;饵料鱼进池前须对鱼体进行浸泡消毒,可选用"聚维酮碘"或"杀车灵",以避免将寄生虫或病原微生物带入鳜鱼塘。

三、主要疾病防治方法

（一）疾病的综合预防措施

鳜鱼生活于水体底层，有病后难以察觉症状，一旦浮于水面显现症状时，就已进入疾病的中晚期，治疗难度较大。因此，应设计健康科学的养殖模式，保持池塘生态系统的动态平衡，预防疾病的发生。

（1）彻底清塘

冬季暴晒池底，清除过多淤泥。在鳜鱼种下塘前，采用生石灰或漂白粉清塘。

（2）合理密养

放养密度应根据池塘环境条件，养殖技术水平，饵料鱼的充足与否，资金投入等因素而定。湖北地区养殖鳜鱼不能照搬广东地区养殖模式，片面追求高产量，建议鳜鱼苗种放养量以800～1200尾/亩为宜。

（3）加强水质管理

鳜鱼养殖的核心重在水质调节，保持良好水色及充足溶氧量。

（4）把好饵料鱼关

要求投喂饵料鱼规格适口，无病无伤，供应量充足均衡。

（5）不滥用药物

预防药物应避免使用强刺激性、高危害、高残留等违禁药物。

（6）选用抗病力强的苗种

从正规苗种生产厂家选购生长速度快、抗病力强的鳜鱼。

（7）做好隔离措施

养殖区域进排水渠分开。一旦发病，应严格避免饵料鱼、水源、工具等相互传染。

（二）常见疾病诊断与治疗

1. 车轮虫、斜管虫病

病原体：车轮虫、斜管虫。

病因：由车轮虫、斜管虫寄生引起。在池塘过小、水体过浅、水质过肥或过瘦、饵料鱼不足、放养密度过大，尤其是连续阴雨天气的情况下极易发生，流行水温为 28 摄氏度以下，危害各种规格鳜鱼。一年四季均可发病，严重寄生时，可引起鳜鱼苗种的大批死亡。

症状：少量车轮虫、斜管虫寄生在规格较大的鱼体上时，没有明显的症状。当大量车轮虫、斜管虫寄生于苗种鳃、体表、鳍条等处时，引起寄生部位黏液分泌增多，病鱼呼吸困难，喜在进水口或增氧机附近游动。由于大量车轮虫、斜管虫在鱼体体表和鳃部不断移动，造成寄生处上皮细胞受损，使身体的部分甚至全部变成灰白色。当大量寄生、病程较短时，鳃部附着淤泥，但没有腐烂，淤泥与鳃丝界限清晰；当少量寄生、病程较长时，鳃丝末端腐烂，鳃丝与淤泥混淆。在水中可观察到病鱼体色发黑、消瘦、离群独游。

预防措施：加强水质管理，保持水质清新；阴雨连绵天气，定期泼洒"杀车灵"，杀灭水体中原生动物、细菌、真菌；控制养殖密度；保证充足饵料鱼的供应，增强鱼体抗病力。

治疗方法：全池均匀泼洒"杀车灵"，如遇阴雨低温天气，间隔 24 小时再洒 1 次；也可选用"虫尽"或"混杀手"配合硫酸铜使用，为避免引起继发性感染，一般第 2 天须使用"双氧氯"消毒 1 次。如同时发生病毒病，应先按病毒病的处置方案进行。

2. 指环虫病（锚首吸虫病）

病原体：锚首吸虫，俗称指环虫。

病因：由锚首吸虫寄生引起，流行于春末夏初，靠虫卵及幼虫传播，主要危害苗种，大量寄生时可引起苗种大批死亡和成鱼零星死亡，并极易继发感染细菌及病毒病。

症状:当虫体少量寄生在鳜鱼鳃上时,没有明显的症状;当大量寄生时,病鱼鳃丝黏液增多,全部或部分充血发紫,鳃丝肿胀,鳃盖张开,鳃丝呈块状腐烂,腐烂部位充塞淤泥。由于指环虫有聚居的特性,翻开鳃盖,仔细观察,在阳光下肉眼可见白色虫体,并有蠕动感。在显微镜下,1片鳃观察到5～7个寄生虫时,即可诊断为该病。发病鱼一般在鱼塘中较难观察到,死亡鱼直接浮于水面,该病的发生与病毒病的发生有较为密切的关系。

治疗方法:发病后可根据不同的类型分别选用"虫尽"加硫酸亚铁或"鳜虫净",杀虫后第2天为避免继发性细菌感染,可使用1次"双氧氯"或"一元笑"或"四季安"。如同时发生病毒性疾病,则只能按病毒病的处置方案进行。

3. 细菌性烂鳃病

病原体:柱状黄杆菌。

病因:由柱状黄杆菌感染引起,水质不清新、有机质较多、淤泥深、氨氮含量高、寄生虫寄生后引起鳃组织损伤等均可引发该病。流行水温为15～30摄氏度,水温越高越容易暴发流行,导致患病死亡的时间也就越短。在广东一年四季均可发病,流行高峰为5～7月份。从鱼种至成鱼阶段均可发病,患病后的鳜鱼死亡率可达20%～80%。

症状:初期,鳃丝末端充血,略显肿胀,使鳃瓣前后呈现明显的鲜红和乌黑的分界线;后,鳃丝末端出现坏死、腐烂,甚至软骨外露,鳃瓣末端附着淤泥,形成明显的泥沙镶边区,鳃丝与淤泥模糊不清。如遇阴雨低温天气,极易感染真菌,形成典型的鳃霉症状。在发病鱼塘中,发病鱼死亡之前,一般漫游现象很少,体色也较正常,濒临死亡的鱼一般易"贴边",因该病所表现的症状易与车轮虫、斜管虫病混淆,因此须通过镜检采取排除法确诊。

预防措施:

(1)加强水质管理,定期泼洒"水宝"、"氨净"、"改水素"、"底改素"或"塘参",重在消除氨氮或亚硝酸盐氮含量过高对鳃组织造成的损伤。

（2）在发病高峰期定期消毒杀菌，可选用"双氧氯"或"一元笑"消毒。

（3）及时控制车轮虫、斜管虫病及锚首吸虫病的发生与发展。

治疗方法：

（1）定期泼洒"水宝"或"氨净"等改良剂。

（2）定期用"双氧氯"等氯制剂消毒杀菌。

（3）发病时连续使用"双氧氯"2次，之后，使用"鳜鱼康"或"水宝"改善水质。

4. 细菌性暴发性出血病

病原体：嗜水气单胞菌。

病因：由嗜水气单胞菌感染引起，池塘淤泥过深，养殖密度过大，长期不清塘消毒，氨氮、亚硝酸盐氮含量高，鱼体体质弱时可引发该病。

症状：早期病鱼的上下颌、眼眶、口腔、鳃盖、眼眶周围、鳍条基部及鱼体两侧轻度出血发红。严重时，腹部肿大，肛门外翻发红，解剖观察腹腔内有黄色或血红色腹水，肝、脾、肾肿胀。

预防措施：同细菌性烂鳃病。

治疗方法：先使用"氨净"或"水宝"1次，2小时后再使用"双氧氯"或"一元笑"配合0.3毫克/升的硫酸铜泼洒1～2次，病情严重时，可追加1次"鳜鱼康"或"四季安"。

5. 病毒性出血病

病因：

（1）养殖密度过高（每亩平均放养1000尾以上），长期形成一种环境胁迫效应。

（2）水质过于清瘦或过于老化，氨氮及亚硝酸盐氮或硫化氢长期处于一种高含量水平。

（3）寄生虫的继发感染，尤其是锚首吸虫的侵袭。

（4）细菌性疾病的发生。

(5) 天气突变,尤其是连续大暴雨或台风前后以及昼夜温差变化大而水位又较浅时(低于1.2米)。

流行时间:流行高峰期为每年的7～10月,特别是在连续大暴雨或刮台风等气候突变的条件下,更易出现大规模流行,大多危害10厘米以上鳜鱼。

症状:发病鱼塘水突然变浊,鳃丝发白或呈花斑状,胃壁呈斑块状充血,肠道充血发红或呈球状充血,肠内容物呈黄色流晶状,塘内黑头黄身漫游鱼类增多。在排除寄生虫感染、细菌性烂鳃、细菌性出血病及中毒症而导致鳜鱼大量死亡时,凡发病鱼塘有符合上述症状时,均可判断为病毒性出血病。

预防措施:

(1) 养殖密度合理,每亩放养6～8厘米鳜鱼苗种800～1000尾。

(2) 定期预防寄生虫、细菌性疾病,可选用"虫尽"、"杀车灵"、"双氧氯"或"一元笑"预防。

(3) 保持池塘水质的"肥、活、嫩、爽",定期泼洒"水鲜"、"氨净"。

(4) 疾病高发期保持池水水位1.5米左右,水位过浅,水体理化因子易受外界影响而产生变化;水位过深,水体底层易产生有害物质。

治疗方法:

(1) 停止投喂饵料鱼,不换水、不施肥。

(2) 严禁施用强刺激性药物,如漂白粉、硫酸铜、氯制剂等。

(3) 先使用"水鲜"1次,2小时后再使用"双氧氯"、"一元笑"、"鳜鱼康"或"巨威碘"。

(4) 严重时,无有效治疗方案。

6. 中毒病

病因:水质不良,水质过肥,有机质不能充分分解氧化进而产生过多氨氮、硫化氢、亚硝酸盐、甲烷等,表现为增氧机产生的水泡大而久久不破散。主要是由于溶氧过低、酸碱度不适当,或养殖过密,或长期不换水,或用药过度,或投放饵料鱼过多,或水体受工业和生活污水污染,引起鳜鱼中毒。

症状:表现兴奋、不安、乱窜、暗浮头、挣扎、吐食或粪便不正常,捕捞起来的鱼一般体表潮红、抽筋、鱼体发硬、瞳孔缩小,饵料鱼与其他鱼及一些水昆虫也有死亡。剖检可见肝脾淤血,血液暗红,但水中重金属污染中毒的鱼血液鲜红。如水中亚硝酸盐过量导致缺氧中毒,表现为血液呈巧克力糖色,肝带褐色。美曲膦酯、硫酸铜中毒,表现为黏液较少,体色发暗,鳃发紫。

治疗方法:

(1) 鱼塘自身因氨氮、亚硝酸盐、硫化氢含量过高造成的内源性中毒,可使用"水宝"或"氨净"1次。

(2) 因有毒药物滥用及工业或生活污水造成的外源性污染,可使用较高剂量的"水鲜"1～2次,并延长增氧机开机时间。

7. 棘头虫病

病因:由棘头虫寄生肠道引起。

症状:病鱼腹部膨大,剖开腹腔,肠道充血,肠壁薄而脆,剪开肠道,有许多白色虫体附着在肠道壁上。严重时,因虫体寄生在肛门处而形成花瓣状。

防治方法:彻底清池,合理密养可预防该病发生;发病后全池泼洒"虫净"或"混杀手"配合硫酸亚铁1～2次。

8. 复口吸虫病

病因:由复口吸虫寄生引起。

症状:病鱼身体失去平衡,头向下、尾朝上在水面旋转,头部、眼眶充血。严重者体型弯曲,眼球水晶体浑浊呈白内障症状,甚至水晶体脱落。

流行情况:从鱼苗、鱼种至成鱼均可感染,特别是螺类较多的池塘更易发病,流行于5～8月份。

防治方法:彻底清塘,杀灭池中螺类,驱赶鸥鸟可有效预防该病的发生。发病后全池泼洒"虫净"或"混杀手"配合硫酸铜、硫酸亚铁合剂2次,间隔2天再使用2次。

第二节　鲌　　鱼

一、品种选择

（一）品种来源

武汉市农科院水产所、武汉先锋水产科技有限公司李清正高级工程师的团队在黑尾近红鲌、翘嘴鲌连续四代选育与推广养殖的基础上，发现翘嘴鲌最大个体大、体型市场接受率高，但存在饲料的蛋白质需求量高、养殖成本高、性情急躁不易捕捞、不易活鱼上市等不足之处，他们发现长江支流中一种产漂流性卵的翘嘴鲌具有性情相对温驯的特点。而黑尾近红鲌养殖成本低、性情温驯易捕捞、易活鱼运输，但存在最大个体较小等不足之处。为了集二者优势于一体，该团队采用混合选育、生物育种和分子标记辅助育种技术，选育出了高产、高效、抗逆的杂交鲌"先锋1号"新品种（图11-1）。该品种2012年通过全国水产原种和良种审定委员会审定，品种登记号为 GS-02-001-2012。

图11-1　杂交鲌"先锋1号"

（二）品种优良特性

经多年的生长对比实验、饲料转化对比实验、其他经济性状

的比较评估以及生产性试验,发现该品种具有如下优良特性:

(1)生长速度快。采用粗蛋白含量为 32%的配合饲料同池养殖,该品种比黑尾近红鲌生长快 23.6%～29.6%,比翘嘴鲌生长快 100.3%～172.4%。

(2)饲料成本比翘嘴鲌降低 50%。

(3)性情温驯,易捕捞、易活鱼上市。

该品种是农业部 2015 年渔业主导品种,池塘主养亩效益达 4000～8000 元,其苗种年产量可达 20 亿尾以上。现已推广至湖北、湖南、安徽、江苏、江西、四川等二十多个省、市和自治区,创造出了良好的社会、经济效益。

二、池塘养殖技术要点

(一)大规格鱼种池塘养殖

1. 池塘面积及水深

面积以 3～8 亩为宜,水深 1.5～2 米。

2. 放养前的准备工作

(1)清塘除害:放养前 10～15 天带水清塘,清除敌害生物,杀火病原体。具体方法为:在池塘加注新水 80～100 厘米深后,每亩施用 40～50 公斤茶饼进行清塘,或使用清塘剂清塘;次日使用杀虫剂。

(2)施足基肥:放养前 7～10 天施基肥,每亩施放充分发酵的有机粪肥 70～150 公斤(根据粪源、水温、池塘条件等确定施放量),或使用生物肥、绿肥。

(3)杀菌消毒:放养前 1 天,使用二氧化氯杀菌消毒。

(4)适时下塘:观测水质,检查饵料生物,苗种经试水安全后下塘。

3. 苗种放养

(1)放养密度:根据出塘规格和设计鱼产量确定放养密度。

一般鱼种产量 300 公斤/亩左右,放养 2~3 厘米的夏花 1 万~1.5 万尾。采取池塘分级培育大规格鱼种方式的,可先密放(3 万尾/亩),待鱼苗规格达 8 厘米左右时再分稀。

(2)苗种消毒:苗种下池前,用碘制剂等药物消毒。

4. 合理投饵

在不缺氧的情况下,每天早上天亮后尽早投喂,12:00 左右投喂,下午在天黑前 1~2 小时内投喂。日投喂 3 次,早、中、晚参照投喂比例分别为日投喂量的 30%、20%、50%。

饲养前期(约 1 个月):投喂粗蛋白质含量 40% 的破碎料,规格达 8 厘米;日投喂 3 次;投喂量以鱼摄食行为不明显为准。

饲养中期(约 1 个月):投喂蛋白质含量 40%、粒径为 1.0 毫米的饲料,规格达 12 厘米;日投喂 3 次;投喂量以鱼摄食行为不明显为准。

饲养后期(约 2 个月):投喂粗蛋白质含量 40%、粒径为 1.5 毫米的饲料,规格达 15 厘米左右;日投喂 3 次;投喂量以鱼摄食行为不明显为准。

5. 适时追肥

在鱼种培育的整个阶段,根据水体饵料生物情况,适时追施以有机肥为主的肥料,以均衡增加池塘饵料生物量,提高天然鱼产量,降低饵料成本。施放量:每亩施放充分发酵的有机粪肥 50~70 公斤(根据粪源、水温、池塘条件等确定施放量),或使用生物肥、绿肥。

6. 科学调水

随着水温的不断升高,池塘鱼产量的增加,池底亚硝酸盐、氨氮、硫化氢等残留物质的逐步积累,为改善养殖水体环境,必须进行科学调水。主要采用如下几种方法:

(1)物理方法:机械增氧(耕水机、纳米增氧管等)和加注新水。

（2）化学方法：出现应急状态时，及时泼洒增氧的化学制剂增氧。

（3）生物方法：根据池塘的水质变化，适时泼洒生物调水剂。

（二）成鱼池塘主养

以杂交鲂"先锋1号"为主要养殖对象，适量配养滤食性鱼类和底层优质鱼类（如黄颡鱼）。

1. 池塘面积与水深

池塘面积5～20亩均可，水深2.5米左右。

2. 放养规格与密度

足量投放体质健壮、无病无伤、规格为12厘米左右的杂交鲂"先锋1号"鱼种，放养量为1200～1500尾/亩。

3. 配养鱼类及密度

白鲢：夏花鱼种200尾/亩左右；

花鲢：夏花鱼种20～50尾/亩；

黄颡鱼：50～100尾/斤的鱼种500～800尾/亩。

切忌配放抢食能力强的草鱼、鲤鱼等。

4. 放养时间

晚秋至早春放养。

5. 放养前的准备工作

鱼种放养前彻底清塘除害、施足基肥、培肥水质和杀菌消毒，具体方法参照"大规格鱼种池塘养殖"。

6. 合理投饵

投喂粗蛋白质含量为32%～35%的配合饲料，粒径为1.0～2.5毫米，不同规格杂交鲂"先锋1号"对应的饲料粒径见表11-3。

表 11-3　不同规格杂交鲌"先锋 1 号"对应的饲料粒径

规格(克)	12～25	25～300	300～750	＞750
饲料粒径(毫米)	1.0	1.5	2.0	2.5

日投喂 3 次,每次投喂量以鱼摄食行为不明显为准;早、中、晚参照投喂比例分别为日投喂量的 30％、20％、50％。在不缺氧的情况下,每天早上天亮后尽早投喂,12:00 左右投喂,下午在天黑前 1～2 小时内投喂。

7. 日常管理

加强饲养管理,对养殖池塘水质进行科学调节,具体方法参照"大规格鱼种池塘养殖"。

(三)成鱼池塘套养

吃食性鱼类、河蟹等集约化养殖池塘可适量套养杂交鲌"先锋 1 号"。

1. 常规鱼类成鱼养殖池塘套养

在草鱼、青鱼、武昌鱼、鲤鱼、鲫鱼等吃食性鱼类成鱼养殖池塘内套养 12 厘米左右、密度为 100～200 尾/亩的杂交鲌"先锋 1 号"鱼种,年末可收获规格为 500 克左右、单产达 50 公斤/亩左右的商品鱼。

2. 黄颡鱼成鱼养殖池塘套养

在主养黄颡鱼成鱼的池塘内套养 12 厘米左右杂交鲌"先锋 1 号"鱼种,密度为 500～600 尾/亩,年末可获得规格为 500 克左右、单产达 200 公斤/亩的商品鱼(配放少量白鲢)。

3. 龟鳖养殖池塘套养

在龟鳖养殖池塘内套养 12 厘米左右杂交鲌"先锋 1 号"鱼种,密度为 400 尾/亩左右,年终可收获规格为 500 克左右、单产达 150 公斤/亩的商品鱼(配放少量白鲢)。

4. 成蟹养殖池塘套养

在成蟹养殖池塘套养 12 厘米左右杂交鲂"先锋 1 号"鱼种，密度为 50 尾/亩左右，年终可收获规格为 500 克左右、单产达 20 公斤/亩左右的商品鱼。

三、可控大水面养殖技术要点

1. 可控小型湖泊养殖

在冬季或早春投放 15 厘米左右杂交鲂"先锋 1 号"鱼种，密度为 30～50 尾/亩，当年可收获规格为 500 克左右、单产达 10～15 公斤/亩的商品鱼。

在 6～7 月投放 5 厘米以上的杂交鲂"先锋 1 号"鱼种，投放密度为 80～100 尾/亩，当年可收获规格达 150 克以上的鱼种，次年冬季可起捕规格达 1000 克以上的商品鱼；亩平均单产 30 公斤，亩平均年单产 15 公斤。此模式适宜于可控小型湖泊捕大留小的作业方式。

2. 可控水面网箱养殖

投放 15 厘米左右的杂交鲂"先锋 1 号"鱼种，密度为 60～80 尾/平方米；投喂适宜的配合饲料，当年可养成 500 克以上的商品鱼，单产 25 公斤/平方米左右。

投放 5 厘米杂交鲂"先锋 1 号"鱼种，密度为 400 尾/平方米，当年养成 15 厘米左右的大规格鱼种，单产 8 公斤/平方米；次年养成商品鱼。

四、注意事项

重点防治纤毛虫、指环虫、小瓜虫、水霉病。注意事项如下：

（1）在季节交换时适时杀虫，可有效预防指环虫。

（2）清除池塘螺蚌，切断传播途径，杜绝复口吸虫病发生。

（3）苗种下塘前用生石灰消毒、晒塘，养殖过程中保持池水肥度（透明度 25～30 厘米），可有效预防小瓜虫病。

（4）在进行机械性操作后，采用常用浓度碘制剂浸洗或常用浓度二氧化氯全池泼洒，可预防水霉病。

第三节　鲶　　鱼

南方大口鲶池塘主养技术如下：

（一）池塘条件

池塘面积不宜过大，以 3～5 亩为佳，水深 1.5～2.0 米；水源水质清新，无污染；水源充足、进排水方便，并配备增氧机。苗种放养前 15 天应干池暴晒和清塘消毒，每亩施生石灰 150 公斤，也可用 30 克/立方米漂白粉彻底杀灭病原菌。

（二）科学合理投放优质苗种

选择投放的大口鲶苗种应规格整齐、体质健壮，应特别注意与土鲶（革胡子鲶）的区别，纯正的大口鲶苗种尾鳍上叶明显比下叶长，体色较透明，为黄褐色、灰褐色、集群活跃、觅食能力强；而土鲶则体色呈黑色或深墨绿色，分散于池中，不活跃，生长缓慢、个体小。放养密度为每亩投放 800～1000 尾（规格 7～8 厘米）或 1000～1200 尾（规格 6～7 厘米），成活率为 60％～80％，年底可长至 2～3 斤，亩产 1500～2000 斤。放养前用 3％食盐水浸洗消毒 5 分钟，经适温后带水放入池塘中。

（三）饲养管理

大口鲶属凶猛肉食性鱼类，其食量大，食性广，在饵料充足的情况下生长较快，而在饵料不足的情况下会相互捕食，严重影响成活率。其摄食一般以肉食性饵料为主，也可经人工驯化投喂配合颗粒饵料。

1. 投喂肉食性饵料

大口鲶鱼种刚下塘时,水中大型浮游动物枝角类及水蚯蚓等已无法满足其摄食需求,此时可投喂饵料鱼浆,全池均匀泼洒。鱼浆的制法是,将鲜活或冰鲜优质花白鲢鱼切成较小鱼块,再用绞肉机绞碎,放入水桶中加水加大蒜素或土霉素拌匀后全池均匀泼洒。每日分上午(9:30~10:30)、下午(16:00~17:00)、晚上(20:00~21:00)定时投喂 3 次。大口鲶夜间捕食性强,晚上应适当加大投饵量,为保证大口鲶有充足的饵料,放养大口鲶苗种时应同步投放四大家鱼或鲤鲫夏花鱼种,投放比例为 1:30,饵料鱼应保证优质、无病,经药物消毒后下塘。当大口鲶鱼种喂养达 20 厘米以上时,不再投喂鱼浆,此时可将冰鲜鲢或杂鱼除内脏后切成细块状投喂,饵料鱼块随着鱼体的迅速增长可逐渐切得稍大些,投饵量为鱼体重的 8%~10%。待长到 0.25公斤时,投喂次数可减至 2 次,分上午和傍晚投喂,投饵量应适当增加。

2. 投喂人工配合颗粒饵料

大口鲶虽以肉食性饵料为主,但在饵料鱼缺乏或从成本方面考虑的情况下,也可以投喂人工配合颗粒饵料,要求粗蛋白质含量为 36%~42%,颗粒直径为 3~5 毫米,基础成分是鱼粉、蚕蛹、血粉、豆饼、菜籽饼等,外加维生素和无机盐合剂。用优质人工配合颗粒饲料喂养,饲料系数为 2~2.5。投喂时间为苗种阶段每日分上午(9:00~10:00)、下午(15:30~16:30)、晚上(20:00~21:00)定时投喂 3 次,日投喂量是鱼体重的 10%~15%;成鱼阶段每日分上午(9:00~10:00)、傍晚(17:00~18:00)定时投喂 2 次,日投喂量为鱼体重的 5%~8%。

（四）分级轮养

分级轮养是保持同池大口鲶规格整齐，避免两极分化，防止"大"吃"小"，从而提高成活率的关键措施。大口鲶鱼种下塘培育10～15天，此时体长可达20厘米左右，应及时分池饲养，将池中规格较大的四大家鱼及鲶鱼种拉网集中，用鱼筛过筛分级，将同一规格鱼种分放于同一池塘。过筛时操作要细心，不要擦伤鱼体，鲶鱼要经消毒处理，再过10日左右，须再分池一次，规格达到50～100克后一般不再分池。

（五）水质管理

水质的管理是提高大口鲶产量的重要措施之一。苗种入池时，水深为1米左右，以后随水温、鱼的生长逐渐加深。通常为每周加注新水一次，每次20厘米，每月换水一次，每次换1/3的池水量，并每隔10～15天泼洒生石灰一次，每次每亩20～30公斤为宜，以调节水质和消毒杀菌。在高温季节或天气变化较大时应经常开启增氧机。

（六）日常管理

每天坚持早中晚三次巡塘，观察鱼类摄食状况及水质、水色变化，观察残饵情况及时调整投饵量，勤捞残渣剩饵，查看大口鲶活动情况，发现问题及时处理，并做好养殖生产地记录工作。

（七）鱼病防治

池塘主养大口鲶过程中，因其抗病力较强，在日常管理工作充分细致的情况下，大口鲶一般不发生或很少发生鱼病。但从"无病早防，有病早治"的原则考虑，在养殖过程中，要坚持对鱼种、养殖水体、工具等进行消毒，杜绝病原传播。在苗种阶段及高温易发病季节用"二氧化氯"或"巨威碘"等药物全池泼洒。

第四节　草　　鱼

一、"224"模式简介

华中地区草鱼养殖面积占总养殖面积的80%以上,其中多以小草鱼混养模式为主,该模式具有以下几个主要特点:①苗种以自培为主,规格0.1～0.2斤;②密度800尾/亩以上,平均成活率70%以下,发病集中在5～6月份;③亩均投喂量1吨左右,产量低;④8月前热水鱼价格高,下半年鱼价急剧下滑,波动大。

2012年,在仙桃地区有一大批养殖户实行"224"模式,均获得了较高的养殖效益。"224"即是指全年亩投喂量达到2吨,中途起捕热水鱼2次,亩效益达到4000元。对华中地区而言,要实现"224"模式养殖目标,投喂量和成活率是该模式成功的核心。俗话说"放养模式定基调",苗种放养规格与数量直接影响草鱼生长速度,决定了中途起捕时间与规格,从而对池塘管理、存塘量以及饵料系数产生重要影响。下面基于华中地区苗种供应特点,从放养模式、预计成活率、起捕规划、预计收入几个方面,介绍"224"模式的两种放养模式。

二、"224"放养模式

1. 小草鱼模式

这种小草鱼模式(表11-4)主要是针对没有梯度苗种的用户,通过增大放养密度,在保障高成活率的条件下实现高产高效,管理水平和池塘条件要求较高。

2. 大小草鱼混养模式

这种大小草鱼混养模式(表11-5)主要是针对有大规格草鱼苗种的用户,可以套养"隔子",大量出售高价热水鱼,实现高产高效,池塘管理容易实现。

表11-4　小草鱼模式

品种	放养模式					预计成活率		起捕规划		预计收入	
	规格 (斤/尾)	重量 (斤)	数量 (尾/亩)	价格 (元/斤)	苗种成本 (元)	成活率 (%)	存活数 (尾)	起捕规格 (斤/尾)	起捕重量 (斤)	均价 (元/斤)	收入 (元)
小草鱼	0.2	240	1200	8	1920	90%	400	2	800	5	4000
							680	2.5	1700	4.5	7650
白鲢	0.2	80	400	2	160	95%	380	1.6	608	2	1216
花鲢	0.5	30	60	4	120	95%	57	3	171	4	684
鲫鱼	0.1	30	300	6	180	95%	285	0.7	199.5	5	998
黄颡鱼	0.025	5	200	15	75	100%	200	0.2	40	10	400

苗投喂量(公斤)	4125	苗种成本(元)	2455	塘租(元)	400	调水用药(元)	200	总收入(元)	14948
饲料系数	1.65	饲料成本(元)	7631	电费(元)	300	总成本(元)	10986	亩利润(元)	3961

模式技术关键点

① 苗种规格必须在0.1公斤以上，并投喂高档料（707♯以上），确保8月份前可以出热水鱼。

② 苗种必须选择优质苗种，确保高成活率，采用放养海大基地苗。

③ 池塘必须进行干塘、晒塘处理，要求塘存量较大，采用生石灰或漂白粉清塘，要求配套1台水车增氧机，每4亩1台叶轮增氧机，且能同时开启。

④ 7～9月份建议按照海大技术方案进行池塘管理，降低发病率。

⑤ 有条件建议使用抬网方式，降低热水鱼损伤和拉网成本。

续表 11-4

模式优势	①养殖产量高：通过优质苗种和良好的池塘管理，在高密度条件下可以实现高产量。②饵料系数低，成本低：通过中途起捕热水鱼，抢高鱼价出售，及时起捕热水鱼，提高饲料利用率，有效降低饵料系数，控制养殖成本，从而提高养殖效益。

表 11-5　大小草鱼混养模式

品种	放养模式					预计成活率		起捕规划		预计收入	
	规格(斤/尾)	重量(斤)	数量(尾/亩)	价格(元/斤)	苗种成本(元)	成活率(%)	存活数(尾)	起捕规格(斤/尾)	起捕重量(斤)	均价(元/斤)	收入(元)
大草鱼	1	300	300	5	1500	95%	285	3	855	5.5	4703
小草鱼	0.2	200	1000	8	1600	90%	300	2	600	5	3000
							600	2.5	1500	4.5	6750
白鲢	0.2	80	400	2	160	95%	380	1.8	684	2	1368
花鲢	0.5	30	60	4	120	95%	57	3	171	4	684
鲫鱼	0.1	30	300	6	180	95%	285	0.7	199.5	5	998
黄颡鱼	0.025	5	200	15	75	100%	200	0.2	40	10	400

亩投喂量(公斤)	5024	苗种成本(元)	3635	塘租(元)	400	调水用药(元)	200	起捕规格	400	总收入(元)	17902
饵料系数	1.7	饲料成本(元)	9293	电费(元)	300	总成本(元)	13828			苗利润(元)	4074

续表11-5

模式技术关键点	①池塘必须采用生石灰或漂白粉清塘，严格按照海大技术方案进行池塘管理，降低发病率。 ②有一定数量的大规格鱼种，保障投喂顺利。小规格苗种选择海大基地苗，降低4～6月份发病概率，确保7月初有一定的热水鱼起捕量。 ③3～5月份通过控制饲料粒径，投喂节奏等措施，以投喂大规格鱼种为主，控制发病率；7月份以后海大膨化料(9306#)，加快小规格鱼种生长速度。 ④池塘存塘量长期处于中高水平，常开增氧机，要求配套1台水车增氧机，每4亩1台叶轮增氧机，且能同时开启。 ⑤有条件建议使用抬网，降低热水鱼拉网损伤和拉网成本。
模式优势	①产量高，鱼价好：在合理搭配和良好的投喂管理下，"隔子"的产量和价格可以带来高收益，且根据鱼价错峰卖鱼，操作性强。 ②池塘利用率高：大规格鱼种套养，可大大提高池塘前期的利用率，且通过热水鱼可使池塘负荷长期处于较稳定的水平，可大大降低养殖风险。

第五节　河　　蟹

一、养殖条件准备

1. 面积及池形

池塘的面积以 10～20 亩的正方形为宜,管理方便,便于投食。回形池或有浅水区和深水区的池塘也行。浅水区灌水深 1～1.2 米,深水区灌水深 1.3～1.5 米,东北偏浅,南北偏深,有利于水草的生长。

2. 清塘

茶柏、生石灰对于河蟹池来说是性能比较优良的清塘剂。

3. 清淤

淤泥中会滋生很多的病原细菌且易造成水草泥化影响蟹的健康及水体环境,所以一定要将深水区的淤泥清除,以保证良好的水体环境。

4. 施肥

在水草生长期一般不提倡用有机肥,但在水草栽种前可在板结土壤区域埋挖"氨基酸膏",如果水草栽种区淤泥较好只需施"草壮素"。

5. 防逃及进排水设施

安装双层防逃设施,上层进水、下层排水。水源条件不好时以调水为主,不主张轻易向池塘进水或排水。

6. 蟹池适宜套养品种

(1) 螺:600～1000 斤/亩,主要用以改良底质、清污,为蟹提供天然的活饵料。

(2) 白鲢:50 尾/亩(10～20 尾/斤的小规格)吃池塘水体多

余的浮游植物,控制水体藻类。

（3）花鲢:80 尾/亩(10～20 尾/斤的小规格)吃池塘水体多余的浮游动物。

（4）鳜鱼:15～30 尾/亩(8～10 厘米/尾),主要用以控制池塘底层野杂鱼。

（5）青虾:10 对/亩。

（6）鲌鱼:10～30 尾/亩,主要用以控制池塘表层野杂鱼。

二、选择苗种

要选择好的苗种,一定要选头苗(头苗体质较好)、淡水苗(如太湖苗、芜湖苗较好),且苗种规格要整齐,第一步足修长、摄食饱满。放苗时一定要分两次吸水放苗,避免河蟹对环境产生应激反应。

三、苗种管理

苗种塘分专塘、分隔塘两种模式。池塘较多的、有条件的建议用专塘暂养苗种,这样可以使非苗塘很好地养殖水草,尤其是轮叶黑藻。分隔塘或苗种塘要种伊乐藻(早期可密种)。一般在春节前后放苗,不超过 3 月 1 日。选择 110～120 只/斤蟹苗放入专养塘或分隔塘进行暂养,每亩放苗 30～40 斤,2 次蜕壳完成后,用地笼转入成蟹池,按每亩 600～700 只投放。水温 10 摄氏度开始喂食,从冰鲜鱼和配合饵料混合投喂逐步过渡到全部用配合饵料投喂,并及时全塘泼洒"艾乐",同时拌料内服"新肝宝"、"艾乐",提高蟹苗抗应激反应的能力和蜕壳成活率。但苗期坚决不提倡用抗生素,否则会影响苗期蜕壳,第一次蜕壳是否顺利直接关系到蟹苗成活率。蟹苗临近蜕壳时宜使用"中博钙"以促进其蜕壳。苗种期、暂养期严格控制腐壳病的发生,发生腐壳病后用"中博红"全池泼洒。由于高蛋白饵料的投喂且密度较大,苗种管理后期易出现大型浮游动物如红虫等,发现红虫等大型浮游动物后,可早晚沿池边泼洒"鱼鳋静"杀虫改水,控制红虫最好的办法是在苗种专养塘或分隔塘套养花鲢(50～80尾/亩)。施用"藻神"将池水调节为微绿色,有利于控制早期"青苔"。

四、水草养护

(1) 水草养护即水质及底质控制,具有良好透光率的水质及营养丰富的底泥有利于水草的正常生长。

苗期及苗种池。如伊乐藻,它在低温期也能很好地生长。

长成期及非苗种池。如伊乐藻,轮叶黑藻,金鱼藻,苦草。

① 伊乐藻,去尖4～5次,面积占池塘面积的1/5。它在高温期易断根,易腐烂而且长得快,所以去尖的次数适宜较多。

② 轮叶黑藻,去尖2～3次,面积占池塘面积的3/5。如9月份就卖蟹只需去尖2次,如10月份才卖蟹则9月1日前后一定要去尖1次。2月底或3月初(15摄氏度以上)种植,比麦芽大的种子每亩种植0.75～1公斤,间距30～40厘米。种植时,水位不得超过15厘米,需1～2个月长成,不适宜暂养池种植。除伊乐藻外可与其他草种间种,全年不腐烂,螃蟹喜食,被螃蟹夹断根后,着土可再生。高温期间易生虫,用"鱼鳋静"可控制。

③ 金鱼藻,去尖1次,面积占池塘面积的1/5。

④ 苦草,去尖1次,池塘周边水沟及深水区。1月份种植,水温15摄氏度时撒种子,适宜在没有其他草种的地方种植,适合在深水沟种植,也可撒在种植伊乐藻的地方,对伊乐藻可起到分散作用。不能成片种植,河蟹喜食其根部,是判断投食量多少的典型标志性水草,漂浮物应及时捞除。间种时,按每亩0.5斤使用;单独种植时,按每亩1斤使用。种植时需与细土混合,再按要求投撒。

(2) 芽虫控制,即通过底泥消毒、补充营养、种植优良草种可有效控制芽虫发生,连续用"鱼鳋静"杀虫(虫蜕皮时杀)。

（3）小龙虾控制,即小龙虾易争食、夹草,宜进行笼捕清除。

（4）适时及适量地投喂饵料有利于河蟹池混浊水质的控制。

（5）透明度控制以 30 厘米以上才有利于水草的生长。

（6）青苔是由于透光率过大(清水),缺营养而形成的,它对水草的危害很大并最终危害河蟹。发现青苔后先用"苔净"点杀,再泼洒"蟹池宝"或"蟹康乐",养殖早期可使用"壮根元"将水色调成微绿色,可有效防控青苔发生。

（7）泥化控制:水草易被泥化导致呼吸受阻,称为泥化现象。发现水草泥化后,第一天先用"千虫净"沿草区泼洒,4 小时后泼洒"蟹康乐",补充"活力 66"、"壮根元"、"草壮素"。

（8）蓝藻控制:蓝藻的形成,一是水体高度富营养化;二是水体中藻类所必需营养元素不平衡所导致的。而蟹池的蓝藻是第二种原因形成的,可用"有机酸活水解毒液"、"活力 66"、"草壮素"进行调节。每亩套花鲢 50～80 尾可以较好控制蓝藻的发生。

（9）肥皂水控制:肥皂水就是水变浑浊,是由过多的大型浮游动物及有机物,还有雨后泥浆水和生物的摄食活动引起的,可采取以下措施:

① 大型浮游动物过多——鱼鳋静;

② 有机物积累——"中博高"、"中博金珠"、"草壮素"、"活力 66";

③ 雨后泥浆水——干撒或泼洒"蟹池宝"或"鱼池宝";

④ 摄食活动——清除野杂鱼,将河蟹喂饱。

五、科学投饵

（1）均匀投喂及分点、分条定点投喂。全程投配饵(池塘里不得有野杂鱼)或冰鲜鱼(池塘里不得有黄颡鱼、黄鳝、甲鱼等)。

(2)阴雨天减量、减次数。高温天气减量,以植食性为主,将食物投到深水区、中心区(切忌投于草区),并延长到傍晚水温较低时投喂。

(3)加强蜕壳期投喂,外泼"中博钙"或"钙多维"——尤其是壳软、壳背面不均匀时。

(4)肠道不均匀时——外泼"水鲜"、"清爽"或"蟹池宝"加强改水,内服新肝宝、酶合电解多维、菌立停新。

(5)漂浮草多时多喂,透明度低时少喂,调整透明度后再多喂。养殖管理期间及时剔除出小苗(否则浪费水体、浪费饵料)。

(6)随时抽样检查,调整投喂方案。

六、防病治病

蟹的疾病主要注重于预防,蟹一旦发生疾病很难治愈。

1. 纤毛虫病

纤毛虫病是河蟹常发生的一种寄生虫病,主要是由累枝虫、钟形虫、斜管虫等纤毛虫类虫体寄生于河蟹体表、附肢、鳃部等部位所引起。

主要症状:病蟹体表长有许多黄绿色或棕色绒毛状物,体表、附肢有滑腻感。病蟹食欲下降,甚至不食,蟹体消瘦,行动迟缓,对外来刺激无反应。当大量纤毛虫寄生时,可堵塞出水孔,鳃部黏液增多,严重影响河蟹呼吸,导致河蟹无力脱壳而死亡。

防治措施:第一天先用"蟹康乐"氧化1次,2小时后泼洒"千虫净",4小时后再泼洒"渔歌"1次。第二天全池泼洒"钙多维"、"活力66"、"壮根元"。

2. 腐壳病

主要是在苗期、阴雨天、水脏的环境下形成,该病是由河蟹步足尖端受损伤感染病菌所致。

主要症状:病蟹步足尖端破损,呈黑色溃疡并腐烂,然后步足各节及背甲、胸板出现白色斑点并逐渐变成黑色溃疡,严重时甲壳被侵蚀成洞,可见肌肉或皮膜,导致河蟹死亡。

防治措施:第一天泼洒"渔歌",第二天泼洒"中博红",并进行流水刺激辅助治疗,第三天使用"钙多维"、"活力66"、"壮根元"。

3. 上岸不下水

主要病因是由细菌及病毒引起。

主要症状:病蟹爬上岸边、水草或树根上,长时间不下水,最后失水死亡。

防治措施:改水、改底,第一天用"蟹康乐"或"中博高",第二天用"钙多维"、"活力66"、"草壮素"。

4. 黄鳃、黑鳃、烂鳃

病原体为弧菌、假单孢菌和气单孢菌等。多发于高温季节,底部有机物过剩,水质恶化,大量细菌、有机物充塞于蟹的鳃部,感染后根据病情变化鳃的颜色产生不同的表现,如黑鳃、黄鳃、烂鳃等。

防治措施:改水、改底,用氧化电位型改水改底剂,如"蟹康乐"、"中博高"、"鱼池宝"等。第一天泼洒"蟹康乐",第二天泼洒"钙多维"、"活力66"、"草壮素"。

第六节 小 龙 虾

一、小龙虾生物学习性

小龙虾学名为克氏原鳌虾,为夜行性甲壳动物,白天躲藏,夜晚出来摄食和活动。小龙虾只有蜕壳才能长大,水温、营养状况是影响其蜕壳的主要因素。养殖期小龙虾的蜕壳期在每年的4～10月。小龙虾喜欢掘洞,掘洞活动一般在黄昏至翌日清晨进行,持续时间可达 6 小时以上,成虾洞穴在 50～80 厘米,少部分可达到 80～150 厘米,繁殖季节小龙虾掘洞的数量明显增多。

小龙虾一年产卵一次,它的繁殖时间跨度长,主要集中在秋冬季交配、产卵和孵化。小龙虾交配后大约 30 天产卵,受精卵孵化时间长达 30 多天,小龙虾有"抱仔护幼"的习性。

小龙虾喜食动物性饵料,也喜食肥嫩多汁的植物。小龙虾生性好斗,饵料不足时会同类相残,以大吃小,正蜕壳或刚蜕壳的软壳虾最易被同类捕食。小龙虾生长适宜水温为 20～30 摄氏度,最适温度为 23 摄氏度,当温度低于 20 摄氏度或高于 30 摄氏度时生长率下降;水温 15 摄氏度以下时幼体成活率极低。养殖小龙虾时要求水质 pH 值为 7～8.5、溶氧 5 毫克/升以上、透明度 30～50 厘米,在环境良好、饵料充足时小龙虾养殖 2～3 个月即可达到 35 克。

小龙虾有很强的趋水流性,在养殖池中常成群聚集在进水口周围;大雨天,可逆水流上岸边作短暂停留或逃逸,水中环境不适时也会爬上岸边栖息。药物防治小龙虾疾病时须注意小龙虾对菊酯类、有机磷类杀虫剂非常敏感,而对鱼藤酮、茶粕不敏感。

二、小龙虾养殖技术

小龙虾的养殖模式主要有稻田养殖与池塘养殖。其中,稻田养殖模式有虾稻连作与虾稻共作,虾稻连作是指在稻田里种一季中稻后接着养一季小龙虾的一种养殖模式;虾稻共作为"一稻二虾",在种稻的时期也养虾,延长了小龙虾在稻田的生长期。

1. 清塘

用生石灰、茶粕等彻底清塘,清塘后要用网片、石棉瓦等做好防逃措施。

2. 种草

养(小龙)虾先种草,小龙虾养殖成功的关键,首先在于种植好一塘水草。种植的沉水植物可选择伊乐藻、轮叶黑藻、金鱼藻、菹草等,种植的漂浮植物可选择水花生、水葫芦等,通常情况下沉水植物的种植面积大于养殖水面的60%。维护水草的正常生长是养殖小龙虾成败的关键。

3. 苗种投放

小龙虾养殖苗种投放的基本原则是"夏秋投种,春季补苗,捕大放(留)小,轮捕轮放"。池塘养殖有两种投放模式,第一种是投放亲虾,即7月底至8月底投放35克/尾以上的亲虾25～30公斤/亩;第二种是投放虾苗,即3～5月投放规格为200～300尾/公斤的幼虾30～40公斤/亩,或9～10月投放1厘米的虾苗,每亩1.5万～3万尾。稻田养虾时,4～5月投放规格为200～300尾/公斤的幼虾3000～4000尾/亩。为避免小龙虾近亲繁殖引起种质退化,每年从周边引种量应达存塘量的1/3以上。

4. 饲养管理

以投喂配合饲料为主,适当搭配动物性饲料、农副产品饲料或青饲料,傍晚或晚上投喂,日投喂量为存虾总量的2%～6%,投在浅水坡边或平台上。小龙虾的饲料投喂需坚持"定时、定点、定质、定量",饵料要多样化。连续阴雨天少喂,水质过肥少喂,蜕壳期少喂,发病高峰期少喂;天气晴好多喂,蜕壳期前后多喂。

5. 捕捞

适时捕捞是养殖成败的关键,虾稻轮作捕捞时间为4月初至6月初,虾稻共作捕捞时间为4月初至7月底,池塘捕捞时间可延迟到8月底。捕捞时要捕大留小、轮捕轮放,一边捕捞一边补充投放3～5厘米的幼虾,补充量为捕捞量的1/5～1/3。同时要注意防止虾多造成局部缺氧而死虾的现象,而且地笼隔3～5天移动一下位置以增强捕捞效果。

三、小龙虾疾病防治技术

1．固着类纤毛虫病防治

该病是由聚缩虫、累枝虫、钟形虫等固着类纤毛虫寄生引起,寄生于小龙虾的体表、附肢、鳃等处,肉眼即可看见一层灰白色、浅绿色的绒毛状物,全身粘满污物。患病后的小龙虾行动迟缓,食欲下降,乃至停食。

治疗方法:第一天全池泼洒"硫酸锌粉"或"正离子铜",第二天全池泼洒"底立爽"或"中博高"。

2．白斑综合征防治

该病由白斑综合征病毒引起,发病快、传染性强、死亡率高。病虾活力低下,附肢无力,无法支撑身体,部分头胸甲处有黄白色斑点,解剖可见胃肠道空,部分尾部肌肉发红。患病后最大的特点是先死大虾,后死中虾,再死小虾。

该病重在预防,常用的预防措施有:①种植水草,维护良好的生态环境;②适时干洒"底立爽"、"双效粒粒底改素","虾池宝"维护良好底质;③发病季节加强穿梅三黄散、肝胆利康散、酶合电解多维的口服。

治疗方法:第一天全池泼洒"中博金珠",第二天全池泼洒"聚维酮碘溶液"或"顶典",第三天全池泼洒"鳜鱼康",之后使用"底立爽"、"虾池宝"改良底质,口服穿梅三黄散＋肝胆利康散＋酶合电解多维 5～7 天,并发细菌性疾病时同时口服 5% 恩诺沙星粉 3～5 天。

3．小龙虾细菌性疾病的防治

该病由弗氏柠檬酸杆菌、副溶血弧菌、嗜水气单胞菌、豚鼠气单胞菌、维氏气单胞菌等引起。患细菌性疾病的小龙虾主要症状表现为上岸上草、活动迟缓、螯足无力、停止摄食等。多数情况表现为小龙虾进入地笼后死亡,少数情况表现为小龙虾死亡后漂浮于水草上。解剖可见小龙虾肝胰腺色浅,胃内无食并充满积液,肠内无食或肠道分节。

治疗方法:第一天全池泼洒"精品一元笑"或干洒"底立爽",第二天全池泼洒"聚维酮碘"或"顶典",外用药物泼洒时同时口服恩诺沙星粉、菌立停、肝胆利康散、酶合电解多维 3～5 天。

第七节　安全用药

一、渔药联用

在水生动物疾病防治过程中,使用单一的药物往往难以达到防治疾病的目的,需要混合或联合用药才能加强防治效果。两种或两种以上药物充分混合后同时使用叫混合用药;两种或两种以上药物先后配合使用叫联合用药。由于养殖环境的日趋恶化、品种退化等原因,多种疾病混合感染现象比比皆是,病原未明的危急病例和抗药性增强的病原微生物普遍存在,渔药联用成为水生动物疾病防治的一种重要手段,其主要方式有:

(一) 混合用药

将阿维菌素溶液或伊维菌素溶液与辛硫磷溶液充分混合,可有效防治甲壳类寄生虫(如中华鳋、锚头鳋等)与单殖吸虫类寄生虫(如指环虫、三代虫等)混合感染寄生虫疾病,硫酸铜与硫酸亚铁按 5∶2 比例混合,可有效防治原生动物类疾病;氯氰菊酯与辛硫磷混用可加强对甲壳类寄生虫的防治效果;苯扎溴铵与戊二醛混用、三氯异氰脲酸与溴氯海因混合使用可加强杀菌效果;苯扎溴铵溶液与阿维菌素溶液混合使用兼具杀虫与杀菌的双重效果。

(二) 联合用药

1. 药效互补联合用药

渔药的联用基于药效互补的目的有很多经验值得借鉴,如使用大黄末中药泼洒剂时,为避免药物被水体有机物交联吸附,可提前使用过氧化氢氧化有机物;使用甲苯达唑杀灭单殖吸虫时,可提前使用硫酸亚铁有助于清洗虫体寄生部位产生的大量黏液,增强杀虫效果;水体矿化度大时会影响杀虫药效,有时也会加大药物毒性,所以一般也会在使用杀虫药物前先使用一次 EDTA 二钠;杀灭固着类纤毛虫时,一般先使用强氧化剂,再使用硫酸锌,杀虫效果更彻底;为达到絮凝净水效果,先使用一次强氧化剂分解水体有机物,接着再使用净水制剂,可加速、加强净水效果;在杀灭水体下风区蓝藻时,应在使用杀藻剂后接着使用一次过氧化物消毒剂,可避免蓝藻毒素引起的中毒;使用芽孢杆菌时,为促进芽孢杆菌的定植、增殖,可配合使用颗粒增氧剂和多元有机酸,等等。

2. 系统联合用药

研究人员总结多年药物防治水产养殖动物疾病的经验,在正确诊断疾病的基础上往往按照"先改水、再杀虫、后杀菌、同时口服、最后调水"的联合用药规程,可有效防治水生动物混合感染疾病。"先改水"是在养殖池塘水质不良或长期用药无效或久治不愈或水产养殖动物发生明显的应激反应条件下实施的,改水的目的是消除或缓解水生动物的应激反应、降解或消除池塘中的有害物质残留并可加强外用杀虫、杀菌制剂的使用效果,常用的药物有硫代硫酸钠、多元有机酸、过氧化物消毒剂等。"再杀虫"是指确诊水生养殖动物有寄生虫侵袭后必须采取的措施,因为寄生虫(如指环虫、中华鳋、锚头鳋)的寄生往往引起细菌性疾病的继发感染(如烂鳃病、细菌性败血症等)。"后杀菌"是指因寄生虫寄生形成伤口(或机械损伤)和因水质不良、气候突变导致水生动物免疫抗病力下降,被细菌、真菌、病毒等病原微生物感染后必须采取的措施,一般水体藻类丰富时可选用非氧化类杀菌剂如苯扎溴铵、戊二醛等;水体有机质较丰富时宜选用氧化类杀菌剂如过氧化氢、过硫酸氢钾、高铁酸钾、高碘酸铁、二氧化氯消毒剂、溴氯海因粉等,在病情严重时,杀菌药物可连用2～3次(如溃疡病)。"同时口服"是防治吃食性鱼类传染性疾病必须采取的最为有效、直接的方式,如鲫鳊鲤等吃食性鱼类细菌性败血症的防治,须加强恩诺沙星粉、硫酸新霉素粉的投喂;草鱼病毒性出血病必须加强芪参散和酶合电解多维口服投喂。"最后调水"是为了保证治愈后不再复发并恢复良好水质所必须采取的措施,一般选用微生态制剂和多元有机酸以及部分中量和微量元素肥。当然,防治某一种水生动物疾病或多种并发症并不一定要完全按上述规程使用,要具体问题具体分析,通过分析水生养殖动物疾病发生的原因、临床表现症状及用药史可灵活运用。

3.立体联合用药

对老塘、淤泥较深和投饵量较大以及水深超过2米的养殖塘进行消毒杀菌时,可同时使用泼洒药物与颗粒抛撒药物,以达到对养殖水体病原菌的立体杀灭作用。一般在使用氧化消毒剂和过氧化物水质改良剂时常采用此办法,如三氯异氰脲酸粉剂与颗粒剂同时使用,过氧化氢与过硫酸氢钾颗粒剂同时使用等。

4.外用与内服联合用药

大多数水生动物发生细菌、病毒性疾病后,鱼体免疫抗病力下降,体内含有大量的致病细菌、病毒并不断向水体传播,同时也伴有肝损伤综合征,所以仅仅使用外用药物是达不到防治效果的,必须坚持外用与内服并重的原则。如草鱼的多种疾病综合征等,主要由多种寄生虫、细菌、真菌、病毒等混合感染引起,应该在科学地使用外用杀虫、杀菌制剂的同时,加强对氟苯尼考、穿梅三黄散、新肝宝的口服;鲫、鳊鱼暴发性出血病防治时,须加强恩诺沙星粉、酶合电解多维的口服等。

5.一天多次联合用药

一天多次用药主要目的是加速和提高疗效,迅速控制水生动物的死亡。例如：在发病死亡量较大时，如果水体有机物及藻类都较丰富时，在晴好天气，可上午使用氧化消毒剂，下午使用非氧化消毒剂；在使用杀虫剂时，为避免药害事故，可在使用杀虫药前 2 小时，先使用一次过氧化物消毒剂改良水质，然后使用杀虫药后 4 小时选用相应的解毒剂消除杀虫药残留。在网箱养殖过程中可在白天多次使用消毒剂在网箱定置区域泼洒，等等。

（三）渔药联用注意事项

（1）渔药混用或联用不应影响药物有效成分的化学稳定性，以免导致药效不佳或不增效反增毒。如氧化性消毒剂与非氧化性消毒剂混用会导致药效损失；生石灰与美曲膦酯或辛硫磷溶液混用会加重毒性，极易形成药害事故。

（2）渔药混用须坚持现配现用的原则。

（3）渔药混用或联用时，要先在小水体试验，若可行才可大面积使用。

（4）渔药联用时，存在两种药物有配伍禁忌且根据水生动物病情确实需要联合用药时，须错开使用，在前一种药物药性基本消失后再使用后一种药物。

二、渔药拮抗

两种药物合用的效应大于它们分别作用之和，称为协同作用，反之则称为拮抗作用。在水生动物疾病防治过程中，须充分了解药物药性，避免在药物混用或药物联用时产生药物拮抗作用从而影响药效，甚至产生药害事故。常见的渔药拮抗作用有如下几种：

（1）生石灰不能与漂白粉、钙、镁、重金属盐类、有机络合物等混用。施用过生石灰的池塘，不能马上施用磷肥。

（2）氧化消毒剂不能与非氧化消毒剂混用；氧化消毒剂相互之间不宜混用。

（3）季铵盐类消毒剂不能与肥皂、洗衣粉等表面活性剂合用。

（4）碘与碱类生成碘酸盐，与重金属盐类生成黄色沉淀，与硫代硫酸钠、盐酸氧化脱色，与生物碱共用会变成蓝色，与挥发油、脂肪油共用会分解失效，与碱性药物、抗胆碱药共用会使药物的吸收减少。

（5）硫酸铜不能与绝大多数氧化消毒剂混用，硫酸铜与大多数杀虫药混用会加重对水生动物的毒性。

（6）美曲膦酯不能与碱性药物一起溶解混合使用。

（7）恩诺沙星不能与氟苯尼考混合口服，大多数抗阳性菌口服药物都不能与抗阴性菌口服药物同时口服。

（8）磺胺类药物不能与氟苯尼考、酸性药物、生物碱类药液混合使用。

三、根据水质状况选择药物

水环境因素对水产药物的防治效果起着关键作用，养殖水体溶氧、pH 值、有机悬浮物、水温、硬度、底质等直接影响水产药物药效的发挥。

1. 溶氧

大多数药物对水体浮游生物的生命活动有影响，因而不宜在清晨、阴雨天、傍晚或夜间使用，当然也有能释放氧的水产药物，如过氧化氢、过硫酸氢钾等。水体溶氧较高时，水生动物对水产药物耐受性增强；水体溶氧较低时易发生中毒现象，如杀虫剂、重金属盐等。

2. pH 值

养殖水体 pH 值每天 24 小时是波动的，水质较肥且藻类较丰富、气温较高（如夏季中午）、藻类光合作用强烈时，pH 值会有一定幅度地上升。由于水体 pH 值的变化，水产药物会产生不同的作用效果。酸性水产药物、甲苯达唑、阴离子表面活性剂、四环素等水产药物,在偏碱性(pH 值较高)水体中,其作用减弱;而碱性水产药物如卡那霉素、阳离子表面活性剂、磺胺类水产药物,其药效会随 pH 值升高而增强;漂白粉在碱性水体中消毒杀菌力减弱;三氯异氰脲酸、溴氯在酸性水体中作用持久,在弱碱性水体中作用迅速;二氧化氯制剂在酸性水体中作用迅速、彻底;美曲膦酯、辛硫磷溶液、氯氰菊酯在偏酸性水体中作用持久,杀虫效果好,在碱性环境下要么被快速分解转化,效果差,要么加剧毒性。

3. 有机悬浮物

养殖水体是一个富含各种各样有机物的水体,水体有机物的种类及其含量与水体的理化性质、养殖密度、投饵量、施肥量等因素密切相关,水体有机物含量在一定程度上会干扰水产药物效果。有机物影响水产药物作用机理是:(1)有机物在病原体及病灶部位形成一层保护层,使水产药物难以直接作用于病原体或病灶处,从而影响水产药物防治效果;(2)有机物与水产药物(如消毒剂、杀虫剂)结合,降低了水产药物的溶解度,从而影响水产药物有效抑菌或杀菌浓度;(3)有机物与水产药物发生物理化学作用后,形成了一种新的物质,这种物质不仅减弱了水产药物对病原体的杀灭力,而且由于它的不溶性,又能吸附周围其他一些物质,共同产生保护病原体的物理屏障;(4)耗氧有机物较多时,在使用除非氧化性消毒剂之外的药物时会加重水体氧债,形成药害事故。因此,在高密度养殖、高投饵量、高施肥量的养殖塘泼洒外用药(如杀虫药、消毒剂等)时,有必要提前对有机物进行处理或适当提高用药量。

4. 水温

在盛夏时节,水产药物的毒性一般会随着温度的升高而增强,泼洒药物时要避免高温,宜选择 9:00～10:00 或 15:00～16:00 泼洒外用杀虫、消毒剂。聚维酮碘、高碘酸铁、二氧化氯、过氧化物消毒剂等在光线过于强烈时分解迅速影响药效,宜选择在弱光条件下使用。早春时期水温较低，鱼类及各种微生物刚刚经过一个越冬期，水环境较脆弱，使用药物时应按低剂量使用，也不宜选用刺激性强、安全性差的药物，如菊酯类药物等。

5. 硬度

一般在盐碱地、矿化度高的池塘及以井水为水源的养殖池，池水的硬度均偏高，如硫酸铜等药物在硬水中防治疾病效果会减弱，加重代森铵类药物对藻类的毒性，引发药害事故。因此，在硬度较高的养殖池，应提前 2 小时施用 EDTA 二钠或多元有机酸等，降低水体硬度，增加药物防治疾病效果，降低用药风险。

6. 底泥

池塘底泥较多既说明水体缓冲性能强，同时又反映在气候突变时有害物质会大量产生，同时对一些水产药物如美曲膦酯、辛硫磷等的吸附性增强，从而降低水产药物防治疾病的有效性。因此，在淤泥较深的池塘，晴好天气时须适当增加药物防治用量，气候条件差时应慎重选择药物及使用时间。

总之，在水产动物疾病防治实践中，水环境中各种理化因子对水产药物作用机理的影响需要灵活掌握，具体疾病还得具体分析对待。

四、根据气候状况选择用药

为了达到水产药物最佳防治效果，掌握在不同天气状况下各种水产药物的作用机理，有利于减少因疾病造成的水产养殖经济损失。

1. 晴好天气

由于光合作用强烈，藻类生长旺盛，水体溶氧丰富，水体缓冲性能强，水体中大量的有机物和营养元素会消耗部分药物，鱼类对药物耐受性较强，药物在水体中的分解和降解速度较快，同时也是各类疾病高发时期，可适当加大药物使用量，也可适当选用一些刺激性强的药物,但宜选择在 9:00～10:00 或 15:00～16:00 使用。

2. 阴雨天气

光合作用差,水体浮游植物数量少,耗氧物质增多,溶氧差,一般只选择使用刺激性小的氧化消毒剂和过氧化物消毒剂,以及其他以消除水体有害物质为主的水质改良剂,慎用杀虫药及微生态制剂。

3. 暴雨前后

一般暴雨来临时气压低,会导致水体发生"倒水"、"倒藻"现象,水环境急剧变化,水生动物发生强烈应激反应,应采取措施尽量消除水体有害物质,特别是促进氮循环。可在暴雨来临前3天内选择晴好天气全池施用芽孢杆菌和过磷酸钙,可有效增强水环境的抗逆性,避免因环境应激引起的水生动物应激性死亡。暴雨过后,由于水环境的突然改变,引发"倒藻",死亡藻类氧化分解消耗大量溶氧并分泌毒素,水体溶氧量极低、水环境极其脆弱,因此,暴雨过后2天内严禁使用各种刺激性药物以及容易消耗水体溶氧的药物。

4. 早春时期

随着温度逐渐回升,病原微生物活动频繁,刚经过一个越冬期后,水生动物抵抗力下降,极易被病原微生物感染,而此时水温低,透明度大,水体缓冲性能差,水生动物对药物耐受力差,宜选择刺激性小、安全性大的药物,如阿维菌素、伊维菌素杀虫剂和二氧化氯、聚维酮碘等消毒杀菌剂,且用药剂量要以低剂量为主。

5. 季节交替

在春夏之交或夏秋之交昼夜温差大,又恰逢阴雨低温天气时,极易引起水生动物病毒性疾病的发生,同时也会发生原生动物纤毛虫、单殖吸虫、各种阴性致病菌、阳性致病菌、真菌等多种病原的混合感染症。因此,在充分注意水质管理的情况下,应积极预防原生动物纤毛虫、单殖吸虫的寄生,加强对芪参散、肝胆利康散、酶合电解多维、穿梅三黄散的口服预防。

五、根据用药史选择药物

在水生动物疾病防治过程中,由于多次使用一种药物会使病原微生物抗药性或耐药性增强,导致水产药物防治疾病效果越来越差。抗药性的产生易使正常剂量的药物不能发挥应有杀虫或杀菌效果,甚至使药物完全无效,加大疾病的治疗难度。

抗药性的产生往往与用药剂量不足、长期盲目选用单一药物等因素有关,为此应注意如下几点:

(1)对用药史要充分了解,避免长期重复使用一种杀虫药、消毒剂或抗生素,应交替用药。

(2)在防治疾病时,应充分考虑水环境对药效的影响后再确定药量,避免用药量不足,使病原微生物产生抗药性。

(3)治疗期间,药物用药疗程要到位,如中草药、抗生素等口服制剂,只有保证用药疗程到位才可能确保水产动物机体内有效的抑、杀菌浓度,避免用药疗程不够从而使病原微生物产生抗药性。

(4)避免不对症的用药。

六、根据养殖品种选择渔药

水生动物因品种不同而对药物敏感性有异,应根据水生动物各品种用药禁忌及生物特性正确选择药物。

1. 根据用药禁忌正确选药

虾蟹养殖池严禁使用菊酯类杀虫药;鳜鱼、淡水鱼白鲳养殖池严禁使用有机磷类杀虫药;叉尾鮰、大口鲶、胭脂鱼、蚌、贝等养殖池严禁使用甲苯达唑;贝类、珍珠蚌、匙吻鲟、长吻鮠养殖池严禁使用阿维菌素、伊维菌素;乌鳢(俗称生鱼)、甲鱼严禁用硫酸亚铁、代森铵;鳜鱼养殖池严禁使用代森铵、代森锰锌。

2. 根据水生动物生物学特性正确选择药物和用药方式

(1)鳝鱼、叉尾鲴、黄颡鱼等无鳞鱼类宜选择对体表黏液破坏较小、杀菌效果好的药物,如聚维酮碘、大黄末中草药泼洒剂等;

(2)河蟹养殖池应选择颗粒型药物,如过硫酸氢钾颗粒剂、高铁酸钾颗粒剂、过氧化物与芽孢杆菌复合的颗粒剂等;

(3)网箱养殖胭脂鱼、大黄鱼、草鱼等宜选择美曲膦酯片或杀菌铜片挂袋挂篓防治疾病;

(4)鳜鱼、黄颡鱼养殖池宜选择在早晚摄食高峰期用药;

(5)甲鱼养殖池宜选择2～3倍的高剂量浸浴方式用药;

(6)鲤鱼养殖池在摄食高峰期慎用三氯异氰脲酸颗粒剂和溴氯颗粒剂。

七、避免药害事故

随着水产养殖集约化程度的不断提高,水产养殖动物病害防治在生产上的地位显得尤为重要。但是,在使用药物防治水产养殖动物疾病的同时,由于各种自然因素与人为原因致使水产养殖动物死亡或中毒的药害事故时有发生,这不仅给养殖生产者带来巨大损失,更给水产养殖行业带来挥之不去的阴霾。如何避免药害事故的发生,是水产养殖动物疾病防治工作者与养殖生产者都十分关心的问题。

1. 药害事故表现形式

水产养殖业在防治疾病时通常使用的是外用杀虫、杀菌与口服驱虫等药物,它们是防治水产养殖动物疾病的必需品。常言道"是药三分毒",如使用不当则会引起水体养殖动物中毒或发生死亡。因施药不当而引起水产养殖动物中毒或发生死亡的现象就是药害事故。药害事故不仅会直接引起水产养殖动物中毒或死亡,而且更会因药物对浮游生物的毒害作用而破坏养殖水体的水质。

药害事故对水产养殖动物的毒害作用通常表现为,在施药后的短期内水产养殖动物发生集体中毒死亡或出现非正常活动的异常现象,如跳跃、狂游、痉挛、呼吸急促等。通常情况下因施用有机磷或菊酯类杀虫药、硫酸铜等发生药害事故时,同一养殖水体中的养殖动物一般不分品种、大小或年龄等均会发生中毒或死亡的现象。也有因某一养殖品种对特定药物的药敏性而使某一种养殖动物出现中毒或死亡的现象,如甲苯达唑溶液会导致叉尾鮰中毒或死亡等。

发生水产养殖动物药物中毒后,通常在一定时间内会引起水产养殖动物出现吃食量下降或出现厌食、闭口症等现象,如美曲膦酯等杀虫剂使用过量或口服后,一般都会出现厌食现象。当然,药害事故的毒害作用还包括因药物残毒引起养殖鱼类出现生长缓慢或出现畸形等现象。

药害事故发生后另一个毒害作用是对养殖水体的水质破坏。外用的杀虫、杀菌药物均有杀灭或抑制养殖水体中浮游生物、微生物的功能,如过量使用或使用不当则常引起养殖水体浮游生物以及微生物大量死亡,同时也会大量消耗水体溶氧,导致水色变浊即水色浑浊或发黑等,如使用代森铵等杀虫药物不当后常引起水色变浊。通常情况下,药物引起的养殖动物中毒死亡后,养殖水体常出现水色发黑的现象。

2. 药害事故发生的原因

就发生药害事故的原因来看,引发药害事故的原因可归纳为两类,其一是因用药过量引起的药害事故,其二是因选药不当和用法不当引起的药害事故。

用药过量引起的药害事故可分为轻微中毒与深度中毒,轻微中毒常表现为用药后鱼类窜游、呼吸急促等现象;深度中毒多表现为用药后鱼类出现狂游、痉挛等现象,严重时常发生急性大量死亡现象。发生因用药过量引起的药害事故多因养殖者的用药习惯引起,一方面,养殖者选定某种药物后多根据用药经验确定用药量,不习惯按产品使用说明书确定药量,且常忽视气候、水质、水温、养殖品种规格等对药物的影响作用。更有甚者是使用杀虫剂后鱼发生跳跃才认为用药有效,其实不然,用药后鱼一旦发生激烈反应只能表明鱼已处于中毒状态。另一方面,养殖者过分相信农药或原料药的使用,按《兽药管理条例》的规定,原料药禁止直接用于水产养殖动物,外用或口服都不行。

因选药不当和用法不当引起的药害事故多会引发水产养殖动物大量死亡的现象。可能因人为原因引起,也可能因自然因素引起。因人为原因引起的多表现在用药者忽略了药物的禁忌,忽视了混养品种的存在,未注意到不同规格的养殖动物对药物的敏感性不同等。因自然因素引起的多表现在用药者忽视了养殖水体的有机物质、水色、透明度、水深、天气等对药物作用的影响。不良水质如黑水、红水及浊水等应先改良好水质再用药,不宜直接使用有机磷或菊酯类、有机硫类杀虫剂等。水体中的有机质等具有降低药效的作用,因而水色的浓与淡与用药量有密切的关系。一旦养殖者忽略了自然因素对用药的影响,盲目按经验施药常会引发药害事故。

3. 药害事故预防措施

药害事故大多数是人为滥用药造成的,因此,解决这一问题的主要方法就是规范用药、科学用药。

(1)选用的药物必须是通过 GMP 认证的厂家生产的产品。没有经过 GMP 认证的厂家生产的药物,其产品没有质量保证,不仅不能很好地控制水生动物疾病,并且很可能带来毒害作用。

(2)严格按照厂家的使用说明书或用药指南用药。产品说明书是使用该产品的最基本的用药指导,生产厂家的用药指南是有科学根据的,是经过大量的室内与室外的实践而总结的。

（3）注意药物禁忌与药物对养殖动物的刺激性。如虾蟹对菊酯类、有机磷类杀虫剂敏感；鳜鱼对有机磷类杀虫剂敏感；叉尾鮰、大口鲶、螺蚌等对甲苯达唑敏感；有机硫类杀虫药严禁使用在名特养殖品种或苗种养殖池；硫酸亚铁禁用于乌鳢、甲鱼养殖池；无鳞鱼类慎用强刺激性的杀菌药物，如强氯精、漂白粉等，以防脱粘等。

（4）使用药物全池泼洒时应充分考虑水质因素。通常不良水质的表现形式可分为两类：第一类是水体缺肥或肥力无法转化造成浮游植物量低，如澄清水、浑浊水、青苔水等，这是由于水体缺乏浮游生物，因而使用外用泼洒药物尤其是杀虫药后，常使水体浮游植物数量急剧下降而导致水体缺氧；同时水体缓冲性差、药物使用浓度相对加大而发生药害事故，此类水质确需用药时应选择安全性大且低剂量用药。第二类是水体严重富营养化的养殖池塘，如蓝藻水华水、红水、黑水、老绿水等，水体常因为富集大量的有机物质，在使用药物后因藻类死亡加重了水体的氧债而发生药害事故。此类水质用药前应首先使用化学类水质改良剂改水后，再使用其他全池泼洒药物进行防病治病。

（5）用药前要关注天气预报，避开暴雨、闷热天气，更不得在养殖水体缺氧时使用杀虫或强刺激性杀菌药物，这时用药会加剧水生动物的浮头、死亡，特别是杀虫药物注意当天和第二天不能有低气压天气，否则会造成鱼类的缺氧死亡。

（6）注意搭配剂量和原则。有很多渔民自配处方，虽有不少经典处方出现，但在用药时易出现事故。每一种药物都有其独特物理化学性质，随意将不同性质的药物混合后全池泼洒，可能会通过化学和物理反应增加药物对水产养殖动物的毒性而发生药害事故，因此在复配用药时要有专业技术人员指导。

（7）用药后要观察水生动物的活动情况和摄食情况。虽在药物使用后没有发生不良情况，但是水中的理化因子发生了变化，在发现水生动物有不正常的活动时要及时采取解毒补救措施。

（8）使用风险较大的杀虫药时，一定注意从上风区开始往下风区的方向泼洒，特别是施用面积及施药量达 4/5 时，应对施药区域观察 10 分钟以上，如无异常表现再施用剩余的面积和药物。在使用杀虫药物杀灭鱼塘大型浮游动物时可在早晚沿池边泼洒药物，无须全池泼洒。

（9）大多数杀虫药物在施用后 4 小时内是药效发挥的高峰期，而杀虫药又是安全风险较大的一类药物，为预防药害事故的发生，可在使用杀虫药 4 小时后及时使用药物解毒，这也是避免药物残留及其对水生生物继续发生影响的一种必要措施。

（10）水深超过 2.5 米的鱼塘计算用药量时，一般按 2.5 米水深计算。

（11）勿使用金属器具盛放药液。

当然，为防范药害事故，施用药物时应开动增氧机，一方面是补充水体溶氧，另一方面是有助于药物在水体中均匀分布，提高疗效。同时，施药时宜选择有一定风浪的气候条件，杜绝从下风区开始泼洒药物。

4. 药害事故急救措施

发生药害事故后，通常采用的急救措施有两种：第一种是加水或换水并开动增氧机，其主要作用是稀释药物浓度与增加水体溶氧，缓解水生动物应激反应；第二种是使用药物解毒，通常重金属类用多糖解毒，农药用还原剂解毒，藻类毒素用多元有机酸解毒，有机硫化合物用过氧化物解毒。

八、渔药的基本使用方法

1. 全池泼洒法

全池泼洒法是疾病防治中最常使用的用药方法，主要适用于消毒剂、杀虫剂和水质改良类药物。一般选用塑料或陶瓷容器,根据产品说明书加入适量的水,然后加入已计量好的渔药,通过搅拌使药物充分均匀溶解,然后全池泼洒。使用中草药时,应对药物充分浸泡或煎煮,然后将药液加水充分稀释,均匀地全池泼洒。只要泼洒均匀就能较彻底地杀死水生养殖动物体表、鳃上及养殖水体中的病原生物,具有见效快、疗效高的优点。全池泼洒时注意从上风区向下风区泼洒,条件允许时宜开动增氧机。

2. 挂袋挂篓法

将药物装在有微孔的容器或袋子中,悬挂于食场周围或网箱中,有利于药物的缓慢溶解,在水体中形成局部药浴区,通过养殖动物到食场摄食的习性达到消毒或杀虫的目的。为延长药物溶解和作用时间,采用悬挂法的药物,一般选择缓释型片剂或颗粒剂。适合悬挂的渔药有含氯消毒剂、硫酸铜、美曲膦酯等,悬挂的容器一般有竹篓、布袋和塑料编织袋等。

3. 药浴法

将养殖动物集中在较小的容器或网箱水体内,投入浓度较高的药液,在较短时间内强制用药,以杀死其体表和鳃丝上的病原生物。通常是在苗种放养前或转换养殖池时采用,也有在网箱养殖鱼类发生疾病时采用此法,使用此办法可以降低成本和保护养殖水环境。适合使用药浴法的药物有食盐、聚维酮碘溶液、过氧化氢溶液、戊二醛溶液、硫酸铜溶液、美曲膦酯溶液、浸泡疫苗等。

使用药浴法治疗疾病时,应根据药物的毒性控制药浴的时间(最好先做预测实验),浸洗时间一般为 5～15 分钟,建议准备好充氧机或解毒急救药物,以便在发生意外时及时充气增氧或解毒。

药浴法用药量少,时间可人为控制,治疗效果好,不污染水体,对养殖水体中的其他水生生物无影响。

4. 涂抹法

适用于鱼体表皮肤溃疡病及其他局部感染或外伤。通常使用高浓度的药液或药膏,直接涂抹在鱼体表面的病灶处,以杀死病原生物,防止伤口被感染。此法适用于抗生素、消毒剂、防腐剂,但是,药液或药膏易被水溶解、冲掉或漂浮于水面,其应用受到一定限制。因此,良好的涂抹剂应具备足够的黏附力,能较牢固地附着于水生养殖动物体表,在水中缓慢溶解。涂抹法主要用于少量大型鱼类、蛙类、鳖类等水生养殖动物,以及因操作、长途运输后身体受损伤或亲鱼等体表病灶的处理,具有用药少、安全、副作用小等优点,但适用范围小。

5. 口服投喂法

此法是将渔药加工成药饵或均匀地黏附于饲料表面后投喂。通常用于增强水生动物免疫抵抗力、肝损伤修复、抗菌、抗病毒、驱虫、促进饵料消化吸收能力等,适用于尚未失去摄食能力的水生动物。由于不能强迫养殖动物来吃食,所以不适用于已停食的病鱼。

常用的口服药物有抗菌剂、营养补充剂(维生素)、中草药和驱虫剂等。给药的剂量一般是根据养殖种类的体重(毫克/公斤),然后按养殖水体中群体的总体重计算药量,也有按饵料重量计算的。使用口服法,至少要投喂 3～5 天,观察效果,停药1～3 天,视病情连续投喂。药饵的制作要根据不同养殖品种的摄食习性和个体大小,用机械或手工加工。口服投喂法注意事项如下:

(1)选用正确投喂方法,药饵投喂前最好适度停食或减食,这样有利于药饵的充分利用与吸收;药饵要投撒均匀,保证病鱼吃到足够的药饵。

(2)药饵在水中的稳定性要好,如稳定不好,药饵入水后会很快散开,病鱼吃不到足够的药量。

(3)投喂药饵的量要计算准确。一般投喂药饵后 30～40分钟吃完为宜。

(4)为了使鱼体血液中的药物保持有效浓度,投喂药饵时须按要求连续投喂 1 个疗程(一般 3～5 天或 7 天),不宜过早停药,否则疾病极易复发。

(5)为促进发病鱼的摄食,提前进行水质改良是必需措施。例如网箱内鳝鱼一旦发病后食欲减退,甚至停食,在连续泼洒氨离子螯合剂后,鳝鱼摄食能力明显加强,再口服药物后可迅速达到疗效。

6. 注射法

鱼病防治中常用的注射法有两种,即肌肉注射法和腹腔注射法。注射用药的适用对象是那些数量少又珍贵的种类,或是用于繁殖后代的亲本。具有用药量准确、吸收快、疗效高(药物注射)、预防(疫苗)效果佳等优点。但操作麻烦,容易损伤鱼体。一般在龟鳖疾病防治及产后亲鱼恢复中使用较多见。

九、用药量的计算

在生产实践中,准确计算外用药及内服药的用药量是有效防治水生动物疾病的关键。

1. 外用药

外用药的用量一般根据池塘水体大小进行测算。

(1)池塘面积的计算方法

① 长方形或正方形鱼池水面面积=水面长×水面宽;

② 圆形鱼池水面面积=π(3.14)×R^2(R 为半径);

③ 梯形池塘水面面积=(上底+下底)×高÷2;

④ 平行四边形池塘水面面积=底×高;

⑤ 三角形池塘水面面积=底×高÷2;

⑥ 形状不规则的鱼池:用切割方法计算,先将池塘分割成长方形、三角形或圆形后再进行测量,然后将几部分面积相加即是整个池塘面积。

条件允许的情况下,可直接利用 GPS 精确测算池塘面积。

（2）池塘水深的测量

在池塘的边缘和中间各选择几个点，分别测出各点的水深，相加后再取其平均数，即：平均水深（米）＝测试点水深相加÷测试点数。

（3）用药量计算

根据测得池水体积和用药浓度进行计算：池水体积＝池塘面积×平均水深；池塘用药量＝池水体积×用药浓度（毫克/升），1毫克/升即1升水体用药1毫克。

2. 内服药

目前国标规定，口服药给药剂量以吃食性鱼类总体重来计算，而在生产实践中，很多水生养殖动物患病后食欲减退或完全不摄食，会造成药物浪费，特别是投喂驱虫药时，还会导致药害事故发生。所以，往往以实际投饵量（以干重计）或以有主动摄食能力的水生养殖动物总体重计算用药量。

口服药物计算方法可参照如下事例进行：

假设摄食鱼体重1000公斤，氟苯尼考含量10％，国标建议药物用量：鱼类每日体重按氟苯尼考粉10～15毫克/公斤计，按每日摄食量5％计算，则每天如果按1000公斤鱼体重计算10％氟苯尼考用药量为：1000公斤×（10～15）毫克/公斤×10＝100～150克，按投食量计算，则每公斤饲料用药量为：1公斤×100/5÷1000公斤×（100～150）克＝2～3克。

十、假劣药物的判断

目前，市场上出售的兽药、渔药质量参差不齐，假冒伪劣产品时有发现，那么如何以外观识别假劣兽药、渔药呢？现介绍几种简便的识别方法。

1. 从规范上鉴别

（1）兽药、渔药包装必须贴有标签，注名"兽用"字样，并附有说明书。标签或说明书上必须有注册商标、兽药名称、规格、企业名称、产品批号和批准文号、主要成分、含量、作用、用途、用法、用量、有效期、注意事项等。规定停药期的,应当在标签或说明书上注明。

（2）查兽药、渔药生产企业是否经过批准。凡未经批准的单位,生产的兽药必然没有领取生产许可证号,按《兽药管理条例》第二十八条规定,应作假药处理。

（3）查产品批准文号。兽药、渔药产品有没有取得批准文号,是判断该药是否可能属于假药的重要标志。检查时先看产品有无批准文号,然后看批准文号的格式是否正确。兽药批准文号是由农业部核发给兽药生产企业生产特定兽药产品的唯一的、不允许随意更改的证明文件。《兽药产品批准文号管理办法》对兽药产品批准文号的编制格式为:兽药类别简称＋年号（4位数）＋企业所在省份序号（2位数）＋企业序号（3位数）＋兽药品种编号（4位数）。其中:药物添加剂的简称为"兽药添字",疫苗、诊断制品为"兽药生字",其他兽药,如兽用化学药品、抗菌药物、消毒药等的简称为"兽药字"。例如:武汉中博水产生物技术有限公司生产的恩诺沙星粉,批准文号为:兽药字（2011）170189106。有条件的话,可以上网查询兽药、渔药的真假,以上批准文号均能在中国兽药信息网"兽药产品数据库"中查询到。

（4）查兽药、渔药名称。兽药名称包括法定名称（国家标准、专业标准、地方标准中收载的兽药名称）和商品名,兽药法定名称不得作为商标注册。兽药产品标签、说明书、外包装必须印制兽药产品法定名称,已有商品名的应同时印制。

（5）查兽药、渔药产品是否超过有效期。超过有效期的兽药即可判定为劣药。未注明有效期的兽药,或注明有效期却没有注明生产日期的为假药。

2. 从外观上鉴别

（1）从产品的性状上鉴别。正规厂商所生产的兽药、渔药散剂应干燥、疏松、混合均匀、色泽一致。若有受潮结块严重、潮解或液化以及变色的,说明药品已变质或者是假劣药,不能使用。液体制剂除特殊品种有规定外,应均匀、澄明。若出现浑浊、沉淀、絮状物或其他可见异物等,说明药品已变质或者是假劣药,不能再使用。片剂外观要整洁、色泽均匀,并有适当硬度,普通白色药片若出现变色、发霉、疏松、受潮、粘连、表面粗糙或有结晶析出的,说明药片已变质或为假劣药,不得使用。消毒剂如含氯制剂具有强烈的刺鼻气味,没有刺鼻气味则为假药。另外,产品的外观性状应与标签上描述的性状一致,否则为假劣药。

（2）从产品的重量上鉴别。正规厂商所生产的兽药、渔药都十分标准,流水线生产,机械化包装,在重量上不会有太大误差,而且跟标签上标示的一致,而有些假劣药却包装随意,重量上不是严重不足,就是多得惊人,使用的结果不是没有疗效,就是出现中毒情况。

（3）从产品封口上鉴别。正规厂商所生产的兽药、渔药产品封口平整、干净,密封性好,只能一次性开启。封口不好或能随意开启包装的兽药、渔药产品可能已变质或者是假劣药,不可使用。

3. 从产品售价上识别

正规兽药、渔药因为有相应的生产原料成本、管理和技术服务成本,销售时有一个合理的价位。在市场同类型的产品对比中,不同来源的产品价格悬殊可能较大,假劣兽药、渔药有可能存在降低含量或降低质量标准并在市场上低价倾销的现象,扰乱市场,用户不能贪图便宜而购买。

4. 从售后服务上判别

正规的兽药、渔药企业都有售后技术服务,服务热线电话时刻畅通。如武汉中博水产生物技术有限公司的服务热线:鱼病"110"(027—88110110),总是24小时有人值守,随时为客户提供技术服务。假劣兽药、渔药企业可能就是一次性买卖,出现问题就联系不上厂家或找不到人,电话也没有人接或者是空号,既害了消费者,也连累了经销商。

参 考 文 献

[1] 徐胜,周建涛. 现代农业园区农业科技服务的特点与形式[J]. 安徽农业科学,2013,41(30):12207-12208.

[2] 国家农作物品种审定委员会办公室. 全国农作物审定品种(2001)[M]. 北京:中国农业出版社,2003.

[3] 冯敏华. 无公害春豇豆高产栽培技术[J]. 现代农业科技,2013(17).

[4] 张国芹. 魏树爱豇豆高产栽培技术[J]. 天津农林科技,2004(05).

[5] 李仕宏. 春豇豆无公害高产栽培技术[J]. 现代农业科技,2009(08).

[6] 何锐宗. 小拱棚无公害豇豆高产栽培技术[J]. 广西农学报,2009(03).

[7] 赵晴. 豇豆栽培技术[J]. 农业与技术,2015(22).

[8] 袁灵恩,李光武,潘士梅. 冬暖大棚秋冬茬菜豆高产栽培技术[J]. 山东蔬菜,1998(02).

[9] 李亚芬. 菜豆高产栽培技术[J]. 农村科学实验,2014(05).

[10] 李淑琴,吕辉,陆杰. 日光温室菜豆高产栽培技术[J]. 熊岳农专学报,1997(21).

[11] 曲云燕. 春露地早熟扁豆无公害高产栽培技术[J]. 现代农业科技,2009(12).

[12] 刘光明.长江流域及以南地区湘扁豆 3 号高产栽培技术[J].长江蔬菜,2011(11).

[13] 吉彩红,杨明.特早春扁豆高产优质露地栽培技术[J].中国果菜,2011(01).

[14] 刘裕玲,杨学明,周奎来,等.扁豆早熟高产高效栽培技术[J].上海农业科技,2000(06).

[15] 陈新,顾和平,张红梅,等.扁豆新品种介绍及高产栽培技术[J].山东蔬菜,2008(03).

[16] 王全兴.蕹菜苋菜藤菜[M].广东科技出版社,2001.

[17] 刘侠,庞国新,阚玉文,等.苋菜高产栽培技术[J].现代农业科技,2014(22).

[18] 马东禄.冬季菠菜简易保护高产栽培技术[J].山东蔬菜,1999(03).

[19] 翟广华.越夏菠菜高产高效栽培技术[J].山东蔬菜,2009(02).

[20] 闫凤玲,李春茂,李秀玉.三茬菠菜一季玉米高产高效栽培技术[J].山东蔬菜,1999(02).

[21] 张康柱.蔬菜栽培[I].西北园艺(蔬菜),2015(5).

[22] 周宏利.生菜夏季高产栽培技术[J].西北园艺(蔬菜专刊),2009(06).

[23] 刘春田.生菜高产配套栽培技术[J].北京农业,1994(06).

[24] 张国定,李慧玲.结球生菜周年高产栽培技术[J].河南农业,1997(10).

[25] 毛晓丽.生菜无公害栽培技术[J].山东蔬菜,2003(03).

[26] 迟丰奎,孙立新.夏季大白菜高产栽培技术[J].山东蔬菜,1997(01).

[27] 李锡志,慕增军,刘才东.大白菜防病高产栽培技术

[J].山东蔬菜,1997(03).

　　[28]杨士辉.春大白菜早熟高产栽培技术[J].山东蔬菜,1999(01).

　　[29]史清萍,徐刚,郑淑华.春大白菜高产优质栽培技术[J].山东蔬菜,2003(01).

　　[30]刘杨,刘晓华.小白菜高产栽培技术[J].农民致富之友,2011(17).

　　[31]王虹.夏季高温小白菜优质高产栽培技术[J].农民致富之友,2011(19).

　　[32]王琴.无公害食品小白菜保护地高产栽培技术[J].新疆农业科技,2009(02).

　　[33]谢长文,曾德富.小白菜的秋季高产栽培技术[J].农村经济与科技,2002(08).

　　[34]姜丽虹.小白菜无公害生产栽培技术[J].吉林蔬菜,2010(04):66.

　　[35]中国农业科学院蔬菜花卉研究所.中国蔬菜栽培学[M].北京:中国农业出版社,2009.

　　[36]吕家龙.蔬菜栽培学各论(南方本)[M].北京:中国农业出版社,2001.

　　[37]谢联辉.普通植物病理学[M].北京:科学出版社,2006.

　　[38]谈太明,杨普社,谈杰,等.武汉地区茄子高产栽培技术[J].长江蔬菜,2007(03):14-16.

　　[39]谈太明,徐长城,谈杰,等.茄子新品种推广应用现状及良种繁育技术[J].长江蔬菜,2007(09):37-40.

毛冲村精准扶贫
农业科技示范园区面貌变化(一)

子莲原田块

糖蔗原田块

子莲

糖蔗

子莲

糖蔗

毛冲村精准扶贫
农业科技示范园区面貌变化(二)

冬瓜原田块

甜玉米地块备耕

冬瓜

甜玉米

冬瓜

甜玉米

毛冲村精准扶贫
农业科技示范园区面貌变化(三)

南瓜原田块

食用葵原山地备耕

南瓜

食用葵

南瓜

食用葵

毛冲村精准扶贫
农业科技示范园区面貌变化(四)

西瓜原田块

其他作物——有机花菜

西瓜

其他作物——快生白菜薹

西瓜

其他作物——观赏葫芦

毛冲村农业科技精准扶贫(一)

土壤取样检测报告

蔬菜穴盘育苗

农科院科技人员土壤取样检测

专家指导食用葵种植及病虫害防治

援助农机并指导操作

援助的有机肥

毛冲村农业科技精准扶贫(二)

援助的太阳能杀虫灯

援助的优质巨无霸藕种

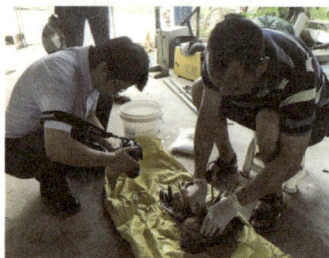

专家给贫困户养殖的病鸡诊断

援助的子莲种苗

援助的西瓜种苗

援助的糖蔗种植项目种茎